高等职业教育系列教材

# 餐饮服务与管理

主 编 ◇ 蔡 杰
副主编 ◇ 金 花
编 者 ◇ 于子贺 冉祥云 王莎莎 郑 微

华东师范大学出版社

图书在版编目（CIP）数据

餐饮服务与管理 / 蔡杰主编. -- 上海：华东师范大学出版社, 2019
创新旅游管理系列教材
ISBN 978-7-5675-8541-6

Ⅰ.①餐… Ⅱ.①蔡… Ⅲ.①饮食业—商业服务—高等职业教育—教材 ②饮食业—商业管理—高等职业教育—教材 Ⅳ.①F719.3

中国版本图书馆CIP数据核字（2019）第040744号

# 餐饮服务与管理

| | |
|---|---|
| 主　　编 | 蔡　杰 |
| 组稿编辑 | 孔　凡 |
| 审读编辑 | 孔　凡 |
| 责任校对 | 罗　丹 |
| 装帧设计 | 俞　越 |

| | |
|---|---|
| 出版发行 | 华东师范大学出版社 |
| 社　　址 | 上海市中山北路3663号　邮编 200062 |
| 网　　址 | www.ecnupress.com.cn |
| 电　　话 | 021-60821666　行政传真 021-62572105 |
| 客服电话 | 021-62865537　门市（邮购）电话 021-62869887 |
| 地　　址 | 上海市中山北路3663号华东师范大学校内先锋路口 |
| 网　　店 | http://hdsdcbs.tmall.com |
| 印 刷 者 | 常熟市文化印刷有限公司 |
| 开　　本 | 787×1092　16开 |
| 印　　张 | 16.5 |
| 字　　数 | 359千字 |
| 版　　次 | 2019年3月第1版 |
| 印　　次 | 2019年3月第1次 |
| 书　　号 | ISBN 978-7-5675-8541-6/G.11647 |
| 定　　价 | 38.00元 |

出 版 人　王　焰

（如发现本版图书有印订质量问题，请寄回本社客服中心调换或电话021-62865537联系）

# 前言

随着餐饮业的飞速发展，餐饮市场对从业人员的素质要求不断提高。本书结合高职旅游教育专业教学改革，贯彻"以服务为宗旨，以就业为导向"的职业教育要求，在编写过程中根据学生认知规律，围绕餐饮服务各岗位的实际工作，选取典型工作任务进行编写。

本书旨在训练学生从事餐饮服务工作的基本技能和操作程序，强化餐饮服务与管理工作必备的观念和意识，培养餐饮服务与管理技能，适应行业发展和职业变化的能力。

本书由蔡杰任主编，负责全书通稿和修改。金花任副主编，于子贺、彭佳、郑微参与编写。其中，长春师范大学蔡杰编写单元一、单元五、单元六、单元七；长春职业技术学校于子贺编写单元二；长春职业技术学校郑微编写单元三；满洲里俄语职业学院彭佳编写单元四；吉林华桥外国语学院金花编写单元八、单元九、单元十。

本书可作为高职高专院校旅游管理专业、酒店管理专业学生的教材，也可作为餐饮企业、酒店员工培训参考用书。

在编写过程中参阅了众多专家学者的相关论著，并得到了相关企业专家的指导与支持，在此表示由衷感谢！同时对为此书的出版付出了辛苦劳动的华东师范大学出版社的各位编辑表示感谢！由于编者水平有限、经验不足，书中难免存在不足之处，敬请广大专家和读者批评指正，不胜感激。

编　者
2018年12月

# 目录

| 项目一 | 餐饮认知 | **1** |
|---|---|---|
| 任务一 | 餐饮业发展 | 2 |
| 任务二 | 餐饮部地位任务 | 6 |
| 任务三 | 餐饮部经营特点 | 8 |
| 任务四 | 餐厅种类及餐饮服务 | 12 |

| 项目二 | 餐饮服务基本技能 | **19** |
|---|---|---|
| 任务一 | 托盘 | 20 |
| 任务二 | 斟酒 | 24 |
| 任务三 | 餐巾折花 | 31 |
| 任务四 | 摆台 | 40 |
| 任务五 | 上菜与分菜 | 47 |
| 任务六 | 撤换餐用具 | 52 |

| 项目三 | 中餐服务 | **59** |
|---|---|---|
| 任务一 | 零点餐厅服务 | 60 |
| 任务二 | 团队包餐服务 | 67 |
| 任务三 | 自助餐服务 | 70 |
| 任务四 | 中餐宴会服务 | 73 |

| 项目四 | 西餐服务 | **87** |
|---|---|---|
| 任务一 | 西餐服务知识 | 88 |
| 任务二 | 西餐服务方式 | 93 |
| 任务三 | 西餐零点服务 | 96 |
| 任务四 | 西餐宴会服务 | 100 |

| 项目五 | 餐厅选址与设计 | **105** |
|---|---|---|
| 任务一 | 餐厅空间布局 | 107 |
| 任务二 | 餐厅气氛设计 | 111 |
| 任务三 | 厨房设计 | 116 |

| 项目六 | 餐饮组织构建 | **125** |
|---|---|---|
| 任务一 | 组织机构 | 126 |
| 任务二 | 岗位职责 | 130 |
| 任务三 | 人员配备 | 138 |

　　　　任务四　班次安排　　　　　　　　　　141

**项目七　菜单筹划与设计　　　　　　　　　147**
　　　　任务一　菜单认知　　　　　　　　　　148
　　　　任务二　菜单筹划　　　　　　　　　　151
　　　　任务三　菜单设计　　　　　　　　　　154
　　　　任务四　菜单制作　　　　　　　　　　160

**项目八　餐饮原料控制　　　　　　　　　　165**
　　　　任务一　采购控制技术　　　　　　　　167
　　　　任务二　验收控制技术　　　　　　　　176
　　　　任务三　贮存控制技术　　　　　　　　179
　　　　任务四　发料与库存盘点控制　　　　　185
　　　　任务五　餐饮成本核算与控制　　　　　191

**项目九　餐饮服务质量管理　　　　　　　　197**
　　　　任务一　餐饮服务质量认知　　　　　　199
　　　　任务二　餐饮服务质量分析　　　　　　204
　　　　任务三　餐饮服务质量控制　　　　　　209
　　　　任务四　餐饮服务投诉处理　　　　　　217

**项目十　餐饮营销策划　　　　　　　　　　227**
　　　　任务一　价格促销策略　　　　　　　　230
　　　　任务二　餐饮内部促销　　　　　　　　236
　　　　任务三　餐饮外部促销　　　　　　　　246
　　　　任务四　促销活动策划　　　　　　　　253

# 项目一 餐饮认知

## 项目指南

人类生活中最基本、最重要的活动就是餐饮了。随着社会生产力的发展及人们价值观的改变,人们对餐饮及其服务的要求越来越高。餐饮业的发展水平不仅反映着一个国家或地区的经济发展水平及开发、利用自然资源等方面的能力,而且也体现着该国家或地区的物质文明和精神文明的程度。

作为饭店内唯一生产实物产品的部门,餐饮部具有管理环节多、分工细,管理运作难度较大的特点。只有正确认识餐饮部,才能将这样一个复杂的部门管理好。

## 项目目标

### 知识目标

1. 了解中外餐饮业发展历程;
2. 了解餐饮部的地位,明确餐饮部的任务;
3. 掌握餐饮部的经营特点;
4. 熟悉餐厅类型、餐厅服务项目。

### 能力目标

1. 能够辨析餐饮部的地位、工作任务;
2. 能够把握餐饮部的经营特点,并处理好其中的相互关系。

### 素质目标

1. 认识餐饮服务工作的重要性,树立良好的服务意识;
2. 培养良好的职业素养。

## 任务一　餐饮业发展

### 一、餐饮业认知

餐饮业是集即时加工制作、商业销售和服务性劳动于一体,向消费者专门提供各种酒水、食品以及消费场所和设施的食品生产经营行业。

我国《国民经济行业分类注释》中的餐饮业是指在一定场所对食物进行现场烹饪、调制并出售给顾客,主要提供现场消费的服务活动。欧美公认的《标准行业分类法》中所指的餐饮业是以商业盈利为目的的餐饮服务机构。

餐饮业是古老而又充满活力且具有现代气息的一个行业。说它古老,因为饮食是人类赖以生存的最重要的物质条件之一,人类饮食的发展同人类本身的发展一样历史悠久,并催生了人类的文明;说它充满活力,因为它伴随着历史的进步,菜品日益增多,服务日臻精良,规模不断扩大,内涵越发丰富,积淀渐趋丰厚;说它现代,因为它体现着现代人越来越健康、科学、积极有益的就餐及生活方式。

### 二、国内外餐饮业的发展历程

餐饮业的发展受到历史文化、气候环境、经济发展水平、宗教信仰和传统习惯等诸多因素影响,中外餐饮业有各自的发展历史,并相互渗透、促进和推动。

#### （一）中国餐饮业发展

中国餐饮业的发展主要经过了几个阶段,每个阶段都有各自的发展的特点及其独特的表现内容(图1-1)。

图 1-1　中国餐饮业的发展阶段

1. 原始社会时期

考古发现生活在距今约50万年前的北京人就已经开始有意识地利用火来加工、烧烤食物并用火取暖驱寒。在今天的浙江省余姚市,大约六七千年前的河姆渡人已经开始大面积种植水稻、饲养牲畜。食物的生产改善了人们的物质生活，为餐饮业的形成奠定了物质基础。

2. 商周时期

这时的人们已经掌握了刀工和火候技术，烹饪方法开始多样化，而且酿酒作坊、金属工具、原始瓷器及食盐的出现为餐饮业的形成创造了条件。这一阶段人们用餐都是席地而坐，即用芦苇或其他植物编成的筵铺在地上，用较细的料编成席铺在筵上供人坐，把酒食菜肴放在筵席前，所以人们将设宴待客或聚会称为"筵席"。

商周时期，开始出现音乐助餐。宫廷中出现了专职服务机构及服务人员，据史料记载，周朝王室管理饮食的机构有22个，服务人员有2 000多人。

3. 秦汉时期

秦汉时期的农业、手工业、商业有了很大的发展，对外交往日益频繁，"丝绸之路"引进了国外食品原料、饮品及文化，博采众长使中国餐饮业取得了较大的发展。

4. 唐宋时期

这一阶段食源继续扩大，瓷餐具风行，工艺菜新兴，风味流派纷呈，烹饪技法有了长进。同时唐朝以后人们已经从席地而食发展为坐椅而餐。南宋时期在西湖上出现了提供餐食的游船，当时最大的游船可同时容纳上百人的宴会，把宴会与旅游相结合的做法一直延续到今天。北宋时期的酒店可以将三五百人的酒席立即办妥，可见当时宴会规模之大，分工之细，组织之全。

5. 明清时期

这一阶段餐饮业继续发展，技术更加精湛，菜点更为丰富，以豪华宫廷大宴为标志的中国烹饪达到了封建时代的最高水平，以乾隆时期的"千叟宴"和满汉全席最具代表性。

---

**拓展资料 1-1**

**千 叟 宴**

千叟宴是清帝康熙、乾隆等为笼络臣民而举行的大型酒宴，因赴宴者均为老人，故称之。康熙五十二年（1713年）农历三月，康熙皇帝爱新觉罗·玄烨60寿诞，他在畅春园举办了第一次千叟宴，宴请从全国各地赶来京师为自己祝寿的老人。

首次举办的千叟宴，年65岁以上年长者，官民不论，均可按时到京城参加畅春园的聚宴。当时赴宴者有千余人，皆系耄耋长者，社会各阶层次人物皆有，从这次千叟宴的举办开始，各地掀起敬老爱老之风，可谓盛行。康熙时期千叟宴宏大的场面给幼小的弘历留下了深刻印象，他继位后，效仿其祖父，也举办了两次千叟宴。

爱新觉罗·昭梿在《啸亭续录·千叟宴》中记录了康熙、乾隆时期乾清宫召开千叟宴的盛况："康熙癸巳，仁皇帝六旬，开千叟宴于乾清宫，预宴者凡一千九百余人；乾隆乙巳，纯皇帝以五十年开千叟宴于乾清宫，预宴者凡三千九百余人，各赐鸠杖。丙辰春，圣寿跻登九旬，适逢内禅礼成，开千叟宴于皇极殿，六十以上预宴者凡五千九百余人，百岁老民至以十数计，皆赐酒联句。"

**6. 晚清时期**

西方列强用坚船利炮轰开了晚清时期中国的国门，西餐也因此在中国沿海城市如广州、福州、厦门、宁波、上海及大城市天津、北京等地纷纷出现。到了光绪年间，广州、上海等地已经出现了以盈利为目的的西餐厅，当时称为"番菜馆"，还有咖啡厅和面包房等。早期是洋人为自己国家的人专门开的餐馆，后来中国人也开始从事开设西餐馆的行业，从此我国有了西餐业。

**7. 当代餐饮发展**

新中国成立初期，国内经济开始缓慢复苏，但餐饮业的发展基本处于停滞状态。改革开放后，国家政策的放开，社会经济的发展，行业协会的规范，外资的注入和国际品牌的进驻，人们消费观念及消费方式的转变都推动了中国现代餐饮业的迅速发展。时至今日，我国餐饮业已经发展成为国民经济发展的新的增长点，是扩大内需、吸纳社会就业的重要途径。

**（二）国外餐饮业发展**

国外餐饮业最早起源于古代地中海沿岸的繁荣国家，基本定性于中世纪。不同历史阶段、不同国家在饭店餐饮、餐馆餐饮、非商业性餐饮等餐饮方式上各具特色。

**1. 古埃及的餐饮概况**

约公元前3000年，埃及成为统一的国家。当时的宫廷饮食十分丰富，法老每餐都有30余种菜肴，搭配酒水有啤酒、果酒、葡萄酒等。公元前1700年，古埃及已有饭店存在，考古发现了同一时期或更早时期的菜单，上面记载了面包、禽类、羊肉、烤鱼和水果等食物。

**2. 古希腊的餐饮概况**

早期的饭店多设在庙宇旁边，体现了浓厚的宗教色彩。牲畜先被送到庙宇中敬奉神灵，祭祀后才能把牲畜送到酒店烹制，让大家享用。约在公元前3世纪，雅典人发明了世界上第一辆冷盘手推车，厨师把大蒜、海胆、面包、鲟鱼等食物装在盘子里，推入餐厅供人们选用，这种方式对今天的餐饮业仍有影响。

**3. 古罗马的餐饮概况**

古罗马重视烹饪文化，餐饮业的发展颇具规模。庞贝古城的考古发现表明当时的客栈、餐馆和酒店十分兴盛，至今仍能分辨出118家酒店或餐馆酒吧的遗址。古罗马人最早在就餐时使用餐巾，在餐桌上放置玫瑰花，重大宴会时报菜名。

**4. 14世纪土耳其的餐饮概况**

14世纪，随着奥斯曼帝国的扩张和伊斯兰教传播的影响，土耳其形成了以食羊肉为主、以烤羊肉为其传统名菜的独特的烹饪风格。这对形成和发展伊斯兰国家的餐饮习俗和餐饮业产生了重大影响，因而土耳其被公认为世界三大烹饪王国之一（排在首位的是中国）。

**5. 16世纪中叶意大利的餐饮概况**

16世纪中叶，意大利成为欧洲文艺复兴运动的中心。意大利烹饪形成了追求奢华、注重排场、典雅华丽的风格，因而被誉为"欧洲烹饪之母"，同时也被认为是西餐的发源地。

**6. 18世纪中叶法国的餐饮概况**

18世纪中期，法国成为欧洲政治、经济和文化中心，其物产丰富，农牧业发达，餐饮业因此迅速发展。法国菜选料广泛，烹饪方法讲究，烹饪技艺和菜肴组合比较科学，形成了独具特色的法国餐饮风格。20世纪60年代，法国又提出了"自由烹饪"的口号，改革传统的烹饪工艺，力求烹饪时间短、味道鲜。法国菜受到人们的普遍欢迎，法国也被公认为世界三大烹饪王国之一。

7. 20世纪美国的餐饮概况

20世纪初，美国成为世界第一工业强国，它的烹饪和餐饮是世界各地移民和土著印第安人传统习惯的大融合。为了适应社会经济迅速发展、生活节奏加快的需求，美国餐饮业形成了轻造型、重营养的菜肴风格，随着国际贸易交流的迅猛发展推向世界各地。

以麦当劳、肯德基为代表的美国快餐企业凭借雄厚的资本优势和先进的管理模式，以连锁经营的方式，在国际餐饮市场上不断扩张，占据了相当可观的份额，成为国际餐饮市场的主流。

### 三、中国餐饮业的未来发展趋势

#### （一）信息化是21世纪餐饮业的主流

掌握高新技术人才和具备管理和营销理念的人才将促进和推动21世纪餐饮企业的发展。运用现代化的手段形成标准化生产，全天性服务，科学性管理，多元化销售，以及发展餐饮信息网的现代餐饮。人们把21世纪称为信息时代，应用高新技术以及发展信息网络可以帮助餐饮业在营销过程中取得巨大突破，与国际餐饮接轨。人们越来越注重精神满足，注重自我，刺激性消费愈显必要，形成了以电脑网络及计算机控制程序为生产和销售的科学化餐厅，运用电脑点菜、电视点炒、建立国际网址，进行全方位服务，缩短上菜时间，优化企业经营管理，以及增强厨房的透明度。对于拥有外卖业务的企业来说，跨国连网尤为重要。如全聚德烤鸭店，上海绿波廊已经领先一步，又如天津的集贤大酒店推出了厨房实况监视等方式，颇具成效。

#### （二）不断优化企业的经营和管理

随着餐饮业在中国的快速发展，餐饮加工产业化、经营模式连锁化将成为中国餐饮行业发展的主流，百强企业排名结果就是最好的说明。据餐饮行业发展趋势及预测分析来看，今后的餐饮业竞争局面激烈程度仍将维持，连锁经营将会加速规范化发展，中国餐饮业已经步入行业的洗牌期。这样要求餐饮企业必须不断学习新思想，探索新模式，迅速由传统的"粗放式、模糊化、经验式经营"向"精细化、标准化、连锁规模化经营"转型，进而推行餐饮加工产业化，建立现代化的原料基地、生产基地，建立原料、辅料、调料配送中心和进行相关的加工制造，为餐饮产业化奠定坚实的基础。

#### （三）碳环保将成为餐饮业的主流

据相关中国餐饮产业发展报告的数据显示，中国餐饮行业正进入微利时代。与此同时，人力成本、原料成本、能源等方面的价格却不断上涨。因此，企业必须开拓新的利润增长点来保持一定的盈利能力。节能、环保、生态、绿色、安全将成为餐饮企业日常经营管理中的重中之重。采用新的节能设备、加强节能减排技术改造、弘扬低碳消费、开发绿色食品、营造低碳的生活方式等，这些因素是实现中国餐饮业产业转型、提升餐饮产业竞争力所必备的条件。

## 任务二　餐饮部地位任务

餐饮部是现代饭店中的一个重要部门。它不仅要满足客人对餐饮产品和服务的要求，为饭店在社会上树立良好的企业形象提供一个窗口，还要为饭店创造良好的经济效益。其经营管理的好坏，直接关系到饭店经营的成败。

### 一、餐饮部在我国饭店中的地位

#### （一）餐饮部生产满足人们基本生活需要的产品

饭店作为旅游者的"家外之家"，餐饮场所是宾客的主要用餐地点。现代饭店的餐饮部拥有中餐厅、西餐厅、宴会厅、咖啡厅、自助餐厅，还有酒吧、音乐茶座、KTV包房、房内用餐服务等餐饮设施与服务项目，这些都为饭店所在地各行各业、各种阶层、各种消费层次的人们提供了良好的餐饮消费环境。因此，拥有一个完善的、与饭店经营定位和客人要求相适应的餐饮部，是搞好饭店经营的基本要求。

#### （二）餐饮收入是饭店收入的重要组成部分

我国星级饭店的餐饮收入约占总收入的三分之一，一些发达地区的饭店餐饮收入甚至会超过客房收入，占整个饭店收入的二分之一左右。因为饭店客房数量是基本固定不变的，其最高收入是一个常量。而餐饮部的最高收入则是变量，虽然餐位数是固定不变的，但餐饮部可通过提高工作效率、提高服务质量、提高菜肴质量等措施，使餐位的周转率和人均消费水平得以提高，最终使餐饮部的营业收入达到最大值。

> **小思考**
>
> 为什么在西方国家和中国南方发达地区的饭店，餐饮收入会超过饭店客房的营业收入？
>
> 提示：试分析造成这种状况的原因，比如生活水平、消费需求、服务项目、服务质量等。

#### （三）餐饮部的服务水平影响饭店的声誉

餐厅服务员为宾客提供面对面的服务，一举一动、一言一行都会在宾客的心目中产生深刻的印象，宾客可以根据餐饮部为他提供的餐饮产品的种类、质量以及服务态度等来判断饭店服务质量的优劣及管理水平的高低，因此，餐饮服务的好坏不仅直接影响餐饮部的经济效益，更会影响饭店的形象和声誉。

> **小资料**
>
> 被誉为"饭店管理之父"的美国现代饭店业的先驱斯塔特勒先生曾说过："饭店从根本上说，只销售一样东西，那就是服务。"

### (四)餐饮部是向国内外宾客介绍和宣传中国饮食文化的重要场所

随着我国经济的迅猛发展,饮食文化将呈现出前所未有的更新、更丰富、更活跃的发展趋势。中国的美味佳肴,饱含了中华民族五千年文明史的积淀,中国的烹饪艺术闻名遐迩,为世人所称道。它将在继承民族优秀文化传统的基础上,多方面吸纳现代科学技术的成果,不断完善自身,展示出更加迷人的饮食文化风采。

针对国内饮食市场的特点,餐饮部门在经营方式中,应适应不同的消费需要,不拘一格,勇于创新。通过举办美食节等活动,通过弘扬美食文化,达到品牌宣传的目的。因此餐饮部门肩负着弘扬中国饮食文化的重任,在饭店中有着极其特殊的地位。

### (五)餐饮部是饭店吸纳劳动力最多的部门

增加就业机会,广泛吸纳劳动力是餐饮行业的主要特点之一。近年来随着我国社会经济的稳步发展和人民生活水平的不断提高,餐饮业也保持着持续快速发展的态势,行业规模、从业人员和经营领域日益扩大。由于餐饮业对员工需求量大,并且其中一些岗位对员工文化程度的要求并不高,使这一行业的门槛进一步降低,很受社会上普通劳动力欢迎。

> **小资料**
>
> 目前,我国餐饮业的就业职工已达到2 000万人左右。今后,随着我国餐饮业的发展,还将为越来越多的人提供就业机会。

## 二、餐饮部的主要任务

餐饮部的主要任务是以市场开发和客源组织为基础,以经营计划为指导,利用餐饮设施、场所和食品原料,科学合理地组织餐饮产品的生产和销售,满足国内外客人日益增长的、多层次的物质和文化生活的需要。

### (一)掌握市场需求,合理制定菜单

要满足宾客对于餐饮服务的各种需求,必须首先了解饭店目标市场的消费特点和餐饮需求,掌握不同年龄、不同性别、不同职业、不同民族和宗教信仰的宾客的饮食习惯和需求,并在此基础上制定出能够迎合广大宾客的菜单,作为确定餐厅种类、规格、餐饮内容、特色、选购设备和配备人员的依据和指南。

### (二)开发餐饮新品种,创造经营特色

餐饮部的餐饮产品要具有吸引宾客并能与其他饭店餐厅、餐馆竞争的能力,最重要的是必须具有自己的特色。如果自己的餐饮产品毫无独特之处,那么其附近甚至较远的饭店、餐馆便能轻而易举地抢走你的宾客。所以餐饮部应该努力挖掘潜力,积极继承传统,研究开发新品种、新项目,独树一帜,从而形成自己的经营特色。

### (三)保持并不断提高食品质量和服务质量

能否保持并不断提高食品质量是餐饮部经营管理成败的关键之一。因此,餐饮部管理者可以考虑以岗位责任制为中心,建立相应的规章制度,制定各岗位的操作规程和质量标准,严格检查制度。仓库应抓好采购、验收、储藏、发放过程中的原料质量检查,

以保证原料符合食品加工烹调的要求;厨房应抓好原料粗加工、细加工和烹调的质量技术,督促厨师严格按照菜谱要求操作,并努力改进烹调技术,做好生产过程的组织工作,不断提高食品质量;餐厅服务应坚持按照服务规程进行,不断改善服务细节,提高服务质量。

### (四)加强餐饮推销,增加营业收入

餐厅的推销活动是饭店营销活动的一个重要组成部分,也对餐饮部人员提出了更高要求。即在饭店营销计划的指导下,研究客人的需求特征,选择推销目标,制定外部和内部推销计划,开展促销活动,积极招徕各种宴会,抓好节假日和特种餐饮的宣传推销,以争取更多的宾客并提高宾客平均消费额。

### (五)合理组织人力,提高劳动生产率

餐饮部应做好营销量预测,并据此作出厨房生产计划和餐厅接待计划,根据劳动定额指标合理组织人力和安排员工工作时间,在保证食品质量和服务质量的前提下,最经济地使用资源,以降低人工费用,提高盈利水平。

### (六)控制成本,增加利润

餐饮成本控制是降低食品成本、增加酒店盈利的必要措施,也是餐饮管理的重要内容。成本控制涉及一系列的业务环节,因此,餐饮部应根据制定的标准成本率,确定合理的食品销售价格;控制食品原料采购价格;加强原料验收、储藏、发放管理,以避免和降低原料损耗浪费;抓好原料粗加工环节,控制原料加工损耗率;厨房要严格按照标准菜谱要求操作,并作好成本核算和成本分析,以在保证食品质量、数量符合标准的前提下,尽量减少损耗,降低成本,使酒店增加盈利。

### (七)确保食品卫生和饮食安全

餐饮卫生和安全在餐饮管理中占据重要位置,卫生工作的好坏,不仅直接关系到客人的身心健康,而且也关系到酒店的声誉和经济效益。因此,餐饮部工作人员必须遵循饭店制定的餐饮操作程序、操作规范,接受经常性的食品卫生教育,确保餐厅食品的卫生和安全。

## 任务三 餐饮部经营特点

餐饮部的经营,除了餐饮服务之外,还承担着即制即销加工烹饪的食品和饮料业务。这些实物产品,不可能按照工业生产的标准进行大批量生产和储存,需要一定的生产设备和进餐场所,并通过服务的各个环节按一定程序配合完成。因此,餐饮产品在加工生产、销售和服务上都独具特点。

### 一、餐饮生产特点

#### (一)种类多、批量小

餐饮部为客人提供的食品、饮料的品种多达几十种甚至数百种,但客人需要的数量较小,而且大多数产品不能成批生产,这给餐饮产品的质量管理和标准的统一带来诸多

不便。因此要求在生产中严格地按照标准食谱操作,把产品质量的误差减小到最低,同时还要保证产品生产成本的一致性。

### (二) 生产时间短

餐饮产品的生产、销售、服务等连续过程是在同一地点完成。一般从粗加工、细加工到烹饪出各种产品,从服务、消费到结账收款的整个过程所花费的时间很短,这给餐饮产品的生产带来了一定困难。这就要求把生产和销售结合在一起,在最短的时间内生产、销售符合客人要求的菜式品种,缩短客人的进餐时间,可增加单位时间内的营业收入。

### (三) 缺乏专利性

餐饮产品没有专利性。一款特色菜肴或点心一经出现,很快就会有其他餐厅的人来学习,并在原来的基础上进行改良,使原来餐饮产品失去了竞争的优势。因此,企业应加强对品牌的保护,同时在竞争中必须时刻跟上社会潮流,摸准市场脉搏,不断更新菜点。另外,菜点虽然可以照搬、模仿,但文化与服务是复制不了的,所以餐饮企业可在菜点的服务上想办法,赋予菜点、餐厅更多的文化内涵。

> **小资料**
>
> 现在社会上出现了专门的品菜师,这些人厨师出身,有超强的记忆力和较高的分析能力,专门到各餐厅,特别是新开张的餐厅去就餐,将其招牌菜,特色菜的标准菜谱破译出来,然后提供给其他餐厅以获利。

### (四) 生产量难以预测

每日进餐的客人多少不一,消费品种各不相同,消费量也各不相同,因此餐饮部的生产量随机性很强。餐饮生产量的难以预测给餐饮生产的计划性带来很大困难。餐厅只能根据淡旺季预测最低销售量、最高销售量及一般销售量来调整生产,以保证食物原材料的充足而又不造成浪费。要保持相对稳定的客源并不断吸引客人,除了提供物美价廉的菜肴和优质的服务外,还要积极进行产品促销,如扩大销售渠道、实行优惠供应、延长销售的高峰时间等,从而增加销售额。

### (五) 原材料不易保存

餐饮产品大多选用鲜活原料,具有时间性和季节性特点,部分原料还极易变质腐烂。因色、香、味、形都易改变,不易保存,餐饮产品烹制成成品后必须马上出售。这就要求应当根据菜单分析、研究菜点的销售、成本和利润情况,从而购买相应的原料,避免因浪费而造成的成本增加。

### (六) 产品质量评价复杂性

餐饮产品在生产过程中大都借助手工操作来完成,在相当一段时期内,都不可能用机械化生产来替代,因而餐饮产品本身质量具有不稳定性;另外宾客的个人口味喜好也会影响对菜点质量的评价,因此餐饮产品质量评价具有复杂性。只有加强技术培训,提高技艺和熟练程度,才能保证产品质量,缩短产品生产所需要的劳动时间,降低成本,从而增加经营利润。

### (七) 生产过程的管理难度较大

餐饮部的生产从食品原料的采购到验收、储存、保管、领用、粗加工、切配、烹饪、销售服务和收款,整个过程中业务环节很多,管理要求不尽相同,任何一个环节出现差错都会影响到产品的质量,所以就带来了管理上的困难。只有进行有效的管理,不断改善生产、经营和服务状况,充分发挥人、财、物力的积极作用,才能提高质量,扩大收入,增加利润。

## 二、餐饮销售特点

### (一) 餐饮销售受经营场所的限制

餐厅销售受经营场所的限制主要包括:餐厅的面积、餐位数、餐厅的可进入性、停车位的多少等。因此在既定的硬件接待条件下,必须努力改善就餐环境,提高服务质量,提高餐桌的利用率和上座率,进而增加餐饮的销售量。

> **知识拓展**
>
> 餐厅的可进入性,主要指餐厅的交通便利程度。目前私家车越来越多,停车也就越来越困难,停车场容量大的餐厅生意越来越好,便利的可进入性慢慢就成了餐厅挑选经营场所重点考虑的一个因素,形成了一种趋势。

### (二) 餐饮销售受时间的限制

餐饮的就餐时间和经营状况具有明显的间歇性。具体表现在:

第一,菜点的生产时间。一份菜点的制作往往只需要几分钟或十几分钟,即使是一次宴会也不过几小时。

第二,受进餐时间的限制。餐饮产品的销售量主要限定在早餐、午餐、晚餐时段,其他时间一般没有销售量。

第三,每周的波动。周一的客人少些,周五和周六、周日的生意又会达到高峰,其他时间相对稳定。

第四,受淡旺季的影响。

因此餐厅必须积极引导客人消费,合理确定餐厅营业时间,利用正常用餐时间以外的时间推出新的组合产品,才能使餐饮部的销售量得以提高。

> **知识拓展**
>
> 餐饮企业可根据经营的时间限制特点,采用灵活的用工制度,即不仅要聘用合同工,也要聘用季节工、临时工、半日工和钟点工等。灵活的用工制度可以支持灵活的时间营销。

### (三) 餐饮销售受就餐环境的影响

就餐环境是现代消费者选择就餐场所的一个重要因素。客人在就餐过程中,除了购买食品、饮料等实物产品外,还需要领略餐厅的餐饮实物所特有的色、香、味、形,接受服务员的服务,体验餐厅的环境、气氛等,在心理和感官上都得到了不同程度的满足,才会对整个餐饮服务水平作出一个完整的评价。因此在努力提高餐饮产品和服务质量的同时,必须要注意就餐环境的布置,尽量给客人提供一个干净、整洁、明亮、舒适的就餐环境,使每一位客人在享受精美菜肴和周到服务的同时,能对餐厅环境产生深刻印象,乐于再次光临。

### (四)餐饮销售毛利率高,资金周转较快

餐饮部的毛利率一般都在50%—60%之间,因此营业利润率高。餐厅的销售收入,大多以现金交易,产品现生产现销售,而相当部分的原料是当天采购、当天生产销售的,因此资金回笼快、周转快。

### (五)餐饮经营中固定成本高,变动费用比例较大

餐厅、厨房的设备、储存设备的投资,使得餐饮经营活动中固定成本占有一定比重。另外,餐饮变动费用如员工的报酬,水、电、煤等消耗,餐饮原料的支出等均占有相当比重。要想提高餐饮部的经济效益,必须尽量减少原材料的消耗,降低各项费用指标,提高各级人员的工作效率,以节支的方法达到增收的目的。

## 三、餐饮服务的特点

餐饮服务可分为直接对客的前台服务和间接对客的后台服务。前台服务与后台服务相辅相成,后台服务是前台服务的基础,前台服务是后台服务的继续和完善。只有高质量的菜点,没有良好的服务不行;只有良好的服务,没有高质量的食物也不行。因此美味佳肴只有配以恰到好处的服务,才会受到宾客的欢迎。餐饮服务大致有以下特点。

### (一)无形性

餐饮服务的无形性是指餐饮服务只能在就餐宾客购买并享用了餐饮产品后,凭生理和心理满足程度来评估其质量的优劣。餐饮服务的无形性给餐饮部经营带来了诸多困难,况且餐饮服务质量的提高是永无止境的。这就要求前台、后台要一起抓,服务态度、服务技能一起抓,全方位提高餐饮服务水平。

### (二)一次性

餐饮服务的一次性是指餐饮服务只能当次使用、当场享用。这同饭店的客房、客机的座位一样,如当日租不出去,或当班没满座,那么饭店或航空公司的损失便是无法弥补的。因此餐饮部应接待好每位宾客,在接待中注意自己的每一个言行举止,给客人留下美好的印象,使宾客再次光临,从而成为常客。

### (三)同步性

餐饮服务的同步性是指餐饮部的绝大多数产品,其生产、销售、消费几乎是同步的,餐饮产品的生产过程,也就是就餐者的消费过程。同步性决定了餐饮部应搞好餐饮销售环境,使每位餐饮服务员上岗之后全身心投入到营销与服务中去,为企业售出更多产品。

### (四)差异性

餐饮服务的差异性是指同一饭店的餐饮部提供的服务存在着差异,主要从三个方面反映出来:

（1）餐饮服务员由于受到年龄、性别、性格、教育程度、培训程度及工作经历等不同条件限制，因而他们为就餐者提供的服务肯定不尽相同。

（2）同一名服务员在不同的场合、不同的时间和不同的情绪中，其服务方式、服务态度等也会出现一定的差异。

（3）由于客人的差异性，导致不同的客人对同样服务的评价不同。

因此，餐饮部应制定出餐饮服务质量标准和操作程序标准，并对每位员工进行职业培训，使餐饮达到服务规范化、质量标准化、管理制度化；要求服务员头脑机灵，能够随机应变。

优质服务是指热情的接待、礼貌的微笑和周到的照料；是服务于客人还没有开口之前；是迅速、及时的服务。它不仅体现在服务员的仪容仪表上，也体现在服务员的举止和语言上，同时还体现在服务员之间的内部协调和互相帮助上。

**小资料**

> 作为广州五星级酒店之一的花园酒店，一直是以SERVICE这7个字母归纳的服务规范来要求全体员工的，并将它的内容编成顺口溜便于记忆。
> 
> S——Smile（微笑）
> E——Efficiency（效率）
> R——Receptiveness（诚恳）
> V——Vitality（精力）
> I——Interest（兴趣）
> C——Courtesy（礼貌）
> E——Equality（平等）
> 
> 微笑服务效率高，诚恳接待精神好；
> 敬业乐业有干劲，一视同仁齐高兴。

## 任务四　餐厅种类及餐饮服务

餐饮部是饭店主要经营收入部门之一，负责经营中餐厅、西餐厅、酒吧等，向宾客提供优质服务，承担着中餐、西餐、自助餐、团体包餐、宴会、客房送餐及酒吧等各项任务。其经营管理的好坏，直接关系到饭店经营的成败。

### 一、餐厅

#### （一）餐厅的概念

餐厅是通过出售服务、菜肴来满足客人饮食需求的场所。餐厅必须具备下列三项条件：

（1）具有一定的场所。即具有一定的接待能力的餐饮空间和设施。

（2）能够为客人提供菜肴、饮料和服务。菜肴、饮料是基础，餐饮服务是保证，是宾客评价餐厅的主要依据。对宾客来说，优良的服务并不能掩盖或完全弥补餐饮质量所造成的问题。因此餐厅提供的食品和饮料应做到质量、数量、价格和服务的统一。

（3）以盈利为目的。餐厅是饭店的利润中心之一，餐饮工作者应致力于扩大客源市场，开源节流，适应市场变化与竞争形势，使自己的企业办得更具有特色和魅力，从而增加盈利。

> **知识拓展**
>
> 《旅游饭店星级的划分及评定标准》中规定，三星级饭店的餐厅要求具有与客房接待能力相适应的中餐厅、西餐厅、咖啡厅和宴会厅（或多功能兼用宴会厅）。

### （二）餐饮市场常见餐厅的种类

餐厅的种类繁多、风格各异，各国各地餐厅的分类不尽相同。在我国，根据餐厅的经营特色、服务方式、规格水平的不同，大致可分为以下几类：

#### 1. 中餐厅

中餐厅是我国星级饭店和餐饮市场上最主要的餐厅类型。所谓中餐厅，主要是指提供中式菜点和中式服务的餐厅。中餐厅的菜肴以中国传统的"八大菜系"为基础，经营鲁菜、川菜、粤菜、淮扬菜、湘菜、徽菜、闽菜、浙菜等。很多中餐厅还经营素菜、少数民族菜、宫廷菜、仿膳菜等特色菜品，同时经营各种中式面点。中餐厅的环境氛围、装潢特点、服务方式也同样体现了中国式传统和特色。

> **知识拓展**
>
> 绿色餐厅应具备的条件：
> （1）餐厅有无烟标志，设有无烟区。
> （2）餐厅内有良好的通风系统，无油烟味。
> （3）保证出售检疫合格的肉食品，严格蔬菜、果品等原材料的进货渠道，确保食品安全。在大厅显著位置设置外购原料告示牌，标明主要原料的品名、供应商、电话、质检状态、进货时间、保质期和原产地等内容。
> （4）积极采用了绿色食品、有机食品和无害蔬菜。
> （5）不出售国家禁止销售的野生保护动物。
> （6）制定绿色服务规范，倡导绿色消费，提供剩余食品打包、存酒等服务。
> （7）不使用一次性发泡塑料餐具、一次性木制筷子，积极减少使用一次性毛巾。
> （8）餐厅内有男女分用卫生间，洁净无异味，卫生间面积及厕位与餐厅面积成恰当比例，卫生间各项用品齐全并符合环保要求。

#### 2. 西餐厅

主要提供西式菜点和西式服务的餐厅。西餐厅大都以经营法国菜、意大利菜、德国菜、美国菜、俄式菜为主，同时兼容并蓄，博采众长。

### 3. 咖啡厅

小型的西餐厅，主要经营咖啡、各种酒水饮料、甜品点心、小吃、时尚美食以及简单西餐等。咖啡厅在装潢装饰、灯光氛围等方面凸显优雅、浪漫的情调，特别适合情侣共饮以及商务人士的商务洽谈。咖啡厅营业时间一般较长，一般都是24小时全天候营业，服务快捷，并以适中的价格面向大众经营。

### 4. 自助餐厅

自助餐厅是所有菜点酒水都陈列在餐台上，宾客根据自己的喜好，各取所需，自由进食的餐厅形式。我国四、五星级饭店一般都设有自助餐厅，一日三餐以经营自助餐为主，零点为辅。这类自助餐厅的自助餐台通常是固定的，中西菜点丰富，装饰精美，盛器注重个性，摆放注重层次，极具艺术渲染力，配以调光射灯，使菜点更具美感和质感，从而增进宾客的食欲。烤肉等大菜的服务常配有值台厨师，帮助宾客现场烹制、切割、装盘。自助餐厅通常也是饭店举办美食节、冷餐会、鸡尾酒会的场所。

### 5. 大宴会厅和多功能厅

大宴会厅和多功能厅是饭店宴会部的重要组成部分，是宴会部经营活动的重要场所。通常以一个大厅为主，周围还有数个不同风格的小厅，与之相通或相对独立，一般可根据客户的要求，用隐蔽式的活动板墙调节厅的大小。这一类宴会厅是多功能的，活动舞台、视听同步翻译、会议设备、灯光音响设备等应有尽有，为宴会部经营各种大型宴会活动、会议、展览、文娱演出等提供了良好的条件。

### 6. 特色餐厅

特色餐厅是餐饮文化发展、传播到一定阶段的产物，它具有鲜明的地域、宗教、历史、文化等人文特征。它对餐饮文化或是继承，或是发展，或是反思，代表了目前菜肴制作水平和餐饮企业经营策略的较高水准，也体现了管理者的经营理念和对市场的敏感程度。

---

**知识拓展**

北京来今雨轩饭庄——红楼菜。在北京中山公园内有一个有着100多年历史的中华老字号——来今雨轩饭庄。它始建于1915年，饭庄以优越的地理位置、优美的就餐环境、厚重的文化历史底蕴，能够在今天众多酒楼餐馆中独树一帜。作为国家一级饭庄，来今雨轩主营红楼菜和川贵风味。

北京饭店云来堂——谭家菜。历史悠久的北京饭店独家经营的谭家菜，拥有"食界无口不夸谭"的美称，堪称饮食界一绝。谭家菜是清末民初由谭宗俊父子始创，迄今已有百年的历史，是唯一流传保存下来的最典型的官邸士大夫菜。谭家菜以广东风味为基础，博采各方菜点之长，成为一种独特的具有官邸风味的菜肴。与其他地方菜相比，有与众不同的三大特点：一是甜咸适度，南北均宜；二是火候足，下料狠，菜肴软烂，易于消化，尤其适合老年人享用；三是讲究原汁原味，很少使用味精等调味品。其菜肴多以烧、烤、烩、焖、蒸为主，是民族饮食文化的宝贵遗产。

北京御膳饭店——宫廷菜，于1989年8月开业，是北京特级饭庄和旅游定点餐馆，主要经营宫廷菜肴，可制作高、中、低档800多种菜肴，但以"满汉全席"为正宗，集中了中国南北大菜之精华，禽八珍、海八珍、山八珍、草八珍应有尽有。

## 二、餐饮服务

1. 餐饮服务概念

餐饮服务是餐饮部员工为就餐宾客提供菜肴、饮品等服务的全过程。餐饮服务的主要任务是按照规范化的服务程序和服务标准，采用一定水平的服务技巧，及时为顾客供餐，满足不同客人对餐饮的各种需求，努力扩大餐饮销售，实现饭店经营收入的目标。

餐饮服务构成的内容如下：

① 辅助性设备设施。如桌椅、餐具、服务用品等。

② 使餐饮服务易于实现的产品。如菜肴、酒水等。

③ 明显的服务。即消费者感觉到的各种利益。

④ 隐含的服务。即消费者心理感受或附属于服务的特征。

2. 餐饮服务项目

餐饮服务项目是指餐饮企业向宾客提供的用以满足其饮食方面的物质和精神需求的服务。也就是餐厅向宾客提供的服务内容。服务项目是随着宾客的需求而变化的。服务项目的多少以及质量的高低都要以满足宾客的不同需求为目标。餐饮服务项目大致可以分为两大类：普通服务项目和特殊服务项目。

（1）普通服务项目

普通服务项目按餐饮场所、设施功能和服务内容，可以分为：

① 中餐：早餐、正餐、宴会服务。

② 西餐：早餐、正餐、宴会服务。

③ 中、西餐自助餐服务（早餐、正餐）。

④ 冷餐会、鸡尾酒会服务。

⑤ 会议服务。

⑥ 酒吧服务。

⑦ 咖啡厅服务。

（2）特殊服务项目

除上述服务项目以外，在我国一些饭店中还提供其他特殊服务项目，主要有：

① 客房送餐服务

星级饭店为方便宾客，迎合宾客由于生活习惯或特殊要求，如因早起、患病、会客、夜宵、聚会等需要而提供的服务项目。此项服务不仅可以增加饭店的经济收入，减轻餐厅压力，而且能体现饭店的档次和服务质量。客房送餐部通常是饭店餐饮部下属的一个独立部门，一般提供不少于18小时的服务。客房送餐服务的主要项目有早餐、全天候送餐、下午茶点、各种酒水饮料、房间酒会、VIP客人赠品等。

② 外卖服务

饭店根据客户需求，派员工到宾客驻地或宾客指定的地点提供宴请服务。常见的外卖形式有冷餐酒会、鸡尾酒会、中西餐宴会等。外卖服务从策划、实地调查、组织人力物力到实施计划、现场督导，直至结束，自始至终都要求饭店各部门通力协作，以保证顺利完成。

③ 主题庆祝活动

根据宾客所提出的确切主题或为了营造节日气氛而精心策划和组织的餐饮娱乐活动如圣诞晚会、化装狂欢舞会、国庆晚会等。

**知识拓展**

主题庆祝活动将餐饮和娱乐巧妙结合在一起，充分体现了饭店餐饮艺术的水平和全方位多元化的餐饮服务，如圣诞新年晚会、化装狂欢舞会、公司周年庆典、时装发布会等。主题庆祝活动也可根据宾客的意思，在宾客指定的家宅、公司、公园等地举行。

**项目小结**

本单元介绍了中外餐饮业发展历程、餐饮部的地位和任务、餐饮部的经营特点，重点介绍了我国常见的餐厅种类：中餐厅、西餐厅、咖啡厅、自助餐厅、特色餐厅以及餐厅服务项目等。对餐饮从业人员来说，了解这些基本知识具有极其重要的意义。

**项目习题**

一、案例分析

## 客人中午要吃早餐

武夷山，入夏，时值旅游旺季。

某山庄餐厅。午餐时间，已有不少客人在用餐。

有电话打进餐厅吧台，询问还有没有早餐可吃，接电话的领班小杨看了看表：差10分钟就到12点了。她差点笑出声来，本想向对方说："您不看看现在已经几点了？"但她还是忍住，改口问道："您是哪个旅游团的？""我们是安徽来的，我是这个团的全陪。"对方答道。小杨建议："不如你们干脆直接吃午餐吧。"对方似乎有点为难："我们手上还有早餐券呢，而且我们昨天爬了一天的山，累得都没胃口，都不想吃东西了，只想喝点稀饭。你看还有没有早上剩的稀饭呢？"小杨想，对方要求不高，问问厨房也可以。于是她说："您是哪个房间的？我过2分钟打电话给您答复好吗？"

小杨将客人的要求向厨师长作了通报，厨师长感到为难：早餐用不完的稀饭已统统送给附近的养猪户了，如果答应客人的要求，那就要另外再加工，无形中增加了成本，于是没同意。于是小杨向全陪作了不能满足客人要求的答复。

可当餐饮部李经理知道了此事后，立即指示厨房加工稀饭，同时又向安徽旅游团全陪房间去了电话。不一会儿，团员们虽然个个睡眼惺忪却满脸笑意地走进餐厅。

林总经理听了餐饮部李经理的汇报后，当即决定：以后送进客房的免费早餐券由原来的一小片尺寸改大一些,并将就餐时间用醒目的黑体字印上:上午7点至中午12点,同时也要求餐厅将剩余的早餐食品移至一个小餐厅保留至中午。

思考题:

1. 你认为此案例中客人的要求是否合理,为什么?
2. 从这个案例中,你得到哪些启示?

## 二、任务设计

1. 考察一家餐厅,看看它们的生产特点具体表现在哪些方面。
2. 通过考察酒店餐饮部和社会餐饮店,对它们的经营特点进行比较。

## 项目二 餐饮服务基本技能

### 项目指南

餐饮服务工作的分工比较细致,可以分为不同的岗位,例如:值台、传菜、领台等工作岗位,但不管负责哪项工作,熟练、规范地掌握服务技能并能够创造性地把待客技巧融入服务意识之中,是做好餐饮服务工作、提高服务质量的基本条件,也是评价餐饮企业经营管理水平的标准之一。餐饮服务的每项技能和环节都有特定的操作方法、程序和标准。餐饮服务的基本技能包括:托盘、餐巾折花、摆台、斟酒、点菜、上菜、分菜及撤换餐用具等其他服务技能。

### 项目目标

**知识目标**

1. 了解托盘、餐巾折花、摆台、斟酒、点菜、上菜与分菜、撤换餐用具的基本知识;
2. 熟悉各项基本技能的操作程序和标准。

**能力目标**

能熟练运用餐饮服务的基本技能。

**素质目标**

1. 培养服务过程中的灵敏度和协调能力;
2. 培养良好的动手能力和行业素质。

## 任务一 托 盘

托盘是餐厅服务中的基本工具,餐厅服务员在对客服务时要做到"送物不离盘",也就是不论运送何种物品,都应使用托盘,而不应直接用手接触物品。使用托盘来装运、递送各种不同的物品,可以减少搬运餐饮物品的次数,体现餐厅服务的规范化、程序化的要求,有利于提高服务质量和工作效率,使餐厅服务朝高档次、高规格化发展。托盘是每位餐厅服务人员在服务时必须要掌握的一项基本技能。

### 一、托盘的种类与用途

目前常见的托盘从其质地分有:木制托盘、塑料托盘、胶木托盘、金属托盘(如镀银托盘、铝制托盘、不锈钢托盘等)。目前,饭店常用的托盘有不锈钢、胶木两大类,以胶木托盘为佳,其特点是防滑、耐用、轻便。根据规格大小可分为大、中、小三种规格的托盘;按照形状主要有圆形托盘、长方形托盘两种。

大、中号长方形托盘一般用于运送菜点、酒水和盘碟等较重物品;大、中号圆盘一般用于斟酒、展示饮品、送菜、分菜等;小号圆形托盘和方形托盘则用于递送账单、信件、收款等。

### 二、托盘的使用方法

托盘方法按照所盛装的物品重量不同可以分为轻托和重托。

#### (一)轻托

轻托就是托送比较轻的物品或用于上菜、斟酒操作,通常使用中、小圆托盘或小方托盘。因为盘中运送的物品较轻,一般在5公斤以内,所以我们称这种方法为轻托。又因盘子平托于胸前,所以又称为平托或胸前托。

1. 轻托的操作程序与方法

(1)理盘

运送东西时,应该选择与所负载的东西大小相称的托盘,将托盘洗净擦干。防滑托盘可以不需要垫布,如果所使用的托盘不是防滑托盘,要垫上托盘布,托盘布的大小要与托盘匹配,最好专门使用,不要与餐巾混用。为避免垫布滑动,可将垫布适当蘸湿,使垫布半干半湿以阻隔热量传递并防止物品在运送过程中在托盘内滑倒。

---

**案例分析 2-1**

**快餐厅用餐时发现食品托盘上附着黄色恶臭污物**

某日晚9点多,顾客张女士携儿子与姐姐及一位朋友来到一家快餐厅。用餐过程中,张女士的儿子突然发现托盘边沿沾有一些恶臭污物。起初她还以为是一种油,但用手一摸感觉不对,"当时我就反胃了,立即喊服务员过来询问",张女士说。就在张女士大声喊服务员时,与其相隔不远一桌的吴女士姐妹3人也发出了惊呼。吴女士说,她和两个妹妹刚用完餐,3人无意间发现她们使用的一个托盘的背后、边沿,以及被宣传单覆盖住的盘底均沾有恶臭污物。3人用餐巾纸将部分污物擦下,仔细一闻后,吴女士的两个妹妹顿时跑到洗手间呕吐。

事后,餐厅方表示愿意道歉,并且赠送价值200元的用餐代金券,但针对为何有污物一直未作合理解释。张女士和吴女士表示,她们不会接受这种处理方式。她们要求店方尽快调查清楚恶臭污物究竟为何物,并对出现这种情况的原因给予解释。

分析:
1. 托盘的清洁与否会影响什么?
2. 怎样做好托盘的清洁工作?

(2) 装盘

根据所盛物品的形状、体积、重量以及先后使用顺序合理安排,轻托的物件一般是平摆,不要重叠摆放。一般应将重物、高物放于盘的内侧,将轻物、低物放在盘的外侧;将先用的物品摆在前面、上方,后用的物品摆在后面、下方。盘内物品要分布得体,摆放均匀,这样易于掌握托盘重心,方便自己的服务工作,同时避免盘面过多的转动或右手在交叉取物时可能造成的自身碰撞。

(3) 起托

完成装盘后,托盘从桌面起托时应姿势正确,注意手脚身体的配合动作。先将左脚迈前半步,弓步站立,弯腰,上身前倾,把托盘看作表盘,右手抓托盘6点钟位置,向怀内拉,拉进1/3时,将左手伸进盘底,左手在托盘下选好位置,找好平衡;左手托起托盘,右手可辅助一下,待左手掌握重心后将右手放开,同时收回左脚,右脚向前跟进,直腰,蹬地立直,保持托盘平稳,使身体呈站立姿势。

(4) 托盘

用左手托盘,左臂自然弯曲,大臂自然下垂,小臂与大臂呈90°,利用左手手腕灵活转向。手肘尖与腰相距15 cm,托盘平托于胸前,略低于胸部,基本保持在第二和第三枚衣扣之间。用手指和掌底托住盘底,伸开手掌,掌心向上,掌心位于托盘中心左下方,掌心不与盘底接触,手掌自然形成凹形,重心压在大拇指根部,使重心点和左手五个指端成为六个着力点,利用五个手指的弹性掌握盘面的平衡。

(5) 行走

服务员托起托盘走动时的行走动作应注意:头正肩平,上身挺直,注视前方,脚步轻缓,动作敏捷,步伐稳健,行走自如,使托盘随走动的步伐自然摆动。还应特别注意在为客人服务的过程中,持托盘的左手离上身有一定间距,千万不能紧贴上身。因为人在走动时有轻微的摇动,如果托盘随步左右摇动就会使托盘中的物品产生滑动或菜汁、汤水外溢,而且会让人感到托盘姿势不优美。

> **小思考**
> 
> 讨论常见的托盘行走步伐有几种,分别适用于什么情况之下?

(6) 落托

在落托盘时:一要慢,二要稳,三要平。右脚向前迈进半步,直腰屈膝下蹲,使托盘与桌面相平,托盘的边缘搭在桌面上,注意不要将多余的垫布卷在下面,把托盘看作表盘,右手扶4点钟位置,用左臂或左手将盘向前推进,放稳后再取物品,从托盘两边交替拿下。

2. 轻托操作的注意事项

(1) 切忌用拇指从上方按住托盘边,四个手指托住托盘底,这种方法不符合操作规范,而且不礼貌。

(2) 如果所托物品较轻,可以用右手将物品从托盘中取下来递给客人。物品取走之后,餐厅员工应及时用右手对托盘位置或盘中物品进行调整,使托盘保持平衡;如果托送的物品较为沉重时,餐厅员工可以将托盘放在邻近的桌面或菜台上,然后将所托物品依次递给客人。

(3) 托盘行走时轻而缓,右手摆动幅度不宜太大。头要正,上身保持直立,肩膀放松,不要紧张,集中精神,步伐稳健。不与客人抢道,与客人相遇时侧身让道。

(4) 如发生托盘内酒水滑落等意外情况,不可惊叫,应冷静处理,马上叫同事看护现场,尽快清扫干净。

(5) 手臂不要贴着身体,也不要过度僵硬。行进时应该与前方人员保持适当的距离,并注意左右两侧,切忌突然变换行进路线或突然停止。

(6) 托盘不能越过宾客头顶,随时注意数量、重量、重心的变化,作出相应的移动。

(7) 当拿回空托盘时,用右手或左手拿住托盘边以竖立方式靠近裤边行走(托盘底朝外),切勿拿空托盘玩耍。

### (二) 重托

因为以上肩的方式来托送物品所以也称肩上托,主要用于运送较重的菜点、酒水、盘碟等。重托通常使用大型托盘,运送的物品一般重量在10公斤以内。重托常用于送菜、送汤和收拾碗碟,一般油腻较大,使用前必须清洁盘面并消毒,铺上洁净的专用盘巾,起到防油、防滑的作用。

重托与轻托的操作程序大致相同,在具体方法上略有差别。重托操作时要求"平、稳、松"。目前餐厅中较大或较重的物品一般为了安全起见多用小型餐车运送,重托在实际应用中使用的并不多。这里就不再一一介绍重托的操作方法了。

### 三、托盘使用技能训练

**技能训练(一)**

题目:持托盘站立行走3分钟。

方法:小组内自行练习,组长负责监督,完成5次练习任务。

要求：

1. 托盘操作程序正确,动作、手势标准。

2. 托盘站立时,托盘要平稳、不晃动、无倒落,身体自然放松,右手自然垂下。

3. 托盘行走时,托盘要平稳、无倒落,无碰撞声音,头正肩平,上身挺直,注视前方,身体自然放松,右手自然摆动。

4. 轻托持重要求,持重要求托装有300毫升的饮料瓶4个,3分钟站立或行走。

**技能训练(二)**

题目：托盘物品置换。

方法：小组内自行练习,组长负责监督,完成5次练习任务。

要求：

1. 托盘操作程序正确,动作、手势标准。

2. 侧身站立于两个座位之间,双脚自然岔开,右脚脚尖朝桌内,以腰部为轴,转动上身。

3. 如置换距离较远的物品,则采用蹲地式：重心在右脚和右腿上,左脚尖点地；腰部控制力量,保证托盘平稳置换物品。

4. 右手拿放物品,左手保持托盘平稳。置换物品时,左手托盘外展,避免刮碰到座椅或客人。

5. 操作时无物品倒落,无碰撞声音。

**技能训练(三)**

题目：持托盘S路线行走。

方法：小组内自行练习,组长负责监督,完成5次练习任务。

要求：

1. 托盘使用操作程序正确,动作、手势标准。

2. 持托盘行走时,托盘要平稳、无倒落,无碰撞声音,头正肩平,上身挺直,两眼注视前方,身体自然放松、右手自然摆动。

3. 在障碍之间进行S路线行走,行走过程中,左手托盘能够自如地内收、外展,躲避障碍物。

4. 行走时不可小跑,只可快速行走。

**技能训练(四)**

题目：持托盘上下楼梯。

方法：小组内自行练习,组长负责监督,完成5次练习任务。

要求：

1. 托盘使用操作程序正确,动作、手势标准。

2. 持托盘上下楼梯时,托盘要平稳、无倒落,无碰撞声音,头正肩平,上身挺直。

3. 遇到障碍时能够灵活躲避,左手托盘能够自如地内收、外展,躲避障碍物。

4. 上下楼梯时,逐层台阶上下,不可一步跨多级台阶。

**思考与练习**

1. 托盘的种类有哪些?

2. 简答轻托的注意事项。

## 四、托盘训练技能评价

**托盘技能评价表**

| 评价项目 | 具体要求 | 评价 | | | 建议 |
|---|---|---|---|---|---|
| | | 满意 | 一般 | 不满意 | |
| 托盘技能 | 1. 操作顺序正确 | | | | |
| | 2. 操作手法正确 | | | | |
| | 3. 熟练掌握托盘使用技能要领 | | | | |
| 学生自我评价 | 1. 准时并有所准备地参加模拟训练 | | | | |
| | 2. 乐于助人并主动帮助其他成员 | | | | |
| | 3. 遵守团队的协议 | | | | |
| | 4. 全力以赴参与工作并发挥积极作用 | | | | |
| 小组活动评价 | 1. 团队合作良好,都能礼貌待人 | | | | |
| | 2. 工作中彼此信任,相互帮助 | | | | |
| | 3. 对团队工作有所贡献 | | | | |
| | 4. 对团队的工作成果满意 | | | | |
| 总 计 | | 个 | 个 | 个 | 总评 |
| 在托盘训练中,我的收获 | | | | | |
| 在托盘训练中,我的不足 | | | | | |
| 改进方法和措施 | | | | | |

# 任务二 斟 酒

斟酒服务在餐饮服务工作中比较频繁。无论是中餐还是西餐,在就餐服务中都是由服务人员提供斟酒服务,尤其宴会服务中斟酒服务运用最多。斟酒服务要求做到酒水不滴不洒,酒杯不满不溢。

## 一、酒水准备与示酒

1. 准备工作

准备工作包括酒水和酒杯的准备,酒水温度的处理。

(1) 酒水准备

领出酒水后,先检查酒水是否为客人所需要的酒水,如不是应及时调换;接着检查酒水的质量,如发现酒瓶有破裂或酒水中有浑浊沉淀物等变质现象时,也应调换。

服务员要将领出的酒水瓶身、瓶口擦干净。用托盘盛装酒水、饮料为客人服务或提供给客人选择时,要将瓶子较高的酒水饮料放在内侧,瓶子矮的放在外侧,方便取用。

(2) 准备酒杯

备有为各种不同的酒而设计的酒杯对专门销售食品与酒水的餐厅是非常重要的。如啤酒杯的容量大,杯壁厚,这样可较好地保持冰镇过的效果。葡萄酒杯做成郁金香花型,是考虑到当斟酒至杯中面积最大处时,可使酒与空气保持充分接触,让酒的香醇味道更好地挥发。烈性酒杯容量较小,玲珑精致,体现了杯中酒的名贵与纯正。餐厅服务员应根据酒类品种配备酒杯,并检查酒杯的洁净和完好程度。

(3) 酒水温度处理

明确酒品的最佳饮用温度。白葡萄酒、玫瑰红葡萄酒、香槟酒和葡萄汽酒最佳饮用温度约为10℃～12℃,红葡萄酒的最佳饮用温度为20℃。如果能在饮用前打开瓶塞,让酒液与空气接触片刻,红葡萄酒会更香醇。酒精度较高的加强葡萄酒,如波特酒和雪利酒最佳的饮用温度也约为20℃。白兰地、威士忌饮用温度通常为室内温度,也可根据客人需要加入冰块。中国烈性白酒及黄酒的最佳饮用温度是室温或稍加热度。啤酒最佳饮用温度为8℃～10℃,夏天可适当降低,大约在4℃～10℃。在矿泉水服务中,其最佳饮用温度约是4℃,并当着客人的面开瓶。任何冷饮,尤其是矿泉水在没有得到客人同意时,不要在水中加冰块或柠檬片。

降温的方法通常有冰块冰镇和冰箱冷藏冰镇两种。冰块冰镇的方法是:准备好需要冰镇的酒品和冰桶,并用冰桶架放在餐桌一侧,桶中放入冰块,冰块不宜过大或过碎,将酒瓶插入冰块中。一般十几分钟,冰镇即可达到效果。冰箱冷藏冰镇的方法则需要提前将酒品放入冷藏柜内,使其缓缓降至最佳饮用温度。

除对饮用酒进行降温处理外,对盛酒品用的杯具也要进行降温处理,其方法是:服务员手持酒杯的下部,杯中放入一块冰块,摇转杯子,以降低杯子的温度,即所谓的"遛杯"。

升温的方法则主要有水烫、烧煮、燃烧、将热饮料冲入酒液或酒液注入热饮料中升温等四种,水烫和燃烧一般是在客人的面前操作的。

2. 示酒

由于酒的品种和产地非常多,尤其是葡萄酒,因此在开瓶之前,应让客人鉴定酒的名称、商标、产地、年限和级别等内容。示酒是指服务员站在点酒客人的右侧,左手托瓶底,右手扶瓶颈,酒标朝向客人,让客人辨认。这种服务程序的目的,是让客人鉴定该酒品的质量,同时也是表示对顾客的尊重。示酒是斟酒服务的第一道程序,它标志着服务操作的开始。实际上显示酒瓶商标也是开瓶服务的一部分。

二、开瓶

1. 罐装酒水

打开罐装酒水,首先应将酒罐的表面冲洗干净并擦干,左手固定酒水罐,用右手拉酒水罐上面的钥匙扣,打开其封口。

需注意的是,开启这类酒品,会有水气喷射出来。因此,服务员在开启易拉罐时,开口方不能对着任何人,并以手遮握,以示礼貌。开启前要避免摇晃。

2. 瓶装啤酒和饮料

首先将酒水瓶擦干净,将啤酒瓶或饮料瓶放在桌子的平面上,左手固定酒水瓶,右手持开瓶器,轻轻地将瓶盖打开。开瓶后,不要直接将瓶盖放在餐桌或吧台上,可放在一个小盘中,待开瓶后撤走。

3. 葡萄酒

用小刀将酒瓶封口上部割掉,用干净的餐巾把瓶口擦干净;再用开瓶器从木塞的中间钻入,转动开瓶器上面的把手,随着开瓶器深入木塞,开瓶器两边的杠杆会往上仰起,待开瓶器刚刚钻透木塞时,两手各持一个杠杆同时往下压,木塞便会慢慢地从瓶中升出来。在开瓶过程中,动作要轻,以免摆动酒瓶时瓶底的酒渣泛起,影响口感。

将葡萄酒的木塞递给客人,请客人通过嗅觉鉴定该酒(该程序适用于高级别的葡萄酒),再用餐巾把刚开启的瓶口擦干净。斟倒少许给客人品尝,注意手握酒瓶时,不要覆盖标签。

4. 香槟酒和葡萄汽酒

首先将瓶身擦干净,然后放入冰桶中,连冰桶一起运送到客人右边方便的地方摆放。将香槟酒从桶内取出,用餐巾将瓶子擦干后包住瓶子,商标朝外,请客人鉴定。当客人认可后,将酒瓶放在餐桌上并准备好香槟酒杯。

左手持瓶,右手撕掉瓶口上的锡纸。左手食指牢牢地按住瓶塞,右手除掉瓶盖上的铁丝及铁盖。瓶口倾斜约45°,用右手持一干净餐巾紧紧包住瓶口。这时,由于酒瓶倾斜,瓶中会产生压力,酒瓶的木塞开始向上移动,然后右手轻轻地将木塞拔出。开瓶时,瓶口不能朝向人,以防软木塞弹出造成伤害。

5. 烈性酒

烈性酒的封瓶方法常见的有两种:一种是塑料盖,一种是金属盖。前者外部包有一层塑料膜,开瓶时先将塑料膜烧熔取下,然后旋转开盖即可。后者瓶盖下部常有一圈断点,开瓶时用力拧盖,使断点断裂,便可开盖,如遇断点太坚固,难以拧断的,可先用小刀将断点划裂,然后再旋转开盖。

### 三、斟酒的要领

1. 斟酒的姿势与位置

斟酒的方法分托盘斟酒和徒手斟酒。

(1) 托盘斟酒

托盘斟酒时,服务员站在宾客的右后侧,右脚向前伸进两椅之间,侧身而上,左脚微微踮起。左手托盘向外撇,保持平衡;右手拿瓶斟酒,手势自然,握住酒瓶中下部,酒标朝向客人,瓶口距杯口2 cm,动作要稳妥,手法要轻缓,举止稳重,自然大方。

(2) 徒手斟酒

徒手斟酒多见于一桌宾客都用同一瓶酒水。斟酒姿势要领同上,左手应持一块干净的餐巾放在身后,斟完酒后可以擦去瓶口的酒水。徒手斟酒又分为桌斟和捧斟两类。

桌斟是酒杯放在桌上为客人斟倒,斟酒时站在客人右后侧,既不可紧贴客人,也不可离客人太远。给每一位客人斟酒时都应站在客人的右后侧,而不能为了自己方便,站在同一个地方左右给多个客人同时斟酒。给客人斟酒时,不能将酒瓶正对着客人,或将手臂横越客人。每斟完一杯酒后,将握有瓶子的手顺时针旋转一个角度(约45°),与此同时收回酒瓶,这样可以防止酒滴落在桌上,也可使姿势优雅。

捧斟的方法是一手持瓶,另一手将酒杯捧在手中,站在宾客的右后侧,向杯内斟酒,然后将斟上酒水的酒杯放在客人的右手处。

> 桌斟与捧斟服务分别适用于什么样的酒水?

**小思考**

2. 斟酒量

中餐在斟倒各种酒水时,一律以酒杯八分满为宜,以示对宾客的尊重。

西餐斟酒不宜太满,一般来说红葡萄酒斟倒1/2杯,白葡萄酒斟倒2/3杯为宜。

斟香槟酒要分两次进行,先斟至酒杯的1/3处,待泡沫消散后,再斟至酒杯的2/3处即可。

白兰地酒斟一盎司(将标准白兰地杯横放,杯内的酒液与杯口齐平)。

啤酒以酒液占酒杯的八成、泡沫齐杯口不溢出为标准,顺杯壁斟倒。

3. 斟酒顺序

一般场合,餐厅服务员应先为一桌的长者斟酒;其次是先为女士斟倒。

中餐斟酒顺序。宴会开始前10分钟左右将烈酒和葡萄酒斟好,斟酒时先斟主宾,后斟主人,然后按照顺时针方向依次斟倒。宾客入座后,服务员及时询问是否需要啤酒、果汁、矿泉水等酒水,其顺序仍然是先斟主宾,后斟主人,然后按照顺时针方向依次斟倒。

西餐宴会的斟酒顺序。西餐宴会用酒较多,几乎是每道菜跟有一种酒,吃什么菜喝什么酒,应先斟酒后上菜,其顺序为:先斟女主宾,后斟男主宾,然后为主人斟酒,再为其他客人斟酒。

### 四、斟酒时的注意事项

(1)斟酒时要注意瓶内酒量的变化情况,以适当的倾斜角度控制酒液的流出速度。当瓶内的酒液越少时流速越快,控制不好容易冲出杯外。

(2)斟啤酒时,由于泡沫较多,极易沿杯壁流出杯外,所以斟酒的速度要慢一些,也可以分两次将啤酒沿酒杯内壁倒入杯中。

(3)斟香槟酒或碳酸饮料时,应先斟倒1/3杯,待泡沫消散后,再往杯中续斟,以八成满为宜。

(4)凡使用冰桶的酒水,从冰桶取出时,应以一块餐巾包住瓶身,以免瓶外水滴弄脏台布或宾客衣服。凡使用酒篮的酒,瓶颈下应垫一块餐巾或纸。

(5)由于操作不慎将酒杯碰翻时,应向客人表示歉意,立即将酒杯扶起,检查有无破损。如有破损应立即另换新杯,迅速用一块与台布同色的餐巾铺在酒迹之上,然后将酒杯放还原处,重新斟酒。如果宾客不慎将酒杯碰翻,服务员要立即上前安慰客人,并重复上述操作。

(6)随时关注每位客人的酒水饮用情况,当宾客酒水少于1/3杯时,应征询客人意见,及时续斟。

(7)在斟软饮料时,根据宴会所备品种放入托盘,请宾客选择,待宾客选定后再斟倒。软盒饮料注意掌握力度,拿得太松会脱手,拿得太紧会控制不住流量。

(8)宴会进行中,一般宾主会致辞,致辞结束双方都要举杯祝酒,因此在致辞开始前,要将酒水斟齐,以免祝酒时杯中无酒。致辞结束,服务员要及时将致辞者的酒水送上,若其要向各桌宾客祝酒,此时需要服务员托着酒水跟随,随时准备为客人添酒;各桌服务员在敬酒人到来之前应及时为桌上客人添酒。

(9)宾主致辞时,服务员要停止一切操作,端正静站在适当位置,不可抓耳挠腮或交头接耳。服务员应事先了解宾客的致辞时间,以便在致辞开始前停止操作。

表2-1 白酒服务程序及要求

| 操作步骤 | 标 准 与 要 求 |
|---|---|
| 示 酒 | 1. 站在主人右侧,左手托瓶底,右手扶瓶身。<br>2. 双手持酒瓶向客人展示,请客人确认,同时询问客人:"先生/女士,现在为您打开吗?"<br>3. 得到确认后开启。 |
| 开 瓶 | 1. 开瓶前尽量减少瓶体的晃动。<br>2. 在客人面前开启。<br>3. 注意安全,不要划破瓶口,避免伤及自己或他人。 |
| 站 位 | 服务员应侧身站立于客人的右侧,与客人保持25 cm左右的距离。 |
| 服 务 | 1. 右手持酒瓶下半部,商标朝外(面向客人),手臂自然伸展。左手持干净餐巾为客人斟酒,瓶口距离杯口1—2 cm斟酒至酒杯八分满。<br>2. 按照先宾后主、女士优先的原则,依次为宾客斟酒。<br>3. 当杯中酒量接近七成满时,放慢斟倒速度;当酒水八分满时停止斟倒,右手持瓶身向内旋,旋转的同时抬起瓶口,防止酒滴落在台布上。 |
| 续 酒 | 1. 随时为客人续酒。<br>2. 当整瓶酒将空时,询问宾客是否再加一瓶,如不需要,在客人喝完酒后,立即撤去空瓶和空杯。 |

表2-2 啤酒服务程序及要求

| 操作步骤 | 标 准 与 要 求 |
|---|---|
| 示 酒 | 1. 站在客人右侧,左手托瓶底,右手扶瓶身,展示给客人。<br>2. 得到确认后开启。 |
| 开 瓶 | 1. 瓶装啤酒同白酒开启方式,注意开启前不要摇晃。<br>2. 罐装啤酒开启时,将易拉罐开口朝外,不能对着人,开启前禁止摇晃。 |
| 站 位 | 服务员应侧身站立于客人的右侧,与客人保持25 cm左右的距离。 |

续 表

| 操作步骤 | 标 准 与 要 求 |
|---|---|
| 服 务 | 1. 右手握啤酒瓶下半部,酒标向外,酒液沿杯壁缓缓倒入,再采用倾注法使酒液呈八分满、泡沫约1—2 cm,略超过杯沿为宜。<br>2. 将啤酒瓶放在酒杯旁边。 |
| 续 酒 | 同白酒的续酒方式。 |

表2-3 葡萄酒服务程序及要求

| 操作步骤 | 标 准 与 要 求 |
|---|---|
| 备 酒 | 准备酒篮、餐巾。 |
| 示 酒 | 左手托酒瓶底部,右手扶酒瓶颈部,商标朝向客人,保持在客人视平线位置,请客人确认。 |
| 开 瓶 | 用酒刀划开封纸,酒钻深入木塞的2/3处,拔出瓶塞,用餐巾擦拭瓶口。 |
| 验 塞 | 将木塞放入小盘中,请客人检验瓶塞。 |
| 品 尝 | 为主人斟倒1/5杯,请主人品尝。 |
| 斟 倒 | 按女士优先的原则斟倒,右手握瓶子中下部,将酒液缓缓倒入杯中;标准是杯容量的1/2。 |
| 续 酒 | 斟完后将酒篮放到客人身后的酒水车上。 |

表2-4 香槟酒服务程序及要求

| 操作步骤 | 标 准 与 要 求 |
|---|---|
| 备 酒 | 准备冰桶、冰桶架、餐巾、碎冰。 |
| 示 酒 | 同葡萄酒。 |
| 开 瓶 | 将酒瓶开口方向朝向客人反方向,剥去锡纸,左手拇指压瓶塞,右手慢慢拧开保险丝,使瓶塞拔出,左手始终握住瓶塞,防止爆裂或喷出。 |
| 验 塞 | 无须验塞。 |
| 品 尝 | 同葡萄酒。 |
| 斟 倒 | 用右手拇指扣捏瓶底,左手持餐巾轻扶瓶颈外侧斟酒;每杯两次斟倒,为避免泡沫溢出,斟至酒杯的2/3处。 |
| 续 酒 | 斟完后,将酒瓶重新放回冰桶内,以餐巾覆盖,冰桶移至客人身后约30 cm处。 |

表2-5 饮料服务程序及要求

| 操作步骤 | 标 准 与 要 求 |
|---|---|
| 准 备 | 宾客点了饮料后,立即去酒吧取回。 |
| 确 认 | 1. 罐装饮料要站在主人右侧询问客人是否开启。<br>2. 得到客人的确认后开启。<br>3. 开启时将易拉罐开口朝外,不能对着人,开启前防止摇晃。 |

续 表

| 操作步骤 | 标准与要求 |
|---|---|
| 服 务 | 1. 斟倒饮料前应先示意客人引起注意。<br>2. 向杯中倒八分满,放在客人的右侧。<br>3. 斟倒速度适中,标签面向客人。<br>4. 杯装饮料左手托盘,右手取饮料。 |
| 续 杯 | 1. 及时为客人撤掉空杯。<br>2. 斟倒饮料时,若剩余饮料不足,则需询问客人得到同意后开启新的饮料。 |

表2-6 托盘斟酒服务程序及要求

| 操作步骤 | 标准与要求 |
|---|---|
| 斟酒准备 | 1. 检查酒水标识和酒水质量。<br>2. 擦拭酒瓶。<br>3. 按规范将酒瓶摆放在托盘内。 |
| 托盘斟酒 | 1. 站在客人右后侧,先宾后主顺序斟倒。<br>2. 左手托盘,右脚向前,侧身站立,保持平稳。<br>3. 向客人展示托盘中酒水和饮料,示意客人按喜好自选。<br>4. 选定后,将托盘移至客人身后。移动时,避免碰到客人。<br>5. 右手取酒水斟倒。<br>6. 斟酒时,瓶口距离杯口1—2 cm。<br>7. 斟酒完毕,将瓶口抬起顺时针旋转45°后收瓶。 |

### 五、斟酒技能训练

**技能训练(一)**

题目:徒手斟酒。

方法:

1. 小组内自行练习,组长监督。

2. 小组内抽选代表与其他小组进行竞赛。

3. 选手抽签选取比赛内容。

要求:

1. 在规定时间内,完成10人位徒手斟酒。

2. 操作程序正确,动作标准、规范。

3. 斟酒做到不溢不洒,无物品倒落。

**技能训练(二)**

题目:托盘斟酒。

方法:

1. 小组内自行练习,组长监督。

2. 小组内抽取选取代表与其他小组进行竞赛。

3. 两种酒水交替斟倒。

要求:

1. 在规定时间内,完成10人位托盘斟酒。

2. 操作程序正确,动作标准、规范。
3. 斟酒做到不溢不洒,无物品倒落。

**思考与练习**

1. 斟酒服务有哪些注意事项?
2. 请简述不同酒水的开瓶方法。

斟酒技能评价表

| 评价项目 | 具体要求 | 评价 | | | |
|---|---|---|---|---|---|
| | | 满意 | 一般 | 不满意 | 建议 |
| 斟酒技能 | 1. 操作顺序正确。 | | | | |
| | 2. 操作手法正确。 | | | | |
| | 3. 熟练掌握斟酒技能要领。 | | | | |
| 学生自我评价 | 1. 准时并有所准备地参加模拟训练。 | | | | |
| | 2. 乐于助人并主动帮助其他成员。 | | | | |
| | 3. 遵守团队的协议。 | | | | |
| | 4. 全力以赴参与活动并发挥积极作用。 | | | | |
| 小组活动评价 | 1. 团队合作良好,彼此礼貌相待。 | | | | |
| | 2. 工作中彼此信任,相互帮助。 | | | | |
| | 3. 对团队工作有所贡献。 | | | | |
| | 4. 对团队的工作成果满意。 | | | | |
| 总 计 | | 个 | 个 | 个 | 总评 |
| | 在斟酒训练中,我的收获 | | | | |
| | 在斟酒训练中,我的不足 | | | | |
| | 改进方法和措施 | | | | |

## 六、斟酒训练技能评价

# 任务三 餐巾折花

餐巾折花是餐前的准备工作之一,是餐饮服务的一项重要技能。当前餐巾折花的趋势是美观大方,造型简单。因为复杂的餐巾折花不仅费时费力,而且由于多次折叠接触餐巾,会不可避免地带来卫生问题。

## 一、餐巾的作用与种类

### （一）餐巾的作用

餐巾又名口布、茶巾、席巾等，其主要作用有以下几方面。

1. 餐巾是餐饮服务中的一种卫生用品

宾客用餐时，餐厅服务员将餐巾放在宾客的膝上或胸前，餐巾可用来擦嘴或防止汤汁、酒水弄脏衣物。由于餐巾直接接触客人的手和嘴，因此在卫生程度上要求特别严格。

2. 餐巾可以装饰美化餐台

形状各异的餐巾花摆放在餐台上，既美化了餐台，又增添了庄重热烈的气氛，给人以美的享受。若餐巾花型与美味佳肴相呼应，协调美观，则会收到美食美器的良好效果。

3. 餐巾花型可以点明宴会主题并标出主宾席位

不同的餐巾花型，蕴含着不同的宴会主题意义。如用餐巾折成迎宾花篮、和平鸽等花型表示欢快、和平、友好，给人以诚悦之感；如折出比翼齐飞、鸳鸯等花型送给一对新人，可以表示出永结同心、百年好合的美好祝愿。

独特的餐巾花型及摆设，可以标志主宾的席位，宾客一步入餐厅就可从不同的花型中辨认出自己的位置。在折餐巾花时应选择好主宾的花型，主人位餐巾的花型高度应略高于其他花型高度以示尊贵。

> **小思考**
>
> 通过网络或图书查阅资料，说一说餐巾的由来。

### （二）餐巾的种类

1. 按质地

餐巾按质地可分为棉织品、化纤织品和纸面巾三种，棉织品餐巾吸水去污性强，浆熨后挺括，造型效果好，但一次折叠的效果才最佳。化纤织品色泽艳丽，透明感强，富有弹性，如一次造型不成，可以二次造型，但吸水去污性差，折花造型效果不如棉织品。纸面巾也可起到餐巾的作用，纸制的餐巾成本低，用后即弃不用清洗，颜色多彩，造型效果也很美观，但从环保的角度来看应减少使用。

2. 按颜色

餐巾颜色可以是白色的，也可以是彩色的，白色餐巾给人以清洁卫生、恬静优雅之感，调节人的视觉平衡，安定人的情绪。彩色餐巾可以渲染气氛，如红色、粉色餐巾给人以庄重热烈之感；橘色、黄色餐巾给人以高贵典雅之感；蓝色餐巾给人以凉爽舒适之感。

## 二、餐巾折花的分类及应用

### （一）餐巾折花的分类

1. 按摆放方式

可分为杯花、盘花和环花三大类，杯花一般需插入杯中才能完成造型，出杯后花形即散。由于杯花折叠手法繁杂，需反复折叠，因而在使用时其平整性较差，也容易造成污染。杯花一般用于中餐宴会。

盘花造型完整，成型后不会自行散开，可放于盘中或其他盛器及桌面上，常用于西餐或茶市等作台面摆设。因盘花简洁大方，美观适用，所以盘花呈现发展趋势。

环花是将餐巾平行卷好或折叠形成一个尾端，套在餐巾环内形成的餐巾造型。环花通常放置在衬碟或面包盘上，传统、雅致、简洁。

2. 按餐巾花外观造型

可将餐巾分为植物、动物、实物三种。

植物类造型。主要包括各种花草和果实造型，造型美观，变化多样，是餐巾花品种的一大类，如荷花、水仙、牡丹、竹笋等。

动物类造型。主要取其鱼虫鸟兽造型特征，形态逼真，生动活泼，包括金鱼、蝴蝶、鸽子、孔雀、长颈鹿等。

实物类造型。主要包括模仿自然界和日常生活中的各种形态的实物造型，如花篮、帆船、帐篷、僧帽等。

## （二）餐巾折花造型的选择

1. 根据宴会的规模

大型宴会可选择简洁、挺括的花型。可以每桌选两种花型，使每个台面花型不同，台面显得多姿多彩。如果是1—2桌的小型宴会，可以在一桌上使用各种不同的花型，也可以2—3种花型相间搭配，形成既多样又协调的布局。

2. 根据宴会的主题

主题宴会因主题各异，形式不同，所选择的花型也不同。

3. 根据季节

选择富有时令的花型以突出季节的特色，如春季宴会酒席可选择月季、迎春等花卉花型，以示春色满园；夏季可选择荷花、玉兰花等花型，给人以清爽之感；秋季可选择菊花；冬季选用梅花等。

4. 根据接待对象

饭店接待的宾客来自四面八方，在宗教信仰、风俗习惯以及性别年龄等方面都存在差异，这就需要服务人员根据实际情况区分对待。通常情况下，日本人喜樱花，美国人喜山茶花，法国人喜百合花，英国人喜蔷薇花等。宗教信仰方面，如果信仰佛教，勿叠动物造型，宜叠植物、实物造型。信仰伊斯兰教，则勿用猪的造型等。

5. 根据花色冷盘及菜肴特色

中式筵席往往是冷盘先上桌，宾客再入席。因此依据花色冷盘的形意选择花型，可收到整体造型的效果。如：上蝴蝶冷盘，可选择花卉的花型，使整个台面形成"花丛蝴蝶"的画面。此外，还可根据风味宴、名菜宴的菜单选择花型。如：以海鲜为主的宴席，可选用鱼虾的花型等。花型与宴会主题、内容紧密配合，既可形成台面的和谐美，又可突出中餐美食的特色。

6. 根据宾主席位选择花型

宴会主宾、主人席位上的花称为主花。主花一般选用品种名贵、折叠细致、美观醒目的花，达到突出主人、尊敬主宾的目的。如在接待国际友人宴会上，叠和平鸽表示和平，叠花篮表示欢迎，为女宾叠孔雀衬托美丽，为儿童叠小鸟衬托活泼可爱，使宾主均感到亲切。

总之，要根据宴会主题设计折叠不同的餐巾花。灵活掌握，力求简便快捷、整齐和谐、美观大方。

**（三）餐巾折花的摆放**

餐巾是餐桌上的普通用品，餐巾折花则是一项艺术创作，它可以烘托宴会的气氛，增添宴会艺术效果，因此餐厅服务员要掌握餐巾折花摆放的基本要求。总的摆放要求是：整齐美观、位置适当、便于观赏、使用方便，尽可能与台布、器皿的色调和谐。

1. 突出主位

根据主宾席位选择花型。宴会上，主宾席位上的餐巾折花被称为主花，主花一般要选择品种名贵、折叠精细、美观醒目的花型，以达到突出主位、致敬主宾的目的。

2. 注意协调

餐巾折花的摆放要做到高低、大小错落有致、注意协调性。餐巾折花的协调性是指无论是大型还是小型宴会，除主位外的餐巾折花外，一般都应高矮一致，大小一致，要把一个台面或一组台面当作一个整体来布置。一般主位的餐巾折花与其余的不同。

3. 观赏面朝向宾客席位

摆放餐巾折花，要使宾客正面观赏，如孔雀开屏、和平鸽等花型，要将正面朝向宾客。适合侧面观赏的，要将最佳观赏面朝向宾客。有头的动物一般要求头朝右。

4. 折花要恰当掌握插入深度

餐巾折成花型后，放入杯内的深度要适中。露于杯外的是观赏部分，因而插放时应注意保持花型的完整；由于玻璃杯是透明的，因而杯内的部分要折叠整齐规范。

5. 摆放距离均匀

各种餐巾折花之间的间距要均匀，做到花不遮餐具，不妨碍服务操作。

## 三、餐巾折花的基本技法

餐巾折花的基本技法有叠、推、卷、翻、拉、捏、掰等。餐厅服务员应反复练习，达到技艺娴熟，运用自如，以增强摆台的工作效率，提高艺术性。

1. 叠

叠是最基本的餐巾折花手法，几乎所有的造型都要使用。叠是将餐巾一折为二，二折为四，或折成三角形、长方形、菱形、梯形、锯齿形等形状。叠有折叠、分叠两种。叠时要熟悉造型，看准角度一次叠成。如有反复，就会在餐巾上留下痕迹，影响餐巾的挺括度。叠的基本要领是找好角度一次叠成。

2. 推

推是打褶时运用的一种手法，就是将餐巾叠面折成褶裥的形状，使花形层次丰富、紧凑、美观。打褶时，用双手的拇指和食指分别捏住餐巾两头的第一个褶裥，两个大拇指相对呈一线，指面向外。再用两手中指接住餐巾，并控制好下一个褶裥的距离。拇指、食指的指面握紧餐巾向前推折至中指外，用食指将推折的褶裥挡住。中指腾出去控制下一个褶裥的距离，三个手指互相配合。推可分为直褶和斜褶两种方法，两头一样大小的褶用直推，一头大一头小或折半圆形或圆弧形的斜褶用斜推。推的要领是推出的褶裥均匀整齐。

3. 卷

卷是用大拇指、食指、中指三个手指相互配合，将餐巾卷成圆筒状。卷分为直卷和螺旋卷。直卷有单头卷、双头卷、平头卷。直卷要求餐巾两头一定要卷平。螺旋卷分两种，一种是先将餐巾叠成三角形，餐巾边参差不齐；另一种是将餐巾一头固定，卷另一头，或一头多卷，另一头少卷。使卷筒一头大，一头小。不管是直卷还是螺旋卷，餐巾都要卷得紧凑、挺括，否则会因松软无力、弯曲变形而影响造型。卷的要领是卷紧、卷挺。

4. 翻

翻大都用于折花鸟造型。操作时，一手拿餐巾，一手将下垂的餐巾翻起一只角，翻成花卉或鸟的头颈、翅膀、尾巴等形状。翻花叶时，要注意叶子对称，大小一致，距离相等。翻鸟的翅膀、尾巴或头颈时，一定要翻挺，不要软折。翻的要领是注意大小适宜，自然美观。

5. 拉

拉一般在餐巾折花半成形时进行。把半成形的餐巾折花攥在左手中，用右手拉出一只角或几只角来。拉的要领是大小比例适当，造型挺括。

6. 捏

捏主要用于折鸟的头部造型。操作时先将餐巾的一角拉挺做颈部，然后用一只手的大拇指、食指、中指三个指头捏住鸟颈的顶端，食指向下，将巾角尖端向里压下，用中指与拇指将压下的巾角捏出尖嘴状，作为鸟头。捏的要领是棱角分明，头顶角、嘴尖角到位。

7. 掰

将餐巾做好的褶用左手一层一层掰出层次，呈花蕾状。掰时不要用力过大，以免松散。掰的要领是层次分明，间距均匀。

以上介绍的仅是折花的基本手法，其实在折花时往往是多种手法的有机结合与综合运用。如"孔雀开屏"就用了叠、折、翻、拉、捏等多种手法。只要善于观察、常练习，熟练掌握各种技法，就能折制出挺括美观、种类繁多的花型。

### 四、餐巾折花注意事项

（1）选择好餐巾，餐巾要干净、熨烫平整、无破损，并根据餐的具体情况选定餐巾；既能点缀台面，方便来宾观赏使用，又不能遮住餐具和台上用品，且要方便服务员值台操作。

（2）做好操作前的准备工作，折花操作前，要洗净双手（不可留长指甲）；操作中不能用嘴咬餐巾，也不要多说话，以防唾沫玷污餐巾；放花入杯时，要注意卫生，手指不允许接触杯口，杯身不允许留下指纹。

（3）折花操作时要在干净的工作台或托盘上操作，并准备好辅助工具。

（4）折花时，要姿态正确，手法灵活，用力得当；角度要算准，折褶要均匀，力争一次成型，减少折痕，快速熟练；折花要简单美观，拆用方便，造型生动，形象逼真。

（5）注意整理与放置，以保持花型；餐巾折花放置在杯中高度的2/3处为宜，不宜插入过深。

（6）折花时要分清餐巾的正反面，姿势自然，手法轻巧灵活。

## 五、常用餐巾折花实例

**图 2-1　长花篮**

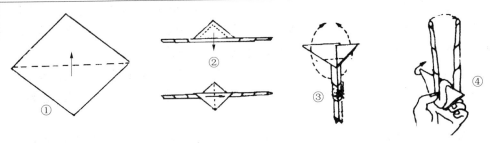

① 将方形的餐巾折成三角形；② 从三角形底部往上卷2/3，然后将一层小角往下翻；③ 由中间向上翻起，再将两个直筒向上翻，左手攥住下部，右手将两角做成篮筐；④ 放入杯内，两手将两卷上端插接做成花篮把，形成"长花篮"。

**图 2-2　玉鸟**

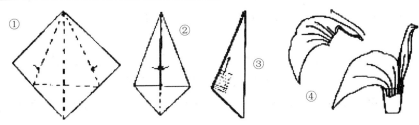

① 将餐巾对角对折。然后再打开，使餐巾上有一条对角线的痕迹；② 将左右两边巾角向中间折叠至对角线处；③ 再将餐巾左右对折；④ 沿长斜边上的实、虚线反复捏折（实线向内，虚线向外）。将余下的角向上拉直，做成鸟头，放入杯中整理成形。

**图 2-3　花蝴蝶**

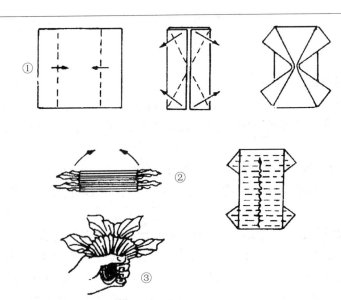

① 将方口布向中心叠1/2，形成长方形。将长方形的里层四角向外翻，角度要匀称；② 将长方形从中间开始向两侧捏九褶，双手捏住九褶两侧向下窝起，对齐，攥住下部；③ 放入杯内形成"花蝴蝶"。

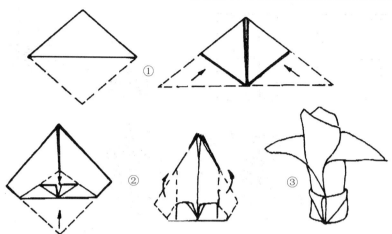

图 2-4 脱衣香蕉

① 将口布下角向上折叠,做成三角形。将三角形的两底角分别向上翻成正方形;② 将中线下层一角上翻折2/3,再翻下小角,两侧角向后合拢,巾角插入夹层;③ 将上层巾角拉开做香蕉皮,摆盘整形。

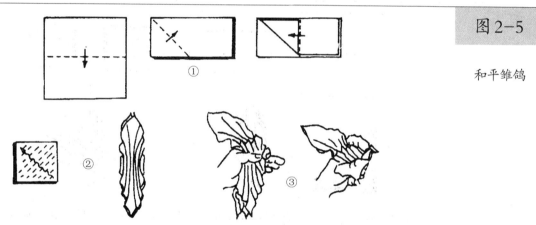

图 2-5 和平雏鸽

① 将餐巾的巾边平行对折呈长方形,翻上一巾角,再折叠成正方形;② 折7裥,用手握住;③ 将夹层向下翻拉,中间巾角向后拉做尾;翻上两边巾角折成翅,中间巾角翻上作头,巾角捏鸟嘴;插入杯中,整理成形。

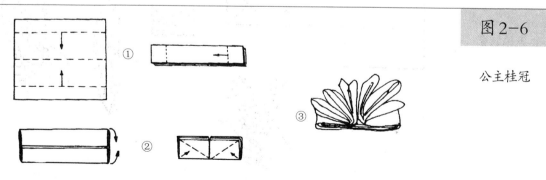

图 2-6 公主桂冠

① 将餐巾的巾边平行对折入1/6呈宽大长方形,再向后折成窄长方形;② 从两端向内双层平摊成宽长方形;将上层巾角依次折成三角形;③ 放置盘中展开三角,整理成形。

图 2-7 金鱼漫游

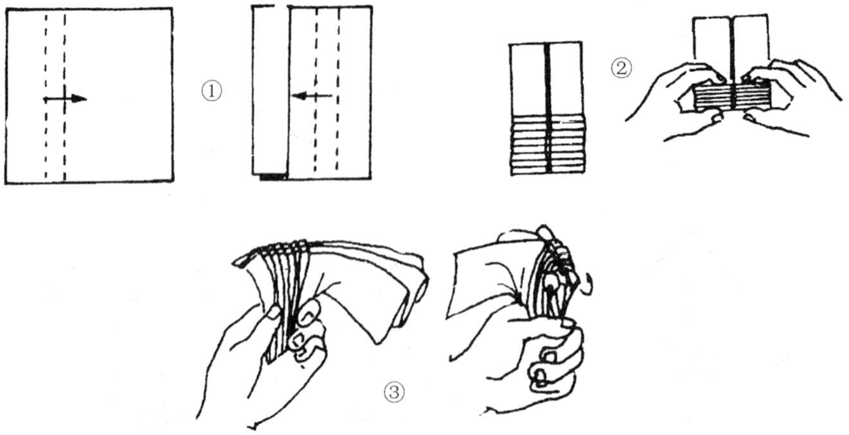

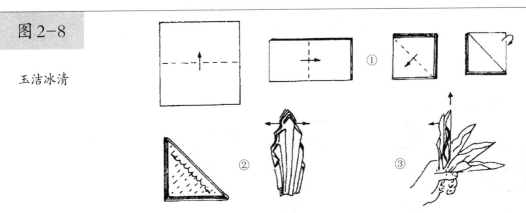

① 将餐巾两边向中心曲折成双长方形；② 从下向上折 7—8 裥，上部留 12—13 cm 作鱼尾；③ 双手捏裥向下折拢成鱼身，夹层外翻作鱼眼，插入杯中整形。

图 2-8 玉洁冰清

① 将餐巾的巾边平行相对，两次折叠成正方形，再向上翻折三层巾角，另一层向背面翻折；② 从中间折 7 裥，用手握住；③ 分别拉开巾角插入杯中，整理成形。

图 2-9 玉兰飘香

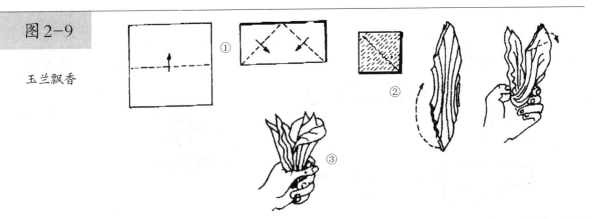

① 将餐巾的巾边平行对折，先折下两角再折叠成正方形；② 折 7 裥，从中间对折，用手握住；③ 翻下夹层作瓣，露出两角作蕊，插入杯中，分开后面两角，整理成形。

## 六、餐巾折花技能训练

**技能训练（一）**

题目：盘花折法。

方法：

1. 小组内自行练习，组长监督。
2. 小组内抽取选取代表与其他小组进行竞赛。

要求：

1. 3分钟内完成6种盘花造型。
2. 手法包含全面。
3. 规定时间内用时最短，造型美观、标准获胜。

**技能训练（二）**

题目：杯花折法。

方法：

1. 小组内自行练习，组长监督。
2. 小组内抽取选取代表与其他小组进行竞赛。

要求：

1. 5分钟内完成10种杯花造型，五种动物造型、五种植物造型。
2. 手法包含全面，每个花型三种手法以上。
3. 规定时间内用时最短，造型美观、标准获胜。

**思考与练习**

1. 餐巾折花的种类有哪些？
2. 餐巾折花的摆放有哪些要求？
3. 如何选择餐巾折花？

### 餐巾折花技能评价表

| 评价项目 | 具 体 要 求 | 评 价 | | | |
|---|---|---|---|---|---|
| | | 满意 | 一般 | 不满意 | 建议 |
| 餐巾折花 | 1. 操作顺序正确。 | | | | |
| | 2. 操作手法正确。 | | | | |
| | 3. 熟练掌握餐巾折花技能要领。 | | | | |
| 学生自我评价 | 1. 准时并有所准备地参加模拟训练。 | | | | |
| | 2. 乐于助人并主动帮助其他成员。 | | | | |
| | 3. 遵守团队的协议。 | | | | |
| | 4. 全力以赴参与工作并发挥积极作用。 | | | | |
| 小组活动评价 | 1. 团队合作良好，都能礼貌待人。 | | | | |
| | 2. 工作中彼此信任，相互帮助。 | | | | |
| | 3. 对团队工作有所贡献。 | | | | |
| | 4. 对团队的工作成果满意。 | | | | |

续 表

| 评价项目 | 具 体 要 求 | 评 价 | | | 建议 |
|---|---|---|---|---|---|
| | | 满意 | 一般 | 不满意 | |
| 总　计 | | 个 | 个 | 个 | 总评 |
| | 在餐巾折花训练中,我的收获是: | | | | |
| | 在餐巾折花训练中,我的不足有: | | | | |
| | 改进方法和措施 | | | | |

### 七、餐巾折花训练技能评价

## 任务四　摆　　台

餐台是餐厅为客人提供服务的主要服务设施之一,餐台的布置称为摆台,是指将餐具、酒具以及辅助用品按照一定的规格整齐美观地铺设在餐桌上的操作过程。包括铺台布、餐台排列、席位安排、餐具摆放等。摆台要求做到清洁卫生、整齐有序、各就各位、放置得当、方便就餐、配套齐全。这样既可以保证用餐环境的方便舒适,又可以给就餐的客人以良好的心情与感受,创造一个温馨舒适的就餐环境。

摆台在日常的餐饮工作中大致分为中餐摆台和西餐摆台,中西餐摆台又可以分为零点便餐摆台和宴会摆台。根据用餐形式的不同,摆台时所用餐具的数量也不一样,并且各饭店均有本饭店独特的摆台方式,所以不可能完全统一。

### 一、中餐摆台

#### （一）中餐便餐摆台

（1）骨碟摆放在餐位正前方,骨碟边沿距桌边1.5 cm。

（2）汤碗、勺摆在骨碟左上方,距骨碟1—1.5 cm,勺置于碗中,勺把向左。

（3）水杯摆放在骨碟右前方,距骨碟2 cm,距汤碗为2 cm。

（4）筷架摆放在骨碟右侧,筷子架在筷架上,筷子距餐碟3 cm,筷尾离桌边1.5 cm。

（5）餐巾通常叠一种统一的盘花或无餐巾。

（6）如摆茶碗,则扣放在餐碟中或茶碟中,杯耳朝右,茶碟距筷子及桌边均为2 cm。

（7）摆牙签盅、调味壶、烟灰缸、花插。圆桌摆放:调味壶摆在餐桌的左侧,牙签盅在右侧,距转台3 cm,烟灰缸摆放4只,两两对称呈正方形。方桌摆放:调味壶摆在餐桌的右下角,牙签盅、烟灰缸放在左上角;花插居桌中而放,台卡放一侧,朝向餐厅门口。

（8）摆椅子。圆桌摆放:三三两两式;方桌摆放:两两一一式、对称式,椅面内沿紧贴桌布。

### (二)中餐午餐、晚餐摆台

(1) 骨碟摆放在餐位正前方,骨碟边沿距桌边1.5 cm。

(2) 汤碗、勺摆在骨碟左上方,距骨碟1—1.5 cm,勺置于碗中,勺把向左。

(3) 筷架摆放在骨碟右侧,筷子架在筷架上,筷子距餐碟3 cm,筷尾离桌边1.5 cm,筷套上的文字正面朝上。

(4) 用红酒杯定位,红酒杯摆在骨碟的正前方,杯柱中心应正对骨碟的中心,白酒杯摆在红酒杯的右侧,水杯在红酒杯的左侧。3个杯子之间的距离是1—1.5 cm。

(5) 餐巾花放在餐碟上或插入水杯中。

(6) 茶碗扣放在餐碟中或茶碟中,杯耳朝右,茶碟距筷子及桌边均为2 cm。

(7) 花瓶摆在餐桌中央,席次卡放在餐桌下首,台号朝向厅堂入口。其他公用物品如烟灰缸、调味壶、特选菜单等的摆放以方便客人取用为宜。

集体用餐或几位宾客共同进餐时,应在个人餐具上方或转盘上摆放筷架或公用盘,并放公用筷或公用勺、公用叉。一般十人桌对称摆放两套公用餐具。

### (三)中餐宴会摆台

**1. 摆放桌椅**

一般来说,桌子在摆放时要注意四条腿构成的正方形与餐厅的四面墙平行,桌面牢靠稳固,不晃动。为体现餐厅的整体效果,椅子要摆放整齐,离门最远的中间餐位是主人位,它对面的位置是副主人位置。以十人台为例,餐椅摆成三二式,即正副主人侧各放三把餐椅,另两侧各放两把餐椅,椅背在一条直线上。

**2. 铺台布**

台布的规格及色泽的选择,应与餐桌的大小、餐厅的风格协调一致。常见的台布有方形、长方形和圆形三种,可根据餐桌的大小、形状选用不同规格的台布,如果一块不够用时可随意拼接,但在拼接时应注意将接口处接压整齐。一般来说,台布以大于餐桌60 cm为宜,台布铺于餐桌后,两边各垂下30 cm左右。

铺台布之前,将双手洗净,对准备铺用的每块台布进行仔细检查,有残破、油液和皱褶的台布则不能继续使用。铺台布时,餐厅服务员站在主人位,用双手将台布打开并且拿好,身体略向前倾,运用双臂的力量,将台布朝副主人座位方向轻轻地抛抖出去。

(1) 要求:正面向上,十字居中,四角下垂部分相等;并遮住桌腿;四边下垂部分相等;台布铺放平整挺括,桌布的凸折线指向正副主人位;圆形台布周边下垂均等。

(2) 中餐圆桌铺桌的常用方法有三种。

① 推拉式。服务员选好台布,站在副主人座位处,用双手将台布打开后放至餐台上,用两手的大拇指和食指分别夹住台布的一边,其余三指抓住台布,将台布贴着餐台平行推出去再拉回来。铺好的台布中间的折线对准主位,十字取中,四面下垂部分对称并且遮住台脚的大部分,台布自然下垂至餐椅边为最适合。这种铺法多用于零餐餐厅或较小的餐厅,或因有客人就座于餐台周围等候用餐时,或在地方窄小的情况下,选用这种推拉式的方法进行铺台。

② 抖铺式。服务员选好台布,站在副主人位置上,用双手将台布打开,用两手的大拇指和食指分别夹住台布的一边,其余三指将多余台布提拿于胸前,身体呈正位站立

式,利用双腕的力量,将台布向前一次性抖开并平铺于餐台上。这种铺台方法适合于较宽敞的餐厅或在周围没有客人就座的情况下进行。

③撒网式。服务员在选好合适台布后,站在副主人的位置,呈右脚在前、左脚在后的站立姿势,将台布正面朝上打开,用两手的大拇指和食指分别夹住台布的一边,其余三指将多余台布提拿至左肩后方,上身向左转体,下肢不动并在右臂与身体回转时,台布斜着向前撒出去,将台布抛至前方时,上身转体回位并恢复至正位站立,这时台布应平铺于餐台上。这种铺台方法多用于宽大场地或技术比赛场合。

3. 放转台、打桌裙

站在主人位,将转台摆放在餐桌的中央,转盘的中心和圆桌的中心重合,转盘边沿离桌边的距离均匀,误差不超过1 cm,竖拿轻放,并试转转盘检查是否旋转灵活。将桌裙沿桌沿按顺时针方向(折扣向左)每个相隔4 cm,用摁钉或尼龙搭扣固定在桌沿上即可。

4. 拉椅定位

从主人位开始,用双手轻扶椅背,用膝盖辅助,将餐椅提起并拉出。按顺时针方向绕台进行,餐椅前端距下垂桌布1 cm,每把餐椅都直对桌心,相邻餐椅距离匀称、角度均等。

5. 摆放餐碟

先清洁双手,然后在防滑托盘内整齐摆放骨碟。也可左手下垫餐巾将餐碟托起。

从主人位开始顺时针摆放,碟子碟边距桌边1—1.5 cm,碟子上的图标对正,具备距离概念,平均分配碟与碟之间的距离。

6. 摆放个人餐具

在餐碟中心与桌面中心连线的左右两侧分别摆放汤碗和味碟,两者之间距离1—1.5 cm,横向直径在一条直线上,且该线与餐碟中心和桌面中心的连线垂直。汤碗距餐碟1—1.5 cm,汤匙放在汤碗中,匙柄朝左。

在汤碗与味碟横向直径右侧延长线1—1.5 cm处摆筷架,长柄分菜勺、筷子放在筷架上,筷尾距桌边1.5 cm,并与餐碟纵向直径平行。袋装牙签放在分匙左侧,距离约1 cm,并与勺柄末端平齐。筷套、牙签袋上标志端正,朝向客人。

茶杯扣放在茶碟里,杯耳朝右。茶碟边距筷子及桌边均约为2 cm。

7. 摆放酒具

(1) 将红白酒杯收入托盘,口朝上,注意间距,方便取用及行走。

(2) 从主人位开始,取拿杯脚部位,按照标准摆放。

(3) 红酒杯放在餐碟中心与桌面中心的连线上,汤碗与味碟的前方约2 cm处;白酒杯放在红酒杯右侧,杯身间相距1—1.5 cm。

(4) 整个操作中手不得接触杯口、杯身等部位,注意托盘平衡。

(5) 在备餐台叠好餐巾折花,插入口杯中,摆在红酒杯左侧,与红酒杯杯身相距1—1.5 cm,餐巾折花的看面朝向客人。如果是动物造型,其头部向右,避免一部分餐巾折花遮盖红酒杯杯口,造成斟酒不便。

8. 摆放公用餐具

(1) 在正副主人杯具的前方各摆放一套公用餐具,勺下筷上,筷尾朝右,勺柄朝左或右,被主线平分;12人以上摆4套,呈十字摆放。牙签盅在公用筷尾端延长线上,相距

1—1.5 cm。

（2）在主人位右手适当位置摆放烟灰缸，以此类推，每两位客人共用一个烟灰缸，烟灰缸的一个架烟口在前，指向桌子中心。烟缸前端应在水杯的外切线上。无烟餐厅不摆放烟灰缸。

（3）在正副主人餐具的左侧各摆放一份菜单，底边距桌边约1.5 cm，或立放在餐位的左侧上方。

（4）席次卡摆在每张餐桌的下首（花瓶的前方，距离1—1.5 cm），台号牌显示面朝向门口或主干通道，座卡立放在每个餐位正中的酒杯前。花瓶摆在桌子中心，以示摆台结束（见图2-10）。

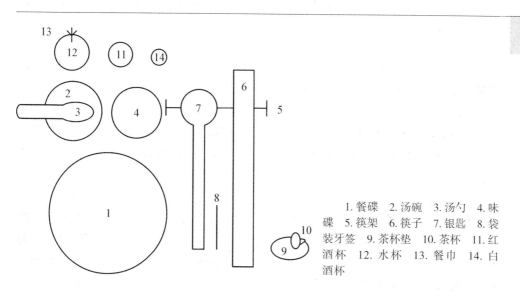

图2-10 中餐宴会摆台

1. 餐碟 2. 汤碗 3. 汤勺 4. 味碟 5. 筷架 6. 筷子 7. 银匙 8. 袋装牙签 9. 茶杯垫 10. 茶杯 11. 红酒杯 12. 水杯 13. 餐巾 14. 白酒杯

## 二、西餐摆台

西餐一般使用长方台，有时也使用圆台或者四人小方台。西餐就餐方式实行分餐制，摆台按照不同的餐别而作出不同的摆设。正餐的餐具摆设分为零点餐桌摆台和宴会摆台，同时西餐摆放的方式因不同的服务方式也有不同之处。

### （一）西餐零点摆台

零点餐包括个人用餐和集体用餐。一般吃什么菜摆什么餐具，喝什么酒水摆什么饮具。座次无主次之分。

1. 西餐早餐摆台

西餐早餐一般在咖啡厅提供，有美式、欧陆式、英式等不同形式，摆台方法各有不同。基本摆法如图2-11所示。

（1）铺台布

服务员站在餐台长侧或方桌中间位置，将台布横向打开，双手捏住台布一侧边缘，将台布送至餐台另一侧，然后将台布向身体一侧慢慢拉到位。铺好的台布正面朝上，平整无折皱，十字折缝居中，台布两侧下垂均等。

图 2-11 西餐早餐摆台

方形餐台台布菱形铺法是：服务员站在餐台一角，抖开台布铺在台面上，使台布的两条中缝线落在方台的对角线上，台布的边与餐台的四边呈45°夹角，四角下垂部分均等。

(2) 摆餐盘

餐盘摆在餐位正中，盘边距桌边约2 cm。有的西餐厅不放餐盘，中间留出30 cm的位置摆放餐巾花或纸巾。

(3) 摆餐刀、餐叉、汤匙

在餐盘的左右两侧分别摆放餐叉和餐刀，餐刀右侧摆汤匙，叉面、匙面向上，刀刃朝盘，刀、叉、匙柄平行，同垂直于桌边，距桌边约2 cm，刀、叉距餐盘约1 cm，刀匙相距约1 cm。

(4) 摆面包盘、黄油刀

面包盘摆在餐叉左侧，距餐叉约1 cm，距桌边约2 cm（或面包盘中心与餐盘中心的连线平行于桌边）。黄油刀竖立放在面包盘上中轴线的右侧边沿处，与餐叉平行，刀刃朝面包盘心。若放黄油盘，则摆在黄油刀尖前方约3 cm处，黄油盘的左侧与面包盘的垂直于桌的直径延长线相切。

(5) 摆咖啡具、水杯

将咖啡杯及咖啡垫碟摆在汤匙右侧，咖啡匙放在垫碟内，杯柄及匙柄向右，垫碟与餐刀相距1 cm，垫碟中心与餐盘中心在一直线上。可根据不同餐式的要求，决定是否在餐刀正前方3 cm处摆水杯。

2. 西餐午、晚餐摆台

西餐午、晚餐摆台是在西餐早餐摆台的基础上，撤去咖啡杯具，增摆甜品叉、甜品匙。甜品叉横放于餐盘正前方，叉柄朝左，距餐盘1 cm；甜品叉的前方横放甜品匙，匙柄朝右，叉匙间距1 cm。若有鱼类菜肴，则需加摆鱼刀、鱼叉。一般只摆水杯，但为了促销酒水，也可摆放三套杯。如是晚餐亦可摆放烛台。

(二) 西餐宴会摆台

西餐宴会餐台是可以拼接的，餐台的大小和台形的排法，可根据人数的多少和餐厅的大小和餐厅的大小进行布置，一般为长台。西餐宴会餐具摆设为：左手托盘，右手摆放餐具。摆放的顺序是：按照顺时针的方向，按照人数等距定位摆盘，将餐巾放在餐盘中或者是将折花插在水杯中。面包、黄油盘放在叉尖左上方，黄油刀刀口朝向餐盘内竖放在餐盘上，在餐盘的左侧放餐叉，餐盘的右侧放置餐刀，在餐刀右边放汤匙，点心刀叉放在餐盘的正上方,酒杯、水杯共三只摆放在餐刀上方。酒杯的摆放方法多种多样,可以摆成直线形、斜线形、三角形或者圆弧形,先用的放在外侧,后用的放在内侧;甜点叉左上方放盐、胡椒瓶,右上方放烟灰缸[①]。注意西餐的餐具按照宴会菜单摆放,每道菜应该换一套刀叉,放置时要根据上菜的顺序从外侧到内侧,一般不超过七件(即三叉、三刀、一匙),如果宴席有多道菜,则在上新菜前追加刀叉。摆放餐具后应该仔细核对,是否整齐划一。西餐宴会餐具摆设如图2-12所示。

图 2-12

西餐宴会餐具摆设

1. 面包盘  2. 黄油刀  3. 鱼叉  4. 餐叉  5. 餐盘  6. 牛排刀  7. 鱼刀  8. 清汤匙  9. 生蚝叉
10. 餐巾  11. 盐和胡椒粉瓶  12. 烟灰缸  13. 水杯  14. 红酒杯  15. 白酒杯  16. 甜品匙  17. 甜品叉

## 三、餐饮摆台技能训练

**技能训练(一)**

题目:铺台布。

方法:

1. 小组内自行练习,组长监督。

2. 小组内选取代表与其他小组进行竞赛。

3. 铺设两层台布,即桌裙和台布。

要求:

1. 一次性铺设台布。

2. 台布凸线正对主人位和副主人位,十字线居中,四角下垂均等,两层台布十字线上下相叠。

3. 操作手法正确、姿势标准。

**技能训练(二)**

题目:中餐零点摆台。

---

① 本书所述为餐饮业的传统做法,一些国家以及我国,已实行"公共场所室内禁烟",因此有关为客人提供烟器和点烟服务等传统做法供参考。以下不再一一注明。——作者注

方法：

1. 小组内自行练习，组长监督。

2. 小组内选取代表与其他小组进行竞赛。

要求：

1. 10分钟内完成6人位中餐零点摆台。

2. 台面整洁、美观，餐巾折花造型美观。

3. 操作手法正确、姿势标准。

技能训练（三）

题目：中餐宴会摆台。

方法：

1. 小组内自行练习，组长监督。

2. 小组内选取代表与其他小组进行竞赛。

要求：

1. 15分钟内完成10人位中餐宴会摆台。

2. 台面整洁、美观，餐巾折花造型美观。

3. 操作手法正确、姿势标准。

技能训练（四）

题目：西餐零点摆台。

方法：

1. 小组内自行练习，组长监督。

2. 小组内选取代表与其他小组进行竞赛。

要求：

1. 5分钟内完成4人位西餐零点摆台。

2. 台面整洁、美观，餐巾折花造型美观。

3. 操作手法正确、姿势标准。

技能训练（五）

题目：西餐宴会摆台。

方法：

1. 小组内自行练习，组长监督。

2. 小组内抽取选取代表与其他小组进行竞赛。

要求：

1. 15分钟内完成8人位西餐宴会摆台。

2. 台面整洁、美观，餐巾折花造型美观。

3. 操作手法正确、姿势标准。

思考与练习

1. 请简述台布的三种铺法。

2. 请简述中餐宴会摆台的程序。

## 四、餐饮摆台训练技能评价

**餐饮摆台评价表**

| 评价项目 | 具体要求 | 评价 | | | |
|---|---|---|---|---|---|
| | | 满意 | 一般 | 不满意 | 建议 |
| 摆台技能 | 1. 操作顺序正确。 | | | | |
| | 2. 操作手法正确。 | | | | |
| | 3. 熟练掌握餐饮摆台技能要领。 | | | | |
| 学生自我评价 | 1. 准时并有所准备地参加模拟训练。 | | | | |
| | 2. 乐于助人并主动帮助其他成员。 | | | | |
| | 3. 遵守团队的协议。 | | | | |
| | 4. 全力以赴参与工作并发挥积极作用。 | | | | |
| 小组活动评价 | 1. 团队合作良好,都能礼貌待人。 | | | | |
| | 2. 工作中彼此信任,相互帮助。 | | | | |
| | 3. 对团队工作有所贡献。 | | | | |
| | 4. 对团队的工作成果满意。 | | | | |
| 总 计 | | 个 | 个 | 个 | 总评 |
| 在餐饮摆台训练中,我的收获 | | | | | |
| 在餐饮摆台训练中,我的不足 | | | | | |
| 改进方法和措施 | | | | | |

# 任务五　上菜与分菜

## 一、上菜

### (一)中餐上菜

1. 上菜顺序

中餐上菜根据不同的菜系,就餐与上菜的顺序会有一点不同。但一般的上菜原则是:先上凉菜便于佐酒,后上热菜;先上咸味菜,后上甜味菜;先上佐酒菜,后上下饭菜;先荤菜,后素菜;先大菜、风味菜或特色菜,后一般菜;先浓味菜,后淡味菜;最后上汤菜、点心和水果。水果一般是在宾客就餐即将完毕时上,近来有些地区从方便消化的角度出发,也有先上水果的情况。

2. 上菜时机与位置

(1) 上菜时,可以将凉菜先行送上席。

当客人落座开始就餐后,服务员即可通知厨房作好出菜准备,待到席上凉菜剩下

1/3左右时,服务员即可送上第一道热菜;当前一道菜快吃完时,服务员就要将下一道菜送上。上菜不可过勤,过勤会造成菜肴堆积,易凉同时也影响客人的品尝;也不能使桌上出现菜肴空缺的情况,让客人在桌旁久等,这既容易使客人感到尴尬,也容易使客人在饮过酒后,没有菜下酒而喝醉。上新菜时,要及时更换骨碟,席上的空菜盘亦应及时撤下。当上完最后一道菜时,服务员应低声告诉主人:"您好,菜已上齐。"

(2)零点餐厅上菜位置比较灵活,没有特别固定的位置,以不打扰客人为宜。

宴会上菜多选择在陪同和翻译之间或副主人右侧进行,这样有利于翻译和副主人向客人介绍菜肴名称、口味。上菜或撤盘时,都不应当在第一主人或主宾的身边操作,以免影响主客之间的就餐和交谈。

**案例分析 2-2**

### 不要忽视"上帝"身边的"小上帝"

某饭店零点餐厅正开午餐,一位老先生带着全家老小来到餐厅用餐。迎宾员把一家人引到服务员小周负责的区域。上菜时,由于客人人数较多,坐得很紧密,小周看两个孩子之间空位较大,就选择这个位置上菜。当时女主人就有些不高兴,说了句:"你不能从别的地方上菜啊?"小周忙说,"对不起。"过了一会,传菜员看小周正忙,就直接帮他上菜,无意中又选择了孩子之间。这时女主人可就生气了:"不是给你们说了,怎么还在孩子那上菜?烫着孩子你们负责啊?"小周知道后马上道歉,说这是自己的过失,马上改为在其他空位上菜,并送给小朋友们小礼物,小朋友很高兴,大人们也就不计较了。

分析:在服务中如何灵活运用服务规范?

3. 上菜服务的注意事项

(1)熟悉菜单

服务员应熟悉菜单,上菜时认真核对,检查所上菜肴与客人所点菜肴是否一致。

(2)上菜时打招呼

上菜时应说"对不起",以提醒客人防止发生碰撞。不能让菜盘从客人的肩上、头上越过而引起客人不满。菜肴上桌后,应报菜名,如是特色菜、名菜应作简单介绍。

(3)摆菜

① 主凉菜、工艺凉菜等应摆在餐桌中央,将最佳欣赏面朝向主人。如菜肴上有孔雀、凤凰图案的拼盘应当将其正面放在第一主人和主宾的面前,以方便第一主人与主宾的欣赏。其他凉菜对称摆放在主凉菜周围,摆放时注意荤素、色彩、口味及形状的合理搭配,盘与盘之间的距离要均等。② 热菜中的主菜摆在餐桌中间,高档菜或有特殊风味的菜,要先摆在靠近主宾的位置上,每上一道菜,都要将桌上的菜肴进行一次位置的调整。将剩菜移向副主人一边,将新上的菜放在主宾的面前,以示尊重来宾;后面菜可遵循同样的原则。摆菜时不宜随意乱放,而要根据菜的颜色、形状、菜种、盛具、原材料等因素,讲究一定的艺术造型。一般按"一中心,二平放,三三角,四四方,五梅

花,六蜂巢"的原则摆放。中餐宴席中,一般将大菜中头菜放在餐桌中间位置,砂锅、炖盆之类的汤菜通常也摆放到餐桌的中间位置。散座中可以将主菜或高档菜放到餐桌中心位置。③ 摆菜时要使菜与客人的距离保持适中,散座中摆菜时,应当将菜摆放在靠近小件餐具的位置上,餐厅经营高峰中两批客人同坐于一个餐桌上就餐时,摆菜要注意分开,不同批次客人的菜向各自方向靠拢,而不能随意摆放,否则容易造成误解。④ 遵循"鸡不献头,鸭不献尾,鱼不献脊"的传统礼貌习惯即在给客人送上鸡、鸭、鱼一类的菜时,不要将鸡头、鸭尾、鱼脊对着主宾。而应当将鸡头与鸭头朝右边放置。上整鱼时,由于鱼腹的刺较少,味美鲜嫩,所以应将鱼腹而不是鱼脊对着主宾,以示对主宾的尊重。⑤ 几种特殊性菜肴上桌的方法。

特别菜式:锅巴虾仁应该尽快上菜,将虾仁连同汤汁马上倒入盘中锅巴上,保持热度;清汤燕菜这类名贵的汤菜应该将燕窝用精致盘子上桌后,当着客人的面下入清汤中;上泥包、纸包、荷叶包的菜时,应先将菜拿给客人观赏,然后再送到操作台上,在客人的注视下打开或打破,然后用餐具分到每一位客人的餐盘中。如果先行打开或打破,再拿到客人面前来,则会失去菜的特色,并使这类菜不能保持其原有的温度和香味。

上热菜时应坚持"左上右撤"的原则。"左上"即侧身站立在座席左侧用左手上菜;"右撤"即侧身站立于座席右侧用右手撤盘。

(4) 注意菜肴调味佐料的跟用

常见菜肴佐料跟用形式有5种。① 将一种或数种佐料分别盛入味碟或味瓶中,在上菜之前就摆放在餐桌上,由客人自取、自配、自用。② 将佐料和菜肴一同端上餐桌,由服务员将佐料撒入菜上或汤中。③ 将菜肴佐料摆放在菜盘四周,随菜一同端上餐桌,供宾客选择食用。④ 将菜肴跟用的多种佐料分别盛碟上席,由宾客自己调配。⑤ 为了满足客人的不同口味,每位宾客席前均配一味碟。端菜上台后,应配上菜点所需的各种佐料,切勿遗漏。

**(二) 西餐上菜**

(1) 西餐的上菜顺序为:开胃品(头盆)、汤、色拉、主菜、甜品、咖啡或茶。

(2) 在提供西餐上菜服务中,总体顺序是先女主宾后男主宾,然后服务主人与一般来宾。按逆时针方向依次进行。

(3) 应用左手托盘,右手拿叉匙为客人提供服务。服务时,应当站在客人的左边。

(4) 西餐菜肴上菜也要"左上右撤",酒水饮料要从客人的右侧上。法式宴会所需食物都是用餐车送上,再由服务员上菜,除面包、黄油、色拉和其他必须放在客人左边的盘子外,其他食物一律从右边用右手送上。每道菜用完均需撤走用过的餐具,然后再上菜。

(5) 西餐的任何一道需配酒类的菜肴在上桌前应先斟酒,后上菜。

**二、分菜**

分菜服务常见于西餐的分餐制服务中,现在随着影响的扩大,一些中餐的高级宴会上也常使用。分菜服务就是在客人观赏菜肴后由服务人员主动均匀地为客人分菜分汤，也叫派菜或让菜。分菜服务可以有效体现餐饮服务的品质，因此服务人员必须熟练掌握分菜的服务技巧。

**（一）分菜的工具与用法**

中餐分菜的工具：分菜叉（服务叉）、分菜勺（服务勺）、公用勺、公用筷、长把勺等。

中餐服务叉勺的使用方法主要有三种。

1. 指握法

将一对服务叉勺握于右手，叉子在上方，服务勺在下方，正面向上，横过中指、无名指与小指，将叉勺的底部与小指的底部对齐并且轻握住叉勺的后端，将食指伸进叉勺之间，用食指和拇指尖握住叉子，如图2-13所示。

图2-13　指握法

2. 指夹法

将一对叉勺握于右手，正面向上，叉子在上，服务勺在下方，使中指及小指在下方而无名指在上方夹住服务勺。将食指伸进叉勺之间，用食指与拇指尖握住叉子，使之固定。此种方法使用灵活，如图2-14所示。

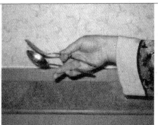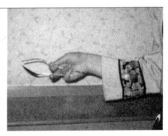

图2-14　指夹法

3. 左勺右叉法

右手握住服务勺，左手握住服务叉，左右来回移动叉勺，适用于派送体积较大的食物，如图2-15所示。

图2-15　左勺右叉法

**（二）分菜方法**

1. 餐位分菜法

服务员站在客人的左侧，左手托盘，右手拿叉与勺，按顺时针方向把菜派给客人。服务员的分菜姿势是左腿在前，右腿在后并略弯腰，上身微向前倾。每道菜最好不要全部分完，要留下1/5—1/10左右，将大盘换成小盘，放在餐桌上，以示菜肴的丰富。此法一般适用于分热炒菜和点心。

2. 转台分菜法

提前将与宾客人数相等的餐碟有序地摆放在转台上，并将分菜用具放在相应位置；用长柄勺、筷子或叉、勺分菜，全部分完后，将分菜用具放在空盘里；迅速撤身，从主宾右侧开始，按顺时针方向绕台进行，撤前一道菜的餐碟后，从转盘上取菜端给宾客；

最后,将空盘和分菜用具一同撤下。

3. 旁桌分菜法

先将菜在转台向客人展示,然后由服务员端至备餐台,将菜分派到准备好的干净的餐盘中,并将各个餐盘放入托盘,托送至宴会桌边,用右手从客位的右侧放到客人的面前。一般用于宴会。

4. 厨房分菜法

厨房工作人员根据客人的人数在厨房分好菜,传菜员用托盘将菜肴端送到餐桌旁,由值台服务员托盘从主宾的右边上菜,此种方法通常用来分、上比较高档的炖品汤煲等菜肴,以显示宴席的规格和菜肴的名贵。

**(三)分菜服务注意事项**

(1)分菜前先将菜端上桌示菜并报菜名,用礼貌用语"请稍等,我来分一下这道菜",然后再进行分派。

(2)分菜时做到一勺准,不允许将一勺菜或汤分给两位客人,分量要均匀。

(3)分菜时要注意手法卫生、动作利索、分量均匀、跟上佐料;服务员在保证分菜质量的前提下,以最快的速度完成分菜工作;一叉一勺要干净利索,且不可在分完最后一位时,菜已冰凉;带佐料的菜,分菜时要跟上佐料,并略加说明。

(4)分菜、派菜时要轻拿轻放,尽量减少餐具碰撞,忌发出不必要的声响。

**(四)西餐分菜**

西餐分菜的工具通常有服务叉、服务匙、切肉刀、切肉叉各一把。一般多采用国际式服务的分菜方式。国际服务,由一人操作。食品在厨房里已备好,应切的也已切好,用大银盘送出。分菜者按顺时针方向从客人右侧摆上垫盘和餐盘。空盘摆好后,服务员从工作台上用左手托大银盘,按女士优先的次序,在每位客人的右边操作,将菜分别送入客人餐盘内。

法国式分菜是由两个服务员操作。服务员副手将所有食品用装有加热设备的高脚餐车送到餐厅,食品在厨房已部分地准备就绪,由服务员在餐车上切肉、除骨、准备调料汁或其他配菜后,将菜装入盘,副手用右手端菜,从客人右侧送上。这是一种缓缓进行的豪华服务,最能吸引客人注意。

## 三、上菜与分菜技能训练

**技能训练**

题目:上菜与分菜。

方法:根据老师的讲解及示范,进行实际操作。

要求:服务程序流畅,技能操作准确、规范。

**思考与练习**

1. 简述上菜的注意事项有哪些。
2. 简述分菜的几种方法。
3. 简述分菜的注意事项有哪些。

### 四、上菜与分菜训练技能评价

**上菜与分菜评价表**

| 评价项目 | 具体要求 | 评价 | | | |
|---|---|---|---|---|---|
| | | 满意 | 一般 | 不满意 | 建议 |
| 上菜与分菜 | 1. 操作顺序正确 | | | | |
| | 2. 操作手法正确 | | | | |
| | 3. 熟练掌握上菜与分菜技能要领 | | | | |
| 学生自我评价 | 1. 准时并有所准备地参加模拟训练 | | | | |
| | 2. 乐于助人并主动帮助其他成员 | | | | |
| | 3. 遵守团队的协议 | | | | |
| | 4. 全力以赴参与工作并发挥积极作用 | | | | |
| 小组活动评价 | 1. 团队合作良好,都能礼貌待人 | | | | |
| | 2. 工作中彼此信任,相互帮助 | | | | |
| | 3. 对团队工作有所贡献 | | | | |
| | 4. 对团队的工作成果满意 | | | | |
| 总　计 | | 个 | 个 | 个 | 总评 |
| | 在上菜与分菜训练中,我的收获 | | | | |
| | 在上菜与分菜训练中,我的不足 | | | | |
| | 改进方法和措施 | | | | |

# 任务六　撤换餐用具

撤换餐具就是服务人员把顾客已使用完毕的骨碟、菜盘、烟灰缸以及一切用不着的或暂时不用的餐具、用具从餐桌上撤下并根据需要换上干净的餐具、用具,以体现卫生、礼貌和高质量的服务。

### 一、撤换餐具

较高级的酒席或宴会,往往需要两种以上酒水饮料,并配有冷、热、海鲜、汤、羹等不同的菜品,这些菜品采用炒、烩、扒、煎等不同的烹饪方法,因此,在宴会进行中需要不断地更换餐具、用具。这样做主要是为了丰盛宴席,提高宴席档次,搞好餐桌卫生,使菜肴不失其色,保持原汁原味,突出特点,增加美观度。

**(一)中餐撤换餐具的时机与手法**

1. 撤换骨碟的时机

(1)吃过冷菜换吃热菜时应更换骨碟。

(2)吃过鱼腥味食物的骨碟,再吃其他类型菜肴时,应更换骨碟。

(3)风味特殊、汁芡各异、调味特别的菜肴时,应更换骨碟。

(4)凡吃甜菜、甜点、甜汤时,应更换骨碟。

(5)洒落酒水、饮料或异物时,应更换骨碟。

(6)碟内骨刺、残渣较多,影响雅观时,应更换骨碟。

(7)客人在就餐中餐具落地时,应更换骨碟。

(8)上菜不及时的时候,可以撤换一轮餐具使宴会不冷场。

2. 撤换汤碗、汤匙的时机

在宴会中汤碗和汤匙盛过汤后,一般碗内难免会留下一些汤汁,如上第二道汤后,第二道汤再盛进去则会合两味为一味,影响汤的口感。故汤碗、汤匙盛过汤后,如再上第二道汤,则需撤换一副干净的汤碗和汤匙。

3. 撤换酒具的时机

(1)宴席进行中,如客人提出更换酒水、饮料时,要及时更换酒具。

(2)酒杯中洒落汤汁、异物时要及时更换酒具。

4. 撤换餐酒具的手法

换酒具时,应先根据客人所订酒水,准备好相应数量的干净酒杯,将酒杯的杯口向上整齐地码放在铺有洁净餐巾的托盘上。更换酒具时,应从客人的右侧按顺时针方向,遵照女士优先的原则,将酒具放在正确的位置上。操作时不得将酒杯相互碰撞,以免发出声响,打扰客人。

撤换骨碟、汤碗时,要把干净的餐具放在托盘一侧,左手托盘,右手为客人撤换餐具。从主宾位开始,先把用过的餐具撤下放在托盘的另一侧,然后为客人摆放上干净的餐具,以顺时针方向依次进行。撤换时应注意,用过的餐具和干净的餐具要严格分开,防止交叉污染。如遇前一道菜还未用完,而新菜又上来的情况,这可以在客人面前先放上干净的餐具,等客人用完后撤下前一道餐具。

**(二)西餐撤换餐具的时机与手法**

西餐每吃一道菜即要换一副刀叉,刀叉排列从外到里,因此,每吃完一道菜,就要撤去一副刀叉,到正餐或宴会快结束时,餐台上也无多余物品,待到客人用甜点时,服务员即可将胡椒瓶、盐盅、调味架一并收拾撤下。

撤盘前要注意观察客人的刀叉摆法,当客人将刀、叉很规矩地平行放在盘上时,就表示用餐结束,在同桌的大多数客人都这样表示后,一般来说可开始撤盘。如果刀叉搭放在餐盘两侧,说明客人还继续食用或边食用边说话,这时不可贸然撤盘。

撤换餐具时,应首先向客人礼貌地询问或示意,然后站在客人的右侧,左手托盘,右手操作,先撤下刀叉,然后撤餐具,餐刀、餐叉要分开放入托盘内,并以顺时针方向依次进行。

如客人将汤匙底部朝上,或将匙把正对自己胸口,服务员应马上征询客人意见,了解情况后再作处理,客人若将汤匙放在汤盘或垫盘边上,通常表示还未吃完,此时不宜撤盘。在客人未离开餐桌前,桌上的酒杯、水杯不能撤去,但啤酒杯、饮料杯可在征询客人意见后撤去。

**(三) 撤换餐具注意事项**

(1) 撤换餐具时应注意礼貌,站在客人的右侧用右手将餐具撤回放到托盘中。

(2) 撤盘时不拖曳,不能当着客人的面刮擦脏盘,不能将汤水及菜洒到客人身上。

(3) 如果客人还要食用餐盘中的菜,餐厅员工应将餐盘留下或在征得客人的意见后将菜并到另一个餐盘中。

(4) 撤盘时,应将吃剩的菜或汤在客人右边用碗或盘装起来,然后将同品种、同规格的碗或盘按直径由大到小的顺序自下而上摆放整齐。

(5) 若餐桌上有剩余食物,切不可用手直接去抓取,服务员应该用叉匙或其他工具拿取,体现文明卫生操作。

## 二、撤换烟灰缸[①]

现在的许多餐厅都设有吸烟区和非吸烟区,更有一些餐厅是无烟餐厅,餐厅怎样设吸烟区以及是否放烟灰缸取决于餐厅自身的规定。

有些餐厅在开餐前的准备工作中没有摆放烟灰缸,而在客人吸烟时才放到餐桌上,这就要求服务员迅速反应,在客人吸烟时立即将烟灰缸提供给客人。

经常更换烟灰缸,保持客人始终使用干净的烟灰缸是所有服务员必须具备的意识。

在宴席进行当中,餐厅服务员要随时注意烟灰缸的使用情况。高档宴会中,宾客使用的烟灰缸中满两个烟蒂就必须为宾客撤换烟灰缸。更换烟灰缸的程序在餐厅及酒吧服务中相同,撤换烟灰缸的时候,必须先把干净的烟灰缸盖在用过的烟灰缸上,并将两个烟灰缸一起撤下,然后再把干净的烟灰缸放回餐桌上,这样可以避免在撤换时烟灰飞扬,有碍卫生。撤换烟灰缸与撤换餐碟、汤碗一样,也需要用托盘进行操作。另外,撤烟灰缸时要做防火安全检查,看是否有未熄灭的烟蒂,如有应进行及时处理。

## 三、撤换毛巾、餐巾和台布

**(一) 更换小毛巾**

从宴会开始到宴会结束,席间应多次更换小毛巾,以示服务热情、礼貌和讲究卫生。一般在客人进餐的整个过程中,服务员须向客人提供4次小毛巾:即当客人入席后送第一次;当客人吃完带壳、带骨等须用手接触的食物后送第二次;当客人吃完海鲜后送第三次;当客人用餐结束后送第四次。

上小毛巾的方法是:用毛巾夹把小毛巾从保温箱内取出放在毛巾托内,装在托盘

---

① 本书所述为餐饮业的传统做法,一些国家以及我国,已实行"公共场所室内禁烟",因此有关烟灰缸、为客人提供烟器和点烟服务等传统做法供参考。以下不再一一注明。——作者注。

里,餐厅服务员左手端托盘,右手用毛巾夹从客人左边送上,放在宾客的右侧,由宾客自取。也可由餐厅服务员用毛巾夹直接递给每一位客人。递送小毛巾的顺序按照先宾后主、女士优先的原则,并使用礼貌用语。每次递送之前必须将用过的毛巾先撤下,另外撤走和递送绝对不能同用一把毛巾夹。

### (二)撤换餐巾、台布

撤餐巾时应先将餐巾抖干净,清点数目,再把餐巾扎成10条1组,便于清点。

当餐厅中就餐宾客较多时,需要进行"翻台",即更换台布;当顾客用餐完毕后,需要撤换台布。更换台布的方法如下:将用过的台布一半折起,将调料盅移至另一半台布上。打开新台布,折起接近餐桌中心的一面,另一半铺在餐桌上,将调料盅移至新台布上。撤下用过的台布,展开另一半新台布。

撤台布是撤台工作的最后一道程序。餐台的各种餐饮用具撤清后,首先应注意台布上是否留有烟蒂、残菜等,如果有应先清理再撤台布。如台布上洒有大量的液体时,应及时清洗后晾晒,待台布晾干后再收纳,以免台布发霉后洗不掉,既不雅观也不卫生,影响使用。

## 四、收拾台面

收拾台面,也就是我们常说的"撤台"。餐厅撤台需在客人离开餐厅后进行。撤台时,必须轻拿轻放,不得损坏餐具,不得让餐具发出碰撞声。收撤的顺序为毛巾和餐巾、玻璃器皿、银器、瓷器。

撤台时应当为下道工序创造条件,叠碗时大碗在下,小碗在上。并且要把所有汤或菜的餐具集中起来放置。

撤台时应当对齐餐椅。将桌面上的餐具、花瓶和台号牌等收到托盘上,用干净抹布把花瓶、调味瓶和台号牌擦干净后按摆台规范摆回餐台。

桌面清理完毕,立即更换台布。如餐桌上使用转盘,则先取下已用过的转盘罩及转盘,然后更换台布,并套上干净的转盘罩。

## 五、撤换餐具技能训练

**技能训练(一)**

题目:撤换烟缸。

方法:模拟操作。

要求:服务规范,可采用两种方法。

**技能训练(二)**

题目:撤换骨碟。

方法:模拟操作。

要求:服务规范,同时回答老师的提问。

**思考与练习**

1.简述撤换餐具的时机。

2.简述撤换餐具的方法。

### 六、撤换餐具技能训练评价

**餐具撤换评价表**

| 评价项目 | 具体要求 | 评价 | | | |
|---|---|---|---|---|---|
| | | 满意 | 一般 | 不满意 | 建议 |
| 餐具撤换 | 1. 操作顺序正确 | | | | |
| | 2. 操作手法正确 | | | | |
| | 3. 熟练掌握撤换餐具技能要领 | | | | |
| 学生自我评价 | 1. 准时并有所准备地参加模拟训练 | | | | |
| | 2. 乐于助人并主动帮助其他成员 | | | | |
| | 3. 遵守团队的协议 | | | | |
| | 4. 全力以赴参与工作并发挥积极作用 | | | | |
| 小组活动评价 | 1. 团队合作良好,都能礼貌待人 | | | | |
| | 2. 工作中彼此信任,相互帮助 | | | | |
| | 3. 对团队工作有所贡献 | | | | |
| | 4. 对团队的工作成果满意 | | | | |
| 总 计 | | 个 | 个 | 个 | 总评 |
| | 在撤换餐具训练中,我的收获 | | | | |
| | 在撤换餐具训练中,我的不足 | | | | |
| | 方法和措施 | | | | |

### 项目小结

通过本单元的学习,了解和掌握托盘的使用、餐巾折花、斟酒、摆台、上菜和分菜及撤换餐用具等基本服务技能,这些技能是进行餐饮服务的基础。

### 项目习题

**一、案例分析**

#### "热情过度"的服务引起的思考

一天中午,李先生陪一位外宾来到某酒店中餐厅,找了个比较僻静的座位坐下。刚入座,一位女服务员便热情地为他们服务起来。她先铺好餐巾,摆上碗碟、酒杯,然后给他们斟满茶水,递上热毛巾。当一大盆"西湖牛肉羹"端上来后,她先为他们报了汤名,接着为他们盛汤,盛了一碗又一碗。一开始,外宾以为这是吃中餐的规矩,但当李先生告诉他用餐随客人自愿后,忙在女服务员要为他盛第三碗汤时谢绝了。这位女服务员在服务期间满脸微笑,手疾眼快,一刻也不闲着:上菜后即刻报菜名,见客人杯子空了马上添茶斟酒,见骨碟里的骨刺皮壳多了随即就换,见手巾用过后即刻换新的,见碗里米饭没了赶紧添上……她站在他们旁边忙上忙下,并时不时用一两句英语礼貌地询问他们还有何需要。

吃了一会,外宾把刀叉放下,从衣服口袋里拿出一盒香烟,抽出一支拿在手上,略显无奈地对李先生说:"这里的服务真是太热情了,有点让人觉得……"这位女服务员似乎并没有察觉到外宾脸上的不悦。她见外宾手里拿着香烟,忙跑到服务台拿了个打火机,走到外宾跟前说:"先生,请您抽烟。"说着,熟练地打着火,送到外宾面前,为他点烟。

"喔……好!好!好!"外宾忙把烟叼在嘴里迎上去点烟,样子颇显狼狈。烟点燃后,他忙点着头对这位女服务员说:"谢谢!谢谢!"这位女服务员给外宾点了烟后又用公筷给李先生和外宾碗里夹菜。外宾见状,忙熄灭香烟,用手止住她说:"谢谢,还是让我自己来吧。"听到此话,她却说:"不用客气,这是我们应该做的。"说着就往他碗里夹菜。李先生和外宾只好连声说:"谢谢!谢谢!"

见服务员实在太热情,外宾都有点透不过气来了,李先生只得对外宾说:"我们还是赶快吃吧,这里的服务热情得有点过度,让人受不了。"听到此话,外宾很高兴地说:"好的!"于是,他们匆匆吃了几口,便结账离开了这家酒店。

思考题:
1.服务人员为客人提供服务时应注意什么?
2.针对本案例中出现的问题,服务人员应如何应对或改进?

## 二、任务设计

1.托盘训练。

注意事项:应由易到难,循序渐进。

(1)耐力:大家分组或单独练习。练习时可利用空的啤酒瓶装上水来进行,从少到多,从轻到重,主要目的是练习耐力与检查操作姿势是否正确。

(2)行走平衡:练习时可采取绕大圈托盘装物行走、绕障碍物托盘装物行走等形式。

(3)取用平衡:预计托盘重心变化情况,及时作出反应,保持托盘平衡。

(4)服务平衡:当右手斟酒或做其他操作时,左手外伸避开客人身体,用少量的注意力保证托盘平衡,大量的注意力用于右手操作。

(5)展开练习:托盘内放入一定重量的物品,学生一字排开,托盘由体前向体侧拉开,注意纠正学生的错误姿势,如不敢展盘,手臂伸不开等。

2.斟酒训练。

注意事项:以水来代替酒。

（1）练习斟倒顺序，八分满。注意瓶内酒液的变化，酒量越少，流速越快。记住示酒与转瓶口。

（2）在托盘斟酒时要注意托盘的姿势，养成正确的动作习惯。

（3）由学生扮演宾客坐在餐椅上，设计各种斟酒情境，其他学生进行斟酒服务，培养学生席间服务的意识及对注意事项的掌握。

3. 餐巾折花训练。

（1）学生掌握不同花型之间的区别与联系，牢记折叠方法与花型名称。

（2）训练学生掌握基本动作的规范性，如注意餐巾的正反面问题。

（3）实训过程中，可以在班级举行折花比赛，以调动练习的积极性。

4. 进行中餐宴会摆台练习，在15分钟内能够完成十人圆桌宴会摆台。

5. 分角色扮演顾客与服务人员，进行上菜与分菜的练习，培养学生席间服务的意识。

6. 分角色扮演顾客与服务人员，反复演练撤换餐具、烟灰缸、小毛巾等服务。

## 项目三 中餐服务

### 项目指南

中餐是指以中国菜为主体,包含各种中式面点、小吃、饮品等一系列不同风格的饮食体系,是世界餐饮文化的重要成员。中餐厅是指专门为顾客提供中式菜品、面点、小吃、饮品和服务的餐厅。它是我国饭店餐饮的主要经营服务场所,是我国饭店餐饮中最常见的一种类型。中餐厅的环境氛围、产品和服务要突显民族风格和地方特色。然而,不同经营类型的中式餐厅,为顾客提供的服务也是各有其特点的。

### 项目目标

#### 知识目标

1. 了解零点餐厅、团体包餐和自助餐的基本特点;
2. 熟悉餐前准备的工作程序,掌握相应的服务技能;
3. 掌握中餐服务过程中迎宾、领座、点菜、餐间服务的服务要领和服务技巧;
4. 熟悉餐后服务的一般程序,掌握餐后结账、送客、撤台的服务方法和要领。

#### 能力目标

1. 能够熟练地进行对客服务;
2. 能够区分不同类型中餐厅的服务程序和服务要求的差异;
3. 能够根据客人的具体情况为客人提供个性化的服务;
4. 能够灵活处理服务过程中出现的特殊问题。

#### 素质目标

1. 培养主动服务的意识;
2. 培养宾客至上的服务理念;
3. 培养乐于实践、勇于实践的职业精神。

## 任务一　零点餐厅服务

零点餐厅是指客人到来后才点菜的餐厅。这类餐厅在饭店中是比较常见的。中餐零点餐服务是指在中餐厅接待散客,为临时来用餐的宾客提供的服务。

零点餐厅服务要求服务员反应灵敏,了解每天的餐桌预订、菜单变化等情况,基本功过硬,了解不同客人的需求,并给客人提供最佳服务。

### 一、零点餐厅的特点

(1) 顾客群较广,口味多样,需求标准不一,因此,菜品的供应较全面。
(2) 顾客可根据自己的喜好选择多样菜品。
(3) 某段时期内,供应的菜品相对固定。
(4) 菜品特别是主菜和特色菜能反映餐厅的经营特色和水平。
(5) 就餐宾客的数量较难确定,需求有不可预见性。

### 二、零点餐厅预订服务

#### (一) 预订流程

预订流程为:问候客人→了解需求→接受预订→确认道别,如表3-1所示。

表3-1　预订流程及操作细节

| 操作程序 | 操作标准及说明 |
| --- | --- |
| 问候客人 | ① 电话铃响三声之内接听电话。<br>② 主动向客人问好。<br>③ 及时表示愿意为客人提供服务。 |
| 了解需求 | ① 询问客人是否需要帮助。<br>② 客人提出预订要求后,确认是否可以接受预订,再与客人作进一步洽谈。<br>③ 询问客人的要求,包括日期、时间、人数、客人姓名、单位名称、联系电话及服务要求等问题。 |
| 接受预订 | ① 称呼客人姓氏,以示对客人的尊重。<br>② 耐心倾听客人要求,妥善回答客人问题。<br>③ 征得客人同意后为其安排相应的包房或餐台,并告知客人。<br>④ 一边倾听一边填写预订单。 |
| 确认道别 | ① 复述预订的内容,请客人确认。<br>② 告知客人预订餐位的最后保留时间。<br>③ 向客人致谢并道别。<br>④ 客人挂断电话后再放下电话。 |

#### (二) 预订的方式

1. 电话预订

电话预订主要用于接受客人询问,向客人介绍餐厅有关事宜,为客人检查核对时间、地点和有关细节,比较适合一些关系客户和老客户。

2. 面谈预订

面谈预订是最为有效的预订方式,其他餐厅预订方式绝大多数都要结合面谈方面进行,是应用最广、效果最好的预订方式。餐厅预订员与客人当面洽谈所有细节安排,解决客人提出的特殊要求等,且要让客人了解场地的具体情况。

3. 信函预订

客户寄来的询问信应立即作出答复,须附上建议性菜单,并以信函或面谈的方式达成宴会销售协议。

4. 传真预订

传真预订介于电话预订和信函预订之间,方便快捷,而且能够较详细地说明要求细节,比较直观,因此,很多预订可以先通过传真进行洽谈,甚至最后的确认和合同亦可以通过传真解决。

5. 委托预订

客户可以委托中介公司、他人或酒店工作人员代为预订。中介公司可与餐厅签订合同并收取一定佣金;酒店工作人员的预订一般适用于熟悉客人的预订。

6. 网络预订

在信息社会的今天,网络预订已经越来越为客户所选择,方便、快捷。餐饮业本身有比其他行业更适合发展电子商务的特点。它以中小企业为主,大部分餐饮企业老板都希望通过电子商务来降低成本,提高利润。因此有眼光的餐饮业经营者应该在信息化和电子商务领域抢得先机。必胜客、麦当劳等快餐巨头通过信息化订餐外送服务使收益呈逐年上升趋势,并已经成为企业利润新的增长点。

### 三、零点餐厅服务程序

1. 餐前准备

① 餐前例会。开餐前,由餐厅经理或领班召开餐前会,总结之前的工作,布置新的工作任务。检查员工是否按餐厅的要求着装、化妆。

② 餐前卫生准备。包括就餐环境卫生、餐具卫生及餐饮用品卫生三个方面。

③ 餐前检查。领班或餐厅经理做餐前的全面检查,发现问题及时报修。

---

**案例分析 3-1**

## 餐具上的裂痕

一位翻译带领4位德国客人走进了某三星级饭店的中餐厅。入座后,服务员拿来菜单请他们点菜。客人点了一些菜,还点了啤酒、矿泉水等饮料。突然,一位客人发出诧异的声音。原来他的啤酒杯有一道裂缝,啤酒顺着裂缝流到了桌子上。翻译急忙让服务员过来换杯。另一位客人用手指着眼前的小碟子让服务员看,原来小碟子上有一个缺口。翻译赶忙检查了一遍桌上的餐具,发现碗、碟、瓷勺、啤酒杯等物均有裂痕、缺口和瑕疵等不同程度的损坏。

> 翻译站起身把服务员叫到一旁说:"这里的餐具怎么都有损坏?这可会影响我们的情绪啊!"
>
> "这批餐具早就该换了,最近太忙还没来得及更换。您看其他桌上的餐具也有损坏。"服务员红着脸解释着。
>
> "这可不是理由啊!难道这么大的饭店连几套像样的餐具都找不出来吗?"翻译有点火了。
>
> "您别着急,我马上给您换新的餐具。"服务员急忙改口。翻译和外宾交谈后又对服务员说道:"请你最好给我们换个地方,我的客人对这里的环境不太满意。"
>
> 经与餐厅经理商洽,最后将这几位客人安排在小宴会厅用餐,使用全新的餐具,并根据客人的要求摆上了刀叉。望着桌上精美的餐具,喝着可口的啤酒,这几位宾客终于露出了笑容。
>
> 分析:餐前准备应该准备什么?

2. 迎宾

① 客人进入餐厅时,要有专职的迎宾员或餐厅经理站在餐厅门口热情迎接,礼貌问候。使用礼貌用语"您好!欢迎光临""您好!请您随我来",等等。迎宾员要面带微笑,真诚热情,目光正视,使宾客一进门就对餐厅留下美好的印象。

② 迎宾员要热情主动地引领客人并询问客人是否有预订。如有预订,请其提供预订人名字;如果未预订,则询问客人共有几位,并根据客人的特点和需求安排合适的餐位。安排餐位时,应尽量靠窗、靠门口就座,以给人满座之感。同时也注意,安排就座不能过分集中,为服务带来不便。

③ 迎宾员引领客人时走在客人右前方 1 m 左右,并兼顾客人是否跟上。乘坐电梯时要长按住电梯按键,待客人都进电梯后,自己再进电梯。要先于客人出电梯并长按电梯按键,等客人全部出来后再松手。

④ 迎宾员将客人引至餐厅或雅间,值台服务员要立刻迎上去,并礼貌用语欢迎客人光临。

⑤ 值台服务员帮客人将衣帽挂好,并记住衣帽属于哪位宾客。

⑥ 为客人拉椅让座。拉椅时动作要轻,椅子距垂挂台布 1 cm,正对餐碟,面向桌子圆心。如客人中有儿童要及时提供儿童椅。

3. 问茶

① 将菜单递与客人。为客人展开餐巾、除筷套,同时向客人介绍茶叶品种及饮料品种,并根据季节以及客人的身体状况向客人推荐合适的茶及饮料,以及饮料是否加冰等。展餐巾、除筷套等动作都应在客人右侧进行。

② 用毛巾夹在客人右侧为客人上第一次小毛巾。

③ 如果就餐人数与餐具套数不相符,应及时加减餐具及座椅。如果有外国客人不习惯用筷子,则要为客人准备刀叉。

④ 茶水上来后,服务员应从主宾开始顺时针依次为客人倒茶。敬茶时应站在客人

右侧,并礼貌地说"请用茶"。倒茶时,茶壶下要垫上茶壶托盘和餐巾,以防茶水流到桌子上或客人身上。

4. 点菜

① 询问客人是否已经点菜,如果已经点菜则询问人是否已经到齐,何时可以上菜。如果还未点菜,则请客人按菜单或带客人到点菜区点菜。

② 服务员应主动向客人介绍、推荐餐厅的各类菜品,但不可强行推销。如果客人对菜品有特殊要求则应注明供厨房参考。

③ 如果客人所点菜品已卖完,则不应简单地告诉客人"没有",而应该给客人推荐材料相同或口味相近的菜品;如果客人所点菜肴菜单上没有或点菜区未有展示,点菜员需要先询问厨房是否可以烹制以及菜品定价,如果厨房可以做而且客人可以接受该价格,则应为客人下单。

④ 根据某些菜品的烹调特点向客人说明某些菜品的烹调时间,而且根据客人的人数向顾客推荐小份、中份或大份的菜品。

⑤ 客人点完菜后,应向客人复述一遍客人所点的菜品。

⑥ 将菜单一式三联或四联,分送厨房、收银台与传菜部,另一份做银根备查,并清楚写明台号、就餐人数、日期并签名。现在很多餐厅都采用PDA点菜,点菜员和服务员要熟练掌握并能快速输入信息。

> **知识拓展**
>
> PDA是Personal Digital Assistant的缩写,字面意思是"个人数字助理"。PDA点菜系统是一种使用无线信息技术的智能电脑系统。点菜员根据客人要求,通过无线掌上电脑点菜后,立即在打印机上打印出菜单,并分别在冷菜、热菜、面点、酒水等制作间通过厨房打印机打印出厨房单(可打印条码),在传菜部打印出传菜单。出菜时,传菜部自动扫描划单后为客人上菜,由收款员在收银台打出结账单为客人结账。每天完结后,打印出各种营业报表。该系统为餐饮行业带来了崭新的管理理念与服务手段,优化了业务流程,在实现企业价值最大化的同时又使自己的成本最低化,并最终提高其本身在餐饮行业的竞争优势。

5. 酒水推销及服务

① 为客人上凉菜,并按荤素搭配摆放在餐台上。将酒水单递给客人,并主动的向客人介绍、推销酒水。如果酒店提供余酒储存服务,要主动跟客人说明。

② 在为客人开瓶斟酒之前,一定要客人确认一下是否为客人所点单的酒水。

③ 如果客人点单的是黄酒、老酒,则询问客人是否要加热,是否加姜片、枸杞子。如果客人点单的是白葡萄酒、香槟酒等需要冰镇的酒,则应在餐桌旁设冰桶,对酒品进行冰镇。

④ 罐装酒类应在托盘上开启,开启时避免瓶口朝向客人。

⑤ 从主宾开始按顺时针方向依次为客人斟酒,并根据客人的不同需要和不同酒水

的服务要求进行斟酒操作。巡台过程中要及时为客人添酒、添茶。

6. 就餐服务

① 按照冷菜、热菜、甜菜、汤菜、面食、水果的顺序上菜（粤菜先上汤）。

② 每上一道菜前要先整理餐台，保证菜品荤素相间，餐台整洁美观。

③ 每上一道菜都要为客人报菜名，并简单介绍菜肴的风味特色、配料等，发音吐字清晰。

④ 及时撤换空盘，如果餐台的餐盘很多，可将菜量较少的餐盘换成餐碟重新摆到餐桌上。

⑤ 与传菜员、厨房经常沟通，保证上菜速度和质量。

⑥ 根据菜品的特点或加公勺或为客人分菜，以及相应的佐料，如片皮鸭等需要加葱、酱、小饼等。主动为客人提供分菜服务，如整鱼、汤羹类。

⑦ 及时为客人更换骨碟。

⑧ 客人吃完带壳、骨等需要用手食用的菜品后送第二次小毛巾。

⑨ 螃蟹、龙虾类菜品，要为客人提供相应的工具并上洗手盅，同时为客人更换第三次小毛巾。

⑩ 最后一道菜后，要主动跟客人讲菜已上齐，并询问客人是否需要其他服务，如是否加菜等。

⑪ 客人吃完主食后，接着是水果盘，并为客人换上第四次小毛巾。

⑫ 若席间有客人抽烟，要及时为客人点烟。烟灰缸内的烟头不能超过三个。点烟、撤换烟灰缸都要在客人右侧进行。

7. 结账

① 顾客示意结账时，服务员要及时清点菜单和酒单，并将未消费的酒水主动退掉。

② 服务员迅速到收银台取账单，账单用银盘或账夹递给客人。如果客人对账单有疑问，应确认后向宾客礼貌耐心地解释。

③ 服务员报账时应该注意礼貌用语和态度。如果客人要求报出消费总额，服务员再轻声报出账单总额。

④ 询问客人用何种方式结账，是支票、现金、信用卡、签单还是挂账，并根据不同的支付方式为客人的结账提供便利。

⑤ 结账后，服务员要向客人道谢。

**案例分析 3-2**

## 唱 收 唱 付

某日，一位美籍华人回国请一位老同学在酒店内的餐厅吃饭。

两人进餐厅坐下以后，服务员送上菜谱。美籍华人先请老同学点菜。老同学本想点几样价钱公道便宜的，但感到无从点起，于是说："随便吃什么都行,上三菜一汤就可以了。"那位美籍华人也感到很为难,于是要服务员介绍一些有特色的招牌菜,服务员随口报了三个。美籍华人征询了老同学的意见后对服务员说:"再来一盘醋溜黄鱼和一碗汤,菜不够再点吧。"两人边吃边谈,非常开心。用餐结束后,服务员送来账单:"你们两位一共吃了280元,这是您的账单。"

这位美籍华人忍不住了,便当着老同学的面对服务员说:"你不要大声报价好不好?"服务员也不甘示弱:"唱收唱付是我们的服务要求。"理直气壮地回敬了客人,弄得客人很不开心。

分析:这位服务员有哪些不规范的操作?

8. 拉椅送客与收尾工作

① 当客人离开时,服务员应主动上前拉椅送客,并将衣帽递还给客人。
② 检查是否有客人遗漏的物品。如果客人有寄放物品,要提醒客人取回。
③ 主动为客人提供打包和剩余酒水储存服务。
④ 客人离开餐厅时,迎宾员要将客人送出餐厅,并向客人表示感谢,同时欢迎客人再次光临。
⑤ 待客人全部离开后,马上翻台,准备迎接下一桌客人的到来。

**知识拓展**

翻台就是在宾客离开餐厅以后,服务员收拾餐具、整理餐桌,并重新摆台的过程。翻台往往是在其他宾客仍在进餐的过程中进行,或是在没有找到餐桌的宾客正在等候时进行。所以,翻台的文明和效率是该程序的重要标准。可以说,一个餐厅翻台率的高低和翻台速度的快慢,能够反映出其营业水平和接待能力的优劣。翻台服务中应注意以下几个问题:

(1) 翻台应及时、有序,按酒具、小件餐具、大件餐具的顺序进行。
(2) 翻台时如发现宾客遗忘的物品,应及时交给宾客或有关部门处理。
(3) 翻台时,应注意文明作业,保持动作的稳定,不要损坏餐具、物品,也不应惊扰正在用餐的宾客。
(4) 翻台时应注意周围的环境卫生,不要将餐纸、杂物、残汤剩菜等乱丢乱扔。
(5) 撤台结束后,应立即开始规范地摆台,尽量减少宾客的等候时间。

## 四、零点餐厅服务技能训练

**技能训练(一)**

题目:预订服务。

上午10点,华详饭店西餐厅预订员小王接到订餐电话,预约晚上6:00布朗先生和夫人将来这里用餐,小王就相关事宜与客人进行了沟通,圆满完成了本次预订。

方法：一人扮演预订员，一人扮演订餐客人，模拟电话预订和当面预订。

要求：

1. 服务语言准确、精炼、有礼貌。

2. 按预订操作程序细节进行。

3. 表情亲切、体态优雅。

**技能训练（二）**

题目：迎宾服务。

晚上5：50左右，华旗饭店餐厅生意兴隆，来用餐的客人络绎不绝，迎宾员笑容可掬地站在餐厅门口，问候前来用餐的客人。餐厅内，值台服务员在进行客人入座后的服务。整个餐厅内一片忙碌的景象，但也很安静有秩序。布朗夫妇两人如约到来，受到服务人员的热情接待。

方法：一人扮演服务员，另由多人扮演客人。写出模拟对话程序。学生点评，教师指导。

要求：

1. 服务语言准确、精炼，态度礼貌。

2. 服务程序流畅，表情亲切，体态优雅。

**零点餐厅预订服务评分标准**

| 考核项目 | 操作要求 | 配分 | 得分 |
| --- | --- | --- | --- |
| 预订单据设计 | 设计餐位预订单、取消预订报告单、预订更改通知单 | 20 | |
| 预订过程 | 采用面谈和电话两种方式完成预订业务 | 20 | |
| 预订过程 | 餐位预订单、取消预订单、预订更改通知单等记录完整、清晰 | 10 | |
| | 餐位预订单、取消预订单、预订更改通知单及时交付相关部门并解释说明 | 10 | |
| | 仔细对宾客交代预订注意事项 | 10 | |
| | 注重与客人交谈时的礼仪礼节 | 10 | |
| 团队精神 | 通力合作、分工合理、团结互助 | 10 | |
| | 发言积极、乐于与同学分享成果 | 10 | |

题目：迎宾服务。

晚上5：50左右，华旗饭店餐厅生意兴隆，来用餐的客人络绎不绝，迎宾员站在餐厅门口笑容可掬，问候着前来用餐的客人。餐厅内，值台服务员在进行客人入座后的服务。整个餐厅内一片忙碌的景象。布朗夫妇两人如约到来，迎宾员进行了热情的接待。

方法：一名学生扮演服务员，另多名学生扮演客人。写出模拟对话程序。学生点评，教师指导。

要求：

1. 服务语言准确、精炼、有礼貌。

2. 服务程序流畅，表情亲切，体态优雅。

**零点餐迎宾服务评分标准**

| 考核项目 | 操 作 要 求 | 配分 | 得分 |
|---|---|---|---|
| 迎宾记录本设计 | 设计迎宾记录本 | 10 | |
| 迎宾服务 | 语言得体规范、手势正确大方 | 20 | |
| | 迎宾服务员精神面貌、仪容仪表好 | 10 | |
| | 掌握一定的服务技巧 | 20 | |
| 团队精神 | 通力合作、分工合理、团结互助 | 10 | |
| | 发言积极、乐于与同学分享成果 | 10 | |
| 服务技能 | 正确递送香巾、拉椅、为客人上茶 | 10 | |
| | 正确为客人铺餐巾、撤筷套 | 10 | |

## 任务二　团体包餐服务

团体包餐是指为各类旅游团队、会议团队、婚宴包餐等提供餐饮服务的就餐形式。团体包餐的就餐形式多样,有圆桌聚餐式、份额包餐式和自助餐等。份额包餐式是单份的团体包餐,如盒餐或盘餐。本节将主要就圆桌聚餐式团体包餐的服务进行详细的介绍。

### 一、团体包餐的特点

(1)餐费统一。消费水平一般低于零点和宴会消费。

(2)菜品统一。并可根据标准的不同有所调整,也可根据客人的要求而对个别菜品作出调整。同一团队重复就餐时,菜单要作出相应的调整。也可为团体包餐设计循环菜单。

(3)服务方式统一。服务要求虽然不如宴会那样礼节繁多,也不像零点那样灵活多变,但也要保证服务质量。

(4)用餐时间固定。人员多而且集中,餐厅可提前做好准备。

(5)在最大限度满足大部分客人的消费需求的同时,做好个性化服务。

### 二、团体包餐的服务程序

1. 餐前准备

(1)准确掌握团体客人的抵离时间、用餐人数、接待规格、用餐标准等信息,尽量满足客人的需求。

(2)每餐开餐前,做好餐厅卫生。餐具摆放整齐、美观、舒适。餐点用品准备齐全、摆放整齐。团体客人使用的餐桌要事先做好安排。

(3)人员安排合理,分工明确。服务员熟练掌握菜单,熟记并能背诵主要风味产品的名称、特点、风味、烹制方法和来历典故,便于开餐时向客人介绍。

（4）服务员仪容仪表端庄、整洁，个人卫生整理符合酒店要求，随时准备迎接客人。

2. 用餐服务

（1）客人来到餐厅门口，迎宾员主动、热情迎接客人，问清团队或会议名称后，快速引导客人入座。

（2）客人入座后，看台服务员及时递送餐巾、香巾，提供茶水。

（3）正式开餐后，按顺序上菜，给客人斟第一杯饮料。每上一道菜，介绍产品名称、风味、烹制方法，回答客人问询，有问必答。

（4）客人使用过的骨碟、烟缸及时撤换，烟缸内的烟头不超过3个。

（5）勤巡台，及时添加饮料酒品，及时将空盘撤掉，保持台面美观整洁，菜上齐后告知客人。

（6）对客人的要尽量满足。

3. 结账送客

（1）客人用餐结束后，征求客人意见，拉椅送客，操作规范。

（2）待桌面客人全部用餐结束后再收盘收碗。撤台要快速、轻稳。

（3）不同团体的结账方式。

① 旅游团体结账。团队就餐完毕后，服务员应从收银台取账单交给旅游团领队或导游签单，再由收银台汇总到旅游团在饭店的消费总账，之后由饭店和旅行社统一结账。需要注意的是，服务员应与旅游团领队或导游一起清点人数，按人数结算。

② 会议团体结账。就餐完毕后，收银台根据就餐标准和就餐人数开具结账单，由会务负责人签单确认，再由收银台汇总到会议团体在饭店的消费总账，之后由饭店和会议组织方统一结账。

③ 婚庆等的团体结账。婚庆等团体包餐大都是预付现金，就餐完毕后再以现金结算。不按人数而是按桌数结算。

### 三、团体包餐注意事项

（1）根据团体特征对餐厅进行不同的布置。如会议包餐餐厅布置要大方、朴素，婚宴、寿宴等的布置要突显热烈、吉祥的气氛，旅游团体包餐环境要轻松、明快。

（2）随时与团体联系，掌握团体准确的就餐时间。

（3）团体餐一般要等客人到齐后再上菜，不能提前上菜、上饭。

（4）团体餐酒水有标准控制。如果客人要标准以外的酒水，应礼貌地向客人解释差价现付。

（5）团体中若有外宾不会使用筷子，要及时为客人提供刀叉。

---

**案例分析 3-3**

### 迟到的团队

小刘是北京某四星级饭店粤菜餐厅的预订员。星期一她接到某旅行社的电话预订,要求安排120位美国客人的晚餐,每人餐费标准40元,酒水5元,其中有5人吃素。时间定在星期五晚6时,付账方式是由导游员签账单(某些饭店与一些旅行社有合同,可收取旅行社的餐饮结算单,定期结账)。小刘将预订人姓名、联系电话、客人人数、旅游团代号、导游员姓名、宾客特别的要求等一一记录在预订簿上。

星期五晚6时该旅游团没有到达。此前小刘曾与旅行社联系进行过确认,但都没有更改预订的迹象,因此,小刘谢绝了所有其他的预订。6时30分,该团仍无踪影。刚巧,这天餐厅的上座率非常高,大家都着急了。餐厅经理急忙作出决定:一方面让小刘继续与旅行社联系,一方面允许已经上门但没有预订的散客使用部分该团预订的餐桌,并与其他餐厅联系,准备万一旅游团来了使用其他撤台的餐桌。

经联系,旅行社值班人员讲,预订没有改变,可能是由于交通堵塞问题造成团队不能准时到达饭店。7时30分,旅游团才风风火火地来到饭店。导游员告诉餐厅,有30人因其他事由不能来用餐。还有90人用餐,其中有3人吃素。经理急忙让服务员安排,并回复导游员,按规定要扣除这30人的预订超时和餐食备餐成本费用,比例是餐费的50%。

由于团队到达时间晚,有些预订餐桌没有动,餐厅内散客的撤台率较快,加上旅游团少来了30人,所以这90个美国客人到达后马上得到安排。望着这些饥餐渴饮的旅游者,大家终于松了一口气。

分析:餐厅接受团队预订时应注意哪些事项?

**思考与练习:**

1. 团队用餐的特点是什么?
2. 简述团队用餐的注意事项。

**技能训练**

题目:上午11点,华详饭店中餐宴会厅接待某会议团体用餐共计10桌。要求学生以小组为单位,进行模拟团队就餐服务。

要求:

1. 服务语言准确、精炼、有礼貌。
2. 服务操作程序规范。
3. 表情亲切,体态优雅。

**团体包餐服务评分标准**

| 考核项目 | 操作要求 | 配分 | 得分 |
| --- | --- | --- | --- |
| 预订 | 预订 | 10 | |
| | 引宾入座 | 10 | |
| 团体包餐餐厅布置 | 各项准备工作准确到位 | 20 | |

续表

| 考核项目 | 操作要求 | 配分 | 得分 |
|---|---|---|---|
| 餐间服务 | 递送香巾 | 10 | |
| | 问茶斟茶 | 10 | |
| 收尾工作 | 送客、清桌 | 20 | |
| 团队精神 | 通力合作、分工合理、团结互助 | 10 | |
| | 发言积极、乐于与同学分享成果 | 10 | |

## 任务三  自助餐服务

自助餐是一种由宾客自行取食或自烹自食,然后到餐桌上用餐的自我服务的就餐形式。

中式自助餐主要提供中式餐饮产品。自助餐形式灵活,产品丰富多样,价格相对实惠,顾客参与性强,为越来越多的消费者所接受。

中式自助餐的形式主要有针对散客的早餐自助餐、正餐自助餐、火锅自助餐等,以及针对团体的会议自助餐、大型活动的自助餐和团体用餐的自助餐等类型。

### 一、自助餐的特点

自助餐有以下特点:菜品丰富,选择余地很大。随到随吃,不需等候,更能满足现代人节省时间的要求。食物事先准备好,不需要临时准备,而且客人自取自食,节省了餐厅的人力资源成本,因此,价格相对比较便宜。以客人自我服务为主,参与性强;客人不但可根据个人喜好自由取用,甚至可以自烹自食。自助餐不得外带;客人可在餐厅自行享用,但不允许将餐品带出餐厅,餐厅也不提供打包服务。

### 二、自助餐的付费方式

第一种:客人自行取菜,依所取之数量付账,此类自助餐厅按客人选择的食品和饮品的品种、数量,到收银台结账后才可就餐。

第二种:客人自行取菜,一次付费吃到饱,此类自助餐厅的餐饮产品不限数量和品种,消费完后按就餐标准付统一的价格。

### 三、自助餐的餐台布置

自助餐有设座位自助餐和不设座位自助餐两种。自助餐的餐台布置以设座位自助餐为主,重点又以菜台布置为主。如何布置餐台,如何摆放菜肴以吸引客人,是自助餐设计的一个关键方面。

1. 菜台铺台标准

(1)铺台布,设台裙。台布压缝、台裙自然下垂,距地面约2 cm,能遮住桌脚,整洁美观。

（2）菜台旁边客用餐具分类集中摆放整齐，客人取用方便。

（3）菜台旁边客人取菜的活动空间宽敞，宽度不小于2 m。

（4）正式开餐前10分钟布置菜台，摆放各种菜肴。菜点摆放有凉菜、热菜和汤类几层，从外向内顺序排列，高低错落，有层次感。所有菜盘不得伸出桌边。

（5）各类菜点疏密排列得当，热菜、汤类加盖保温。

（6）每份菜肴摆放公用叉勺，菜盘前摆放菜牌。

（7）菜肴摆放要色彩搭配和谐。

（8）与各种菜肴所配的调料、装饰物要与相应的菜肴放在一起。

（9）成本较低的菜品、特色菜品放在客人易取到的地方，并及时添加各类菜品。

（10）按中餐的就餐习惯将饮料、水果和甜点与菜台分开放置，注意整洁、美观以及台面的整体协调性。

2. 自助餐餐桌布置标准

（1）餐桌摆放与中式零点餐厅相似。

（2）餐桌之间通道宽敞，宽度不小于1 m，对客人具有引导、疏散作用。

（3）根据餐厅提供的自助餐类型摆放餐桌餐具。餐具选择要适当，摆放整齐、美观，烟缸、牙签、调味瓶架等齐全。

### 四、自助餐厅的服务程序

1. 餐前准备

（1）做好环境卫生、餐点用品卫生和个人卫生的准备。

（2）装饰布置菜台。

（3）按中式零点餐厅餐桌布置的要求布置餐桌。

（4）备好菜品与调味品等。

2. 就餐服务

（1）迎领客人，拉椅让座。

（2）问茶，上热毛巾或餐巾。

（3）根据餐厅类型进行服务，如引导客人拿餐盘按顺序取食，并结账。

（4）巡台，并为客人及时添茶，换烟灰缸，撤掉空盘。如果是自助火锅则要及时为客人加续锅底等，或为客人调节加热的温度。

（5）整理菜台，保持菜台的整洁，并及时添加餐品和饮品，采取措施保证各类菜品的新鲜度，热菜热，冷菜凉。

（6）客人就餐完毕后，及时为客人添加茶水，并询问客人是否还有其他需求。

3. 餐后工作

（1）如果是自助餐，则引领客人到收银台结账，并当面点清。

（2）拉椅送客，并提醒客人不要忘记寄存的物品。

（3）收拾餐台和菜台，将可回收的食品整理好，撤回厨房。

（4）将台面的装饰品撤下并妥善保管。

(5) 若是自助火锅类,则要确保灭火、电源切断。
(6) 整理好餐厅卫生。

> **小资料**
>
> ### 新式婚宴青睐自助餐
>
> 1. 避免结婚高峰场地拥挤
>
> 有人说婚宴是一生中最盛大的一次宴请,很多新人在婚礼前几个月就早早开始寻找饭店预订场地。但是随着婚礼高峰期的来临,新人们几乎都喜欢同一个良辰吉日,酒店传统中式婚宴预订爆满,自然拥挤不堪。一些追求个性的新人开始放弃千篇一律的宴席,选择自助餐婚宴。度假村、乡村别墅或自己家中、西式餐厅和咖啡馆、户外的草坪或沙滩,甚至游艇、高尔夫球场,都是别具一格的就餐地点。而一些有场地便利条件的星级酒店也开始接受自助餐婚宴的预订。
>
> 2. 价格选择空间大,节约成本,减少浪费
>
> 新人们为了感谢亲友的光临,精心准备的宴会自然是餐点琳琅满目,菜量丰足。可惜每桌的剩菜少则过半、多则未动,待散席,珍馐美味即被白白浪费。自助餐的婚宴形式与传统婚宴相比,可以让每位宾客自由选择自己喜欢的菜品,多吃则多做,少吃则少做,婚礼过后剩下的菜,由于不会被弄得乱七八糟,还可以打包拿回家,几乎不会形成浪费。
>
> 3. 别出心裁,增加了新鲜感
>
> 在人们的传统印象中,婚宴总是应该摆在宾馆酒店里,几百人围坐在大圆桌旁,觥筹交错,热闹非凡。而对于很多年轻人而言,总希望自己的婚宴别具一格,富有创意。选择自助餐婚宴的年轻人,看重的是西式的装饰和浪漫的氛围。"我在望湖宾馆西餐厅参加了一次自助餐婚宴,进场的时候,每人发一支蜡烛。然后等新郎新娘进场的时候,所有的灯都关了,只有烛光。"正在筹备婚礼的李小姐觉得这样的婚宴很浪漫,比中式婚宴到处敬酒的感觉好多了。

### 五、自助餐厅服务技能训练

题目:上午11点,华详饭店二楼自助餐厅营业中,要求学生以小组为单位,进行模拟自助餐就餐服务。

要求:

1. 服务语言准确、精炼、有礼貌。
2. 服务操作程序规范。
3. 表情亲切,体态优雅。

**自助餐服务评分标准**

| 考核项目 | 操作要求 | 配分 | 得分 |
| --- | --- | --- | --- |
| 预订 | 预订 | 10 | |
| | 引宾入座 | 10 | |

续表

| 考核项目 | 操作要求 | 配分 | 得分 |
|---|---|---|---|
| 自助餐厅布置 | 各项准备工作准确到位 | 20 | |
| 餐间服务 | 递送香巾 | 10 | |
| | 问茶斟茶 | 10 | |
| 收尾工作 | 送客、清桌 | 20 | |
| 团队精神 | 通力合作、分工合理、团结互助 | 10 | |
| | 发言积极、乐于与同学分享成果 | 10 | |

## 任务四　中餐宴会服务

中餐宴会是使用中国餐具、食用中式餐品、采用中式服务的宴会。它具有浓厚的民族特点，着重体现欢乐祥和的气氛。国内的宴会大都采用这种形式。事实上，宴会是最能体现饭店服务水准的产品。

### 一、宴会预订服务

宴会预订是指个人或公司企业提前预约餐饮活动的过程，宴会预订过程既是宴会产品的推销过程，又是宴会客源的组织过程，同时也是酒店展示企业形象的过程。

#### （一）宴会预订流程

宴会预订流程为：问候客人→接受宴会预订→复述宴会预订→确认签约→宴会下单。

宴会预订操作细节及标准具体如表3-2所示。

表3-2　宴会预订的操作及标准

| 操作程序 | 操作标准及说明 |
|---|---|
| 问候客人 | ① 电话铃响三声之内接听电话。<br>② 主动向客人问好。<br>③ 及时表示愿意为客人提供服务。 |
| 接受宴会预订 | ① 当知道宾客是预订宴会时，须主动报上自己所在部门名称，并礼貌地问清楚宾客的姓名、联系电话、宴会形式、宴会标准、宴会人数、用餐时间和特殊要求，并依次记录在预订本上。<br>② 为宾客介绍宴会套餐菜单及酒水，并推荐酒店的特色菜肴，同时询问宾客的口味及有无其他要求。<br>③ 宾客确认菜单后，服务员要复述菜单，并及时通知厨师长。<br>④ 若宾客通过电话方式预订宴会，须主动将菜单用传真方式发给宾客，请宾客确认菜单。 |

续 表

| 操作程序 | 操作标准及说明 |
|---|---|
| 复述宴会预订 | ① 征询宾客意见后,核对宴会预订内容:姓名或房间号、用餐人数、宴会时间及宴会标准等。<br>② 重复宴会使用酒水种类及数量,并获得宾客确认。<br>提示:重复并确认。 |
| 确认签约 | ① 宾客确认宴会接待要求和规格后,应立即与宾客签订书面协议。<br>② 要求宾客支付预定金。提示:书面协议具有法律效应,预订金可充抵结算款。 |
| 宴会下单 | ① 填写预订单,一式四份,分别给宾客、厨房、餐厅及部门作为留底。<br>② 按订单内容做好宴会准备工作。 |

### (二)宴会预订形式

1. 电话预订

电话预订是饭店与客户联络的主要方式。常用于宴会预订、查询和核实细节、促进销售。

2. 面谈

面谈是宴会预订较为有效的方法,宴会预订员与宾客当面洽谈讨论所有的细节安排,解决付款方式,填写预订单以及记录宾客信息资料等,以便日后用信函或电话方式与客户进行联络。

3. 信函

客户寄来的询问信应立即作出答复,须附上建议性菜单,并以信函或面谈的方式达成宴会销售协议。

### (三)宴会预订单

宴会预订所使用的预订单通常包含的信息如表3-3所示。

表3-3 宴会预订单示例

| 预订日期 | | | 预订人姓名 | |
|---|---|---|---|---|
| 地址 | | | 电传、电话 | |
| 单位 | | | 饭店房号 | |
| 宴会名称 | | | 宴会类型 | |
| 预订人数 | | | 保证人桌数 | |
| 宴会消费标准 | | | 食品人均消费 | |
| | | | 酒水人均消费 | |
| 具体要求 | 宴会菜单 | | 酒水 | |
| | 宴会布置 | 台型<br>主桌型<br>场地设备 | | |

续 表

| 确认签字 | | 结账方式 | | 预收定金 | |
|---|---|---|---|---|---|
| 备注 | 承办人 | | | | |

### （四）客户需求

表3-4 针对客户需求的注意事项

| 客户需求内容 | 具 体 说 明 |
|---|---|
| 行动线路 | 大型的宴会活动，客人进入餐厅必须设有专用通道，同时还应注意客人进餐厅时的停车地点以及汽车的行驶路线，以保证客人能按时到达。 |
| 礼宾礼仪 | 由于宴会形式与要求的多样性，很多重要客人进入餐厅需要一定规格的礼仪。例如，迎贵宾的红地毯，总经理需要在门前迎接，餐厅服务员需要列队欢迎，还要有礼仪小姐进行迎送等。酒店接待规格与客人的要求，必须在了解情况的过程中进行确认。 |
| 宴会程序 | 了解客人的宴会程序，严格按照主办单位的程序来完成，才能保证客人的满意。 |
| 特殊要求 | 在承办宴会的过程中，客人可能会提出超出常规的要求，如果准备不足，往往难以满足客人的需要。因此必须事前反复确认，敲定细节后不再更改。 |

### （五）宴会预订员的专业素质要求

专业素质要求：熟悉宴会厅的面积、布局、接待能力及各项设施设备的使用功能等情况。掌握各式宴会菜单的价格和特色，掌握各类食物、饮料的成本。掌握餐饮部根据淡旺季、新老客户等不同条件下制定的销售策略，熟悉部门销售制度。熟悉各种不同类型的宴会、会议、展览、展销的服务标准和布置摆设要求。准备充足的销售宣传资料。建立详尽的客人档案，定期查阅客人有关资料，熟悉客人消费时间、消费内容和服务要求。熟悉半年内的大型活动预订情况。

## 二、中餐宴会的类型

### （一）根据宴会的目的、规格和隆重程度划分

1. 正式宴会

正式宴会一般是指由政府或团体等为欢迎尊贵客人而举行的十分讲究礼节程序而且气氛隆重的大型宴会。此类宴会要求宾主按身份排位就坐，并按活动要求安排相关仪式，如致辞等。对餐具、酒水、菜肴道数、陈设以及服务员的装束、仪表等要求较严格。正式宴会要求处处体现高雅、庄重的氛围，并能体现民族特色或当地特色。中式宴会也汲取了西餐宴会的一些内容，如有些宴会对与会人员的服饰做出要求，以体现宴会的隆重程度。高层正式宴会如国宴一般还会要求挂国旗、奏国歌并安排乐队奏席间乐等。

2. 便宴

便宴是非正式宴会，一般安排为午宴和晚宴。这类宴会形式简单，不拘规格，不作正式讲话，菜肴道数亦可随客人需要的量增减。除讲究一些重要的主人、主宾的座次外，其他人

可以不排座次。便宴的气氛较亲切、轻松自由,礼仪要求也较简单,宜用于日常友好交往。

**(二)按宴会的专题划分**

有些宴会是为某类专题活动而举办的。这类宴会往往有着明确的目的和意义,整个宴会都围绕某个专题进行,这类宴会通常称作专题宴会或主题宴会。宴会按主题划分,主要有以下几种。

1. 国宴

国宴是国家元首、政府首脑为国家的庆典,或为外国元首及政府首脑来访而举行的正式宴会,是一种规格最高最为隆重的正式宴会。国宴礼仪庄严、隆重,并根据各国传统礼仪进行安排,要求挂国旗、奏国歌、乐队席间奏乐,体现鲜明的民族特色,并体现国家和民族之间的平等、友好的关系。

与会人员包括各国元首或首脑带领的政府官员,各界名流及使馆官员等。国宴要按宾主的身份地位安排就座,参宴宾客和宴会工作人员都必须以端庄的风度、彬彬有礼的举止出席宴会。

2. 婚宴

婚宴是新人为婚庆而宴请前来祝贺的宾朋而举办的喜庆宴席。婚宴的厅堂布置、氛围渲染、菜品及餐厅员工服饰都要体现吉祥喜庆的气氛。

3. 生日宴

生日宴是人们为纪念生日而举办的宴会。生日宴的主体以老年人、儿童居多。餐厅布置、菜点设计等方面要突出吉祥如意、福寿绵长之意。生日宴会要安排相应的活动环节,如点蜡烛、吹蜡烛、唱生日歌、切生日蛋糕等,餐厅应为这些活动准备工具并提供相应的服务。很多餐厅根据生日宴的定价标准为客人提供免费的长寿面、赠送生日蛋糕等服务项目。

4. 商务宴会

商务宴会指为洽谈商务、联络感情而举行的宴会。此类宴会的消费标准相对较高,对宴会的环境、氛围、餐饮质量很重视。一般来讲,餐厅提供的宴会产品和服务要倾向于被宴请方的消费习惯。

5. 庆典宴会

庆典宴会指团体为某一庆典活动举办的宴会,如开业庆典、毕业庆典、奠基或开工庆典、为个人或团体庆功等宴会。这类宴会要求气氛热烈,服务程序简洁。宴会为突出庆贺的主题,往往在开宴前要致简短的贺词。

6. 迎宾宴

迎宾宴指为自远方来的宾朋等接风洗尘而举办的宴会。这类宴会要求气氛温馨,服务贴心周到,最好是独立包间。餐点以当地的特产和名菜名点为主,并将菜点特色逐一向客人介绍,尽显主人的热情和尊荣,使宾主尽兴。

7. 茶话会

茶话会是一种经济简便、轻松活泼的宴会形式。这类宴会形式随处可见,比如节庆茶话会,团体或政府针对某一活动的茶话会等。所备餐点简单、实惠,一般为茶水、饮料、水果、点心、茶食等,气氛轻松、随意,服务内容较少。

### 三、宴会厅布局

#### （一）台形布局

宴会台形布局设计是指饭店根据宾客宴会主题、人数、接待规格、习惯禁忌、特别需求、时令季节，结合宴会厅的结构、形状、面积、空间、光线、设备等情况来设计宴会的餐桌排列组合的总体形状和布局。其目的是合理利用宴会厅的固有条件，表现主办人的意图，体现宴会的规格标准，烘托宴会的气氛，便于宾客就餐和席间服务员进行宴会服务。

宴会厅的台形设计有小型和大型之分。其中大型宴会设计者在宴会开始前必须事先画好场景布置示意图，合理划分服务区域并在餐前会上向全体服务员和走菜人员作讲解。

1. 布局原则

台形布局一般采取"中心第一、先右后左、高近低远"的原则进行安排。"中心第一"是指布局时要突出主桌。主桌放在上首中心，以突出其设备和装饰；主桌的台布、餐椅、餐具的规格应高于其他餐桌，主桌的花坛也要特别鲜艳突出。"先右后左"是国际惯例，即主人右席的地位大于主人左席的地位。"高近低远"是指按被邀请宾客的身份安排座位，身份高的离主桌近，身份低的离主桌远。

2. 宴会的场地布置

宴会的接待规格较高，形式较为隆重，中餐的宴会多使用大圆桌，由于宴会的人数较多，所以就存在场地的布置问题，应根据餐厅的形状和大小以及赴宴的人数多少安排场地，桌与桌之间的距离以方便服务人员服务为宜。主桌应位于面向餐厅正门的位置，可以纵观整个餐厅或者宴会厅。一定要将主宾入席和退席的线路设为主行道，应比其他的通道宽一些。不同的桌数的布局方法有所区别，但一定要做到台布铺置一条线，桌腿一条线，花瓶一条线，突出主桌，各桌相互照应。

多桌宴会主座次安排的重点是定各桌的主人位。以主桌主人位为基准点，各桌主人位的安排有两种方法：一种是各桌主人位置与主桌主人位置相同并朝向同一个方向；另一种是各桌主人位置与主桌主人位置遥相呼应，具体地说，台形的左右边缘桌次主人位相对并与主桌主人位成90度角，台形底部边缘桌次主人位与主人位相对，其他桌次的主人位与主桌的主人位相对或朝向同一方向。如图3-1所示。

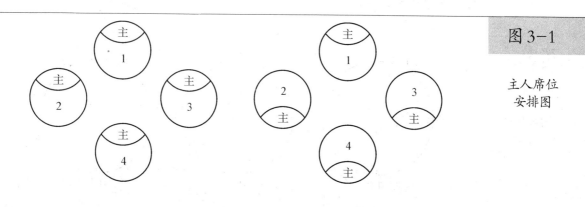

图3-1 主人席位安排图

### 3. 有针对性地选择餐桌与餐椅

中餐宴会所用的圆桌，直径为160 cm的，每桌可坐8人左右；直径为180 cm的，每桌可坐10人左右；直径200—220 cm的，每桌可坐12—14人。较大的主桌台面一般由标准台面和1/4弧形台面组合而成。如果圆桌直径超过180 cm，就应该安放转盘。转盘要求型号、颜色一致，表面清洁、光滑、平整。餐椅应选择与宴会厅色调一致的金属框架软面型，通常10把一桌。

### 4. 工作台

重要宴会或高级宴会要设专门的工作台，以方便进行分菜、撤换餐具等工作。工作台摆放的距离要适当，便于操作，一般放在餐厅的四周；其装饰布置（如台布和桌裙颜色等）应与宴会厅气氛协调一致。

### 5. 台号

大型宴会除主桌外，所有的桌子都应编号。台号的设置必须符合宾客的风俗习惯和生活禁忌，如欧美宾客参加的宴会必须去掉台号"13"；台号牌一般高于桌面所有用品，一般用镀金、镀银、不锈钢等材料制作。

### 6. 席卡

大型宴会事先将宾客的桌号打印在请柬上，使宾客根据桌号和席卡迅速找到自己的座位。席卡通常由酒店根据主办单位提供的主人和来宾的身份、地位等信息填写，要求字迹清楚，可用毛笔、钢笔填写或打印的形式，一般中方宴请将中文写在上方，外文写在下方；若外方宴请则将外文写在上方，中文写在下方。

## （二）座次安排

宴会座次安排应根据宴会的性质，主办单位或主人的特殊要求、出席宴会的宾客身份确定相应的座位。座次安排必须符合礼仪规格，尊重风俗习惯，便于席间服务。以10人一桌的正式宴会为例：台面一般置于厅堂正面，主人的座次通常设于厅堂正面即圆桌正面的中心位置，坐北朝南，副主人与主人相对而坐；主人的右左两侧分别安排主宾和第二宾的座次，副主人的右左两侧分别安排第三、第四宾的座次，如果是国际会议，主宾、第三宾的右侧为翻译人员（主方翻译、客方翻译）的座次。有时，主人的左侧是第三宾，副主人的左侧是第四宾，其他座位是陪同席。10人一桌中餐宴会座次的安排常见的有三种，如图3-2所示。

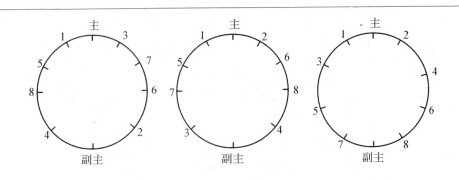

图3-2 中餐宴会圆桌席位安排

### 四、中餐宴会服务程序

#### （一）宴会前准备

1. 掌握宴会的基本情况

接到宴会通知单后，参加宴会接待的服务员要做到"八知"、"五了解"。

八知：知主办单位，知邀请对象，知宾主身份，知宾客国籍，知宴席人数及桌数，知宴席标准，知开席时间，知菜式及酒水。

五了解：了解宾客的风俗习惯，了解宾客的忌讳，了解宾客的特殊要求，了解进餐方式，了解座次安排。

2. 明确分工

对于规模较大的宴会，要做会前动员，确定总指挥。根据宴会的要求，对每个岗位（如迎宾、值台、传菜、传茶、贵宾室等）设置合适的人员并保证人员数量，确保每个岗位权责明确。

3. 熟悉菜单，熟悉顾客

服务员熟记菜单上的菜品名称、口味特征、主料及配料、烹调方法、服务方式以及历史典故等。

了解主宾的国籍、风俗习惯、宗教信仰、饮食偏好及禁忌。了解是否有特殊客人，如老人、儿童、残疾人等，并做好相关设施的准备。

4. 宴会厅布置

根据宴会的特点及主题要求布置餐厅。为此，餐厅要做的内容有：宴会厅大小的调整，空间布局的安排，色彩、音乐、灯光的安排，服务员的服饰，菜肴的命名，餐具的选用，甚至到烟灰缸、牙签筒的选用。

对宴会厅的布置既要富丽、明快，主题鲜明，又要简约、大方。一般来讲，宴会厅的布置要由餐厅和主办方共同完成。

5. 物料准备

根据菜单及酒水单，备好餐具、酒具及骨碟、汤碗等相关用具；备齐各种配料及佐料；备好各类酒品、饮料、茶水及相应的用具，如若有白葡萄酒则备好冰桶，若有黄酒，则备好加热设备；每个餐桌至少准备两份菜单，若是重要宴会则每人一份。

6. 摆台

摆台在宴会开始前1小时完成。按要求铺台布，下转盘，摆放餐具、餐巾花、菜单、台号和席次卡。最后将鲜花摆放于餐桌中央。

7. 摆放冷盘

一般在宴会开始前30分钟上冷盘。摆放冷盘时，注意荤素搭配，颜色搭配。有正面观赏的冷盘时，正面要朝向主宾。

8. 全面检查

准备结束后，宴会负责人要对宴会的方方面面进行全面彻底的检查，发现问题及时报修，并做好记录和反馈。检查完毕后，宴会工作人员各就各位，以饱满的精神状态迎候客人。

**案例分析 3-4**

### 一盘三鲜水饺

　　某饭店中餐宴会厅，饭店总经理中午要宴请客人，他是来自西藏的一位高僧。中午11点，一群人簇拥着客人步入厅堂，两名服务员上前迎接，引领客人入座，并麻利地做好了餐前服务工作。菜点是预订好的，按照程序依次上菜，一切服务都在紧张有序地进行。

　　食之过半，宾客要求上主食，三鲜水饺很快端上了桌面。在大家的建议下，高僧用筷子夹起一个水饺放入口中品尝，很快就吐了出来，面色仍旧温和地询问："这是什么馅的？"服务员一听马上意识到问题的严重性，心里说坏了！事先忘了确认是否是素食。三鲜水饺虽是清真，但仍有虾仁等原料，素食者是不能食用的，便急忙向高僧道歉："实在对不起，这是我们工作的失误，马上给您换一盘素食水饺。"服务员马上通知厨房上了一盘素食三鲜水饺。由于是重要客人，部门经理也赶来道歉。最终客人说："没关系，不知者不为怪。"

　　这次失误虽然很严重，由于处理及时，客人又宽宏大度，得以顺利解决，但也留给服务员一个深刻的教训。

　　分析：这个案例给我们的启示是什么？

### （二）宴会就餐服务

（1）迎宾注意事项：

① 服务员站在宴会厅门口迎接客人。客人到达后，服务员要主动接过客人的衣帽及其他物品，主要宾客的衣物要放在显眼的位置。

② 引客人入座。重要宴会要引领客人找到桌位、座位，并为主宾、女士拉椅让座。

（2）宾客入席后，要马上为客人展餐巾、除筷套、撤台号、席次卡和鲜花。

（3）为客人上热茶，用毛巾夹为客人上热毛巾。

（4）询问客人用什么样的酒水和饮料，并为客人斟酒，在宴会祝酒词开始前全部斟完。需要注意的是在主人致祝酒时，服务员应停止一切活动，站在适当的位置。当致辞者走下讲台向各桌敬酒时，服务员要托着酒瓶在致辞者身后，随时准备添续酒水。

**案例分析 3-5**

### 祝酒时的尴尬

　　某四星级酒店里，富有浓郁民族特色的贵妃厅热闹非凡，30余张圆桌座无虚席，主桌上方是一条临时张挂的横幅，上书"隆重庆祝××公司成立"。赴宴的宾客都是商界名流，餐厅上自经理下至服务员从早上开始就换地毯、接设备、布置环境，宴会前30分钟所有服务员均已到位。

　　宴会开始，一切正常进行。报菜名、递毛巾、倒饮料、撤盘碟，秩序井然。按预先的安排，上完"红烧海龟裙"后，主人要祝酒致辞。只见主人和主宾离开座位,款款走到话筒前。值台员早已接到通知,在客人杯中斟满酒水饮料。主人、主宾身后站着一位漂亮的服务员小姐,手中托着装有两杯酒的托盘。主人和主宾简短而热情的致辞很快便结束,服务员及时递上酒杯。正当宴会厅内所有来宾站起来准备举杯祝酒时,厨房里走出一列身着白衣的厨师,手中端着刚出炉的烤鸭向各个不同方向走去。客人不约而同地将视线转向这支移动的队伍,热烈欢快的场面就此给破坏了。主人不得不再一次提议全体干杯,但气氛已大打折扣了。客人的注意力已被转移到厨师现场分工切烤鸭上去了。

分析:在餐饮服务中,各部门应怎样做好协调工作?

(5)根据客人不同的要求,给客人斟倒不同的酒水。斟倒时注意不同酒水的操作要求。把客人不需要的酒水杯撤走。

(6)若宾客人数有增减,则及时增撤餐具和餐椅,并通知厨房增减客人的食品数量。

(7)当凉菜吃完一半后,开始上热菜。新上的菜要先放到主人和主宾面前,每上一道菜,都要为客人清楚地报菜名,并简单介绍菜品的特点。根据主人的意见或宴会的进度把握上菜的速度。

(8)上菜时要先上主桌,再依次上其他桌。上菜时有专人调控,保证菜品不会早上、迟上、漏上。

(9)上菜前要先撤掉空盘,并整理桌面。若餐桌已满,可将份量较少的菜盘换成小餐盘再上桌。

(10)主动为客人提供分菜服务。现将菜肴放在客人的餐桌中间展示一下,再拿到餐车或操作台上分菜。分菜时要胆大心细,力求使每位客人的份量均匀。

(11)及时为客人撤换骨碟。如果碟内还有菜肴,要询问客人是否还需要,客人表示不需要时,方可撤走;如果客人表示还要,则将盛新菜的餐盘放在客人的右侧,等客人用完旧菜后,再将新餐盘放到客人的正餐位上。

(12)一般情况下,吃完凉菜后,要为客人撤换一次骨碟;吃完带骨和带壳的菜品撤换一次骨碟;上甜菜时撤换一次骨碟。重要的宴会则要求每道菜都要换一次。

(13)鸡、鸭、鱼类等整形菜肴的摆放,要遵循"鸡不献头,鸭不献掌,鱼不献脊"的礼貌习惯。

(14)若有客人抽烟,要及时、主动为客人点烟。

(15)若菜品有佐料,则先上佐料,再上菜品。对需要动手的菜品如虾、蟹等则要提前上洗手盅。客人吃完海鲜类菜肴后上小毛巾。

(16)所有的冷、热菜上完之后,要告诉客人菜已上齐。

(17)在上点心之前,撤走调味碟、骨碟、筷子、筷架及剩余的菜品,整理餐桌,为客人上骨碟和点心刀叉。

(18)上水果时,根据不同的水果为客人提供不同的刀、叉或勺子,并为客人上小毛巾。

(19) 用餐结束后,将餐具撤掉,摆上鲜花,并为客人续茶。

(20) 宴会进行过程中,要勤巡台、勤斟酒、勤换烟灰缸,做到眼勤、手勤,有问题及时与宴会负责人沟通,确保宴会顺利进行,宾主尽欢。

> **案例分析 3-6**
>
> ### 少说一句话
>
> 某大餐厅的正中间是一张特大的圆桌,从桌上的大红寿字和老老小小的宾客可知,这是一次庆祝寿辰的家庭宴会。朝南坐的是位白发苍苍的八旬老翁,众人不断站起向他道贺,可见,他就是今晚的寿星。一道又一道缤纷夺目的菜肴送上桌面,客人们对今天的菜肴显然感到心满意足。寿星的阵阵笑声为宴席增添了欢乐,融洽和睦的气氛充满整个餐厅。
>
> 又是一道别具一格的点心送到了大桌子的正中央,客人们异口同声喊出"好"来。整个大盆连同点心拼成象征长寿的仙桃状,引起邻桌食客引颈远眺。不一会儿,盆子见底。客人还是团团坐着,笑声、祝酒声,汇成一片汪洋。可是不知怎地,上了这道点心之后,再也不见端菜上来。闹声过后便是一阵沉寂,客人开始面面相觑,热火朝天的生日宴会慢慢冷却了。众人怕老人不悦,便开始东拉西扯,分散他的注意力。一刻钟过去,仍不见服务员上菜。一位看上去是老翁儿子的人终于按捺不住,站起来朝服务台走去。接待他的是餐厅的领班。他听完客人的询问之后很惊讶:"你们的菜不是已经上完了吗?"中年人把这一消息告诉大家,众人都感到扫兴。在一片沉闷中,客人快快离席。
>
> 多说一句"您的菜已上齐"有那么难吗?
>
> 分析:规范化的服务操作是对客服务的基本要求,餐厅管理人员可以采取哪些措施来保证服务的规范化、标准化?

**(三) 宴会结账收尾**

(1) 结账送客。清点好消费的烟、酒的总数,检查餐具、地毯等设施有无损坏,将各项消费汇总后交收银台统一核算。

(2) 客人若以现金结账,则可直接交给收银员;若客人为住店客人需签单结账,则要核对住房卡,并请客人签名后交收银员;若是单位结账,则请客人签名确认后,将账单交至收银员处。若客人有疑问,要耐心为客人解释。

(3) 客人离开时,要主动为客人拉椅,并提醒客人有无遗漏物品。

(4) 将衣帽取出递还给客人,并感谢客人的光临,还可请客人就本次服务提出宝贵意见。

(5) 客人离开后,服务员撤台,将餐具、餐用纺织品等分类撤下,送洗涤间、洗衣房等分类处理。

(6) 将未开启的酒水退还吧台,做好领、退手续。

(7) 清理场地,关闭声、光、电、空调等设备。

## 五、宴会服务技能训练

**技能训练（一）**

题目：宴会预订。

3月10日上午，宴会部预订员小王接到中国文化旅游集团的预订电话，称该集团将于4月15日晚在贵酒店宴会厅举行250人左右的"中国文化旅游集团书法节闭幕式暨答谢宴会"。假如你是预订员小王，将如何做好这项工作？

方法：一名同学扮演预订员，另一名同学扮演订餐客人，模拟电话订餐。

要求：

1. 能正确接听电话，电话用语正确。
2. 按预订操作程序细节进行。
3. 表情亲切，姿态正确。

**技能训练（二）**

题目：宴会设计。

宴会设计处小张接到宴会部李经理的电话，要他负责设计并布置中国文化旅游集团4月15日在酒店宴会部预订的书法节闭幕式暨答谢宴会活动。

方法：小组合作根据要求完成宴会设计，画出宴会设计图，并选派一名同学讲解。

要求：

1. 设计合理，符合情境要求。
2. 图画清晰、规整。
3. 讲解清楚、声音洪亮。

**技能训练（三）**

题目：拉椅入座。

方法：模拟操作，以小组为单位模拟。

要求：

1. 将宾客带到餐位边。
2. 将椅子拉开一臂距离，请宾客站在餐桌前。
3. 将椅子向前推，推椅子时动作要轻，并注意安全。
4. 服务顺序上，要先宾后主、先女后男。

**宴会服务评分标准**

| 考核项目 | 操作要求 | 配分 | 得分 |
| --- | --- | --- | --- |
| 迎宾服务 | 对客问候 | 10 | |
| | 引宾入座 | 10 | |
| 宴会前准备 | 各项准备工作准确到位 | 10 | |
| 宴会席间服务 | 递送香巾 | 10 | |
| | 问茶斟茶 | 10 | |
| | 递送菜单 | 5 | |

续　表

| 考核项目 | 操作要求 | 配分 | 得分 |
| --- | --- | --- | --- |
| 宴会席间服务 | 推荐菜式 | 5 | |
| | 填写点菜单 | 10 | |
| | 询问酒水 | 10 | |
| 团队精神 | 通力合作、分工合理、团结互助 | 10 | |
| | 发言积极、乐于与同学分享成果 | 10 | |

## 项目小结

中餐厅是我国饭店餐饮的主要服务经营场所。在实践中，中餐厅的销售、服务等都需反映中国传统文化特色。通过本项目的学习，了解各种中餐服务的特点及要求，在掌握规范化、标准化的服务程序的基础上，为顾客提供个性化、优质化的产品及服务，以满足客人的需求，实现餐厅的经营目标。

## 项目习题

### 一、案例分析

4月1日晚上，在北京某高级宾馆的中餐厅内有一些外宾在用餐。餐厅气派豪华，布置典雅，客人们尽情享用着加工精细、质量上乘的菜肴，并对中国菜的口味称赞不已。餐厅东侧的一张餐桌旁坐着6个澳洲客人，其中有一位50余岁留着小胡子的男宾，他边用餐边把弄着桌上一只精美的银制酒杯，显得爱不释手；其他人也对桌上的筷子和细瓷餐具很感兴趣。这些情形并没有被服务员小姐所注意，她正在忙着为另一桌的客人上菜。

当她返身为澳洲客人上菜时，感觉到餐桌上好像少了些什么。为客人报菜名时，她仔细观察了一下，发现那位留小胡子的客人离开了餐桌，可能去了洗手间，他面前的银制酒杯却不见了，取而代之的是他旁边客人的葡萄酒杯；此外，餐桌上还少了两双筷子和一个细瓷汤碗。服务小姐不动声色地笑问一位面前没有汤碗和筷子的女宾："女士，现在您面前没有餐具，是否需要我为您重新添放？您是要刚才那种黄色的汤碗，还是要其他颜色的？是否还要两双筷子？"

"不，不，我们什么也不要，谢谢你。"女宾神色尴尬地说道。

此时，那位男宾手里拿着两副不锈钢的刀叉走回来坐下。他看了服务小姐一眼，不自然地说："我们还是习惯用刀叉，所以我又要了两套。"

"没关系，下次您有什么需要请告诉我，我很愿意为您效劳。"

服务员小姐说完就离开了，并将此事报告了餐厅经理，经理听后向她交代了几句话，就忙其他的事情去了。

几分钟后,服务小姐又回到了澳洲客人面前,手里拿着几样包装精致的餐具。她微笑着对留小胡子的客人说:"先生,我刚才发现你们对中国的餐具很感兴趣,这些餐具确实是很精致的工艺品。为了感谢大家对这些工艺品的钟爱,我代表餐厅赠送一个银质雕龙酒杯、一个细瓷雕花福寿汤碗和六双高级筷子给各位女士、先生。筷子是免费的,碗和酒杯将按优惠价格记在餐费的账上,您同意吗?"

留小胡子的客人马上就明白了服务员的意思,他接过服务员手中的物品,又仔细看了几眼那只惹人喜爱的酒杯,然后对服务员说:"请你先离开一会儿,让我们考虑一下。"服务员会意地退身离去。

当客人招呼服务员回到餐桌前时,服务员看到刚才不见了的餐具和酒杯又摆放在原来的位置上。客人笑着对她说:"小姐,谢谢你的建议,这些筷子和酒杯我们收下,汤碗请拿回吧。今天是愚人节,连餐具都想和你开玩笑,你看,这酒杯、汤碗和筷子又回来了。"说完大家都笑了。

思考题:

1. 如果你遇到这样的事情,你会如何处理?
2. 这个案例给我们的启示是什么?

## 二、任务设计

1. 按中餐零点餐预订的方式、内容等设计模拟场景,由学习小组同学分别扮演客人和预订员,向预订员提出不同订餐要求。

2. 以学习小组为单位,模拟召开餐前会。领班说明餐前准备工作的意义、检查内容和注意事项等,员工向领班汇报餐前准备情况。

3. 按中餐零点餐点菜服务的方式、内容等设计模拟场景,由学习小组同学分别扮演客人和点菜员。

4. 以学习小组为单位,到校外实训基地体验宴会服务过程,按照不同的宴会服务中可能出现的场景设计训练内容。

## 项目四 西餐服务

### 项目指南

随着人们生活方式和观念的改变,人们在餐饮消费方面的求新、求异、求文化的特征更加显著,反映西方传统饮食文化习俗的西餐也受到消费者的青睐。西餐厅是我国饭店餐饮部的一个对外窗口,也是我国饭店业以优质服务为饭店创造良好声誉和经济效益的重要场所。由于各国的烹调技术、菜肴风味特色及服务方式各异,西餐服务历经了多年的变化调整和总结提高后,形成了自己独特的服务方式和服务程序。因此服务员要遵循西餐服务国际惯例,在服务中做到标准化、规范化、程序化。

### 项目目标

#### 知识目标

1. 了解西餐经营及西菜特点;
2. 掌握西餐构成,熟悉西餐酒水搭配;
3. 了解西餐主要菜式;
4. 熟悉西餐主要服务方式;
5. 掌握西餐零点服务程序;
6. 掌握西餐的宴会服务程序。

#### 能力目标

1. 能根据西餐酒水搭配做好席间酒水销售;
2. 能运用不同西餐服务方式服务于客人;
3. 能独立应对西餐服务中的各种服务要求。

#### 素质目标

1. 培养主动的服务意识;
2. 培养宾客至上的服务理念;
3. 培养乐于实践、勇于实践的职业精神。

## 任务一 西餐服务知识

西餐(Western Foods)是欧美各国菜肴的总称。随着我国改革开放和经济的发展,西餐经营范围在不断地扩大,越来越多的人认识了西餐,并喜爱上了西餐文化。西餐厅如雨后春笋,已在各大城市遍地开花,迅速发展。

### 一、西餐经营特点

西餐厅经营时间长短不一,如咖啡厅是饭店中营业时间最长的,一般营业时间为18—24小时,以快捷的服务、适中的价格面向大众。

西餐厅的装饰与布置要体现西方用餐特点,讲究气氛,富有情调,突出背景音乐,照明以柔和的暖光为主。

西餐菜单要体现西餐厅的经营水平和风格。西餐菜单内容图文并茂,封面设计精美,能充分体现西餐厅风格。

西餐厅一般都以经营英、美、法、俄、意式菜系为主,同时兼容并蓄、博采众长,是西方饮食文化的一个缩影。

西餐厅客源市场多以社会名流、专家学者、商务客人和外国人为主,他们的消费为饭店餐饮部增加了经济收入和外汇收入。

西餐厅服务方式多采用法式服务、俄式服务、英式服务、美式服务,有时也有中式服务,这几种服务实际上都是餐桌服务。

扒房是饭店为体现自己餐饮菜肴与服务水准、满足高消费客人、增加经济收入而开设的高级西餐厅,也是豪华大饭店的象征。

### 二、西餐菜肴特点

#### (一)取料丰富,用料讲究

西餐取材有肉类、水产类、野味类、家禽类、果蔬类、乳品类、谷物类等更多种类型。仅肉类,就可以划分出特级、一级、优良标准级、普通级及经济级。

#### (二)口味香醇、浓郁

西餐的独特用料使其与我国菜类相比,有明显的香料味浓烈的特色。有句俗话"中菜宜于口,西菜宜于鼻,日菜宜于目"很好地说明了西餐气味上的特点。

西餐多用奶制品,如鲜奶油、黄油、干酪等。

西菜的调料、香料品种繁多。烹制一份菜肴往往要使用多种香料,如桂皮、丁香、肉桂、胡椒、芥末、大蒜、生姜、香草、薄荷、荷兰芹、洋葱等。

西菜常用葡萄酒作为佐料,烹饪时讲究以菜配酒,做什么菜用什么酒,其中法国产的白葡萄酒和红葡萄酒用得最为普遍。

#### (三)别具一格的烹调方法

常用的西餐烹调方法有煎、焗、炸、炒、烤、烩、烘、蒸、熏、炖、煮、扒、铁扒、铁板煎等,其中铁扒、烤、焗更具代表性。这些方法的运用,使原料表面迅速脱水而焦化,形成焦黄色的外表,产生浓郁的焦香气味。

#### (四)注重肉类菜肴的熟嫩程度

欧美人对牛、羊肉的熟嫩程度很讲究,服务员在接受客人点菜时必须问清要求,厨师按照客人口味进行烹饪。一般有五种火候:全熟、七成熟、五成熟、三成熟、一成熟。

### 三、西餐上菜顺序

西餐正餐的上菜顺序,以开胃品和汤开始,然后是色拉和主菜,最后是甜点、咖啡或茶。

#### (一)开胃品

开胃品又称头盆,是西餐开餐的第一道菜,旨在开胃。开胃品一般分量较小、色彩鲜艳、装饰美观,可使人食欲倍增,一般多用清淡的海鲜、熟肉、蔬菜、水果制作,有冷、热之分,盛装在中小型盘子或鸡尾酒杯内。烟熏鲈鱼、法国鹅肝酱、什锦冰水果等,均为有名的开胃品。

#### (二)汤

西餐汤的制作要求原汤、原味、原色。汤可分为冷汤类和热汤类,也可分为清汤类和浓汤类。法国人喜欢喝罗宋汤、牛尾汤、意大利菜汤等清汤;北欧人喜欢喝浓汤。汤也有开胃作用,因此客人往往在汤和开胃品中二选一。

#### (三)色拉

色拉即凉拌菜,具有开胃、助消化的作用。色拉可分为水果色拉、素色拉和荤色拉三种。水果色拉常在主菜前上,素色拉可作配菜随主菜一起食用,而荤色拉可单独作为一道菜食用。色拉的口味主要靠调味酱汁调配。常见色拉酱汁有蛋黄酱、法式色拉汁、千岛色拉汁等。

#### (四)主菜

主菜是西餐全套菜的灵魂,制作考究,既注重菜肴的色、香、味、形,又考虑菜肴的营养价值。主菜多以海鲜、牛肉、羊肉和禽类为主要原料。

#### (五)甜点

甜点是西餐中的最后一道菜,分量较小,造型美观。甜点有冷热之分,如冰淇淋、布丁、派和各种蛋糕等。有的客人喜欢在甜点前先吃奶酪,用奶酪配上黄油、面包、克力架、芹菜条、胡萝卜等。

#### (六)饮料

上咖啡或红茶时应配上淡奶和糖。

### 四、西菜与酒水的搭配

在西餐中,酒水与菜肴的搭配比较讲究,几乎每道菜都有与之搭配的一种酒,吃什么风格的菜肴跟什么样风格的酒。了解掌握酒与菜肴的搭配,服务员可以在服务中针对客人的点菜内容推销酒水。西菜与酒水的搭配规律如下。

(1)食用头盆时一般选用干白葡萄酒,但食用鱼子酱时应配伏特加酒。

(2) 喝汤时一般不喝酒，如需要喝酒则可配白葡萄酒或雪利酒。
(3) 海鲜类菜肴一般配干白葡萄酒或玫瑰葡萄酒。
(4) 食用牛、羊肉类菜肴一般与干红葡萄酒相配。
(5) 食用奶酪一般配甜葡萄酒，也可继续饮用配主菜的酒类。
(6) 甜品一般可与甜葡萄酒或加汽葡萄酒相配。
(7) 香槟酒可与任何西菜搭配。

**案例分析 4-1**

一天西餐厅来了几位客人。点酒水时，服务员小丁向客人详细介绍了餐厅的酒水。听了小丁的介绍后，客人点了一瓶窖龄十年的红酒。从酒库里取来红酒，小丁熟练地按照红酒的服务程序为客人示瓶、开瓶、倒酒。就在小丁为其中一位客人倒酒时，客人忽然说道："你等会儿，让我看看酒瓶。"客人看过之后气愤地说："我说这瓶酒的标签怎么跟我上次喝的不太一样，你自己看看这是哪年的红酒？"小丁仔细一看，心想："坏了，自己刚才取酒时没仔细看，给客人拿的是窖龄八年的红酒，而示瓶时，只向客人确认了品牌，忘了确认年份。于是，小丁连忙道歉，但客人认为这是欺诈行为，非常气愤，坚决要求退换和补偿。

在经理的协调上，给客人换了酒。为了表示歉意，餐厅决定给客人的餐费打折，最后，还额外赠送给每位客人一套餐厅的纪念餐具，这才稍稍平息了客人的怒火。而小丁因为这瓶年份"缩水"了的红酒，被经理狠狠地批评了一顿，并且自己掏钱赔偿了那瓶已经打开了的红酒。

分析：
1. 作为一名西餐服务员，应该具备哪些酒水知识？
2. 本案例中，小丁应如何做才能避免此种错误的发生？

### 五、西餐主要菜式

西方各国的饮食文化虽然有许多共同之处，但不同国家和地区人民的风土人情和饮食习惯也有不少差异，从而出现了风格不同的菜系流派，其中影响较大的有法国菜、意大利菜、英国菜、美国菜、德国菜和俄国菜等。

#### （一）法国菜

法国菜是西餐中最有地位的菜，是西方文化的一颗明珠。法国人一向以善于吃并精于吃而闻名，法式大餐至今仍名列世界西菜之首。法式菜特点主要体现在以下几个方面。

1. 选料广泛，用料讲究

法式菜的选料很广，如蜗牛、马兰、百合、大鹅肝等均可入菜。在用料上很精细，要求绝对新鲜，做什么菜，用什么料都很讲究。

2. 调味喜欢用酒

法国盛产酒类，烹调中喜欢用酒，做什么菜用什么酒都有严格规定，如海鲜用白兰地，清汤用葡萄酒，野味用红酒，火鸡用香槟，水果和甜点用甜酒或朗姆酒等。而且酒的用量很大。

### 3. 追求菜肴的鲜嫩

法式菜肴要求菜肴水分充足、质地鲜嫩,如牛排一般要求三四成熟,烤牛肉、烤羊腿只需七八成熟,海鲜烹调不可过熟,其中牡蛎需生吃。

### 4. 烹调精细、讲究原汁原味

法式菜制作精细,有时一道菜需要多道工序。对汤汁的制作十分讲究,做什么菜用什么汤汁有一定规律,如做牛肉菜肴用牛骨汤汁,做鱼类菜肴用鱼骨汤汁。

### 5. 讲究客前烹制

法式菜之所以享有盛名,还在于其有许多客前烹制表演,如服务员在客人面前表演烹制青椒牛扒、苏珊特饼燃焰等。

法国人爱吃冷盘菜,喜爱沙丁鱼、火腿、奶酪以及各类禽的肝酱,配料爱用大蒜,喜欢清汤及酥面点心、蒸点心,特别爱吃新鲜水果和新鲜奶酪。

主要法式名菜有马赛鱼羹、巴黎龙虾、法式蜗牛、红酒山鸡、奶油千层酥、洋葱汤、牡蛎杯等。

## (二)意大利菜

意大利历史悠久,其餐饮文化也非常发达,影响了欧洲大部分国家和地区,被誉为"欧洲大陆烹饪之始祖"。意大利菜的主要特点体现在以下几个方面。

### 1. 注重原料本味,讲究原汁原味

意式菜多采用煎、煮、蒸等保持原汁原味的烹调方法,讲究直接利用原料自身的鲜美味道。在调味上直接、简单,除盐、胡椒粉外,主要以番茄、番茄酱、橄榄油、香草、红花、奶酪等调味。在汤汁的制作上讲究汁浓味厚,原汁原味。

### 2. 讲究火候,注重传统菜肴制作

意式菜讲究火候,很多菜肴要求烹制六七成熟,牛排要鲜嫩带血。意式菜中传统的红烩、红焖的菜肴较多,而今流行的烧烤、铁扒的菜肴相对较少。

意大利菜面食较多,各种面条、通心粉、饺子、面疙瘩都做成佳肴。特别是意大利面条品种很多。

主要的名菜名点有通心粉素菜汤、意大利菜汤、米兰式猪排、铁扒干贝、奶酪焗通心粉、比萨饼、意式馄饨等。

## (三)英国菜

英国菜相对比较简单,特点主要体现在以下几个方面。

### 1. 选料单调,烹调简单

相对于海鲜,英国人比较偏爱牛肉、羊肉、禽类、蔬菜等。在烹调上喜欢用煮、烤、铁扒、煎等方法,菜肴制作大都比较简单,肉类、禽类大都整只或大块烹制。

### 2. 调味简单,口味清淡

英式菜肴调味比较简单,主要以黄油、奶油、盐、胡椒粉等为主,较少使用香草和酒调味,菜肴口味清淡,油少不腻,尽可能保持原料原有的味道。

但英国早餐却很有特点,素有"Big Breakfast",即丰盛早餐的美称,内容非常丰富,主要品种有燕麦片牛奶粥、面包片、煎鸡蛋、水煮蛋、黄油、华夫饼、火腿片、香肠、红茶等。

此外,下午茶即每天下午3点左右吃茶点,也是英式菜的一个特色。

主要名菜名点有英格兰式煎牛排、薯烩烂肉、烤羊鞍、野味攀、冬至布丁、牛尾浓汤等。

### (四)美国菜

美式菜肴是以英式菜为基础,融合了众多国家的烹饪精华,并结合当地丰富的物产而发展形成的自己特有的餐饮文化。美国菜的主要特点如下。

1. 喜欢用水果做菜、口味清淡,咸中带甜

水果是美式菜肴中不可缺少的原料,用水果做菜比较普遍,用量也较大。用水果、蔬菜制作的沙拉,口味清淡、爽口。热菜菜肴中加入水果,咸里带甜,别具特色。

2. 注重营养,合理搭配

美式菜肴倾向于针对不同人群制作营养配餐。流行低脂肪、低胆固醇的菜肴,肉类和高脂肪的菜肴相对减少,海鲜和蔬菜的消费量与日俱增。

3. 快餐食品发展迅速

由于美国经济比较发达,人们生活节奏加快,因此快餐业在美国得到了迅速发展,并很快影响了世界各地的餐饮业。快餐食品在美式菜肴中已占据了重要的一席之地。

主要的名菜名点有丁香火腿、美式火鸡、苹果色拉、糖油煎饼带熏咸肉或火腿等。

### (五)俄国菜

俄式菜肴的特点主要体现在两个方面。

1. 油大、味重

由于俄罗斯气候寒冷,人们需要较多的热能,因此传统的俄式菜肴油性较大。黄油、奶油是必不可少的。俄式菜肴喜欢用番茄、番茄酱、酸奶油调味,菜肴口味浓重,酸、咸、甜、辣各味俱全,并喜欢生食大蒜、葱头。

2. 擅长制作蔬菜汤

俄国人擅长用蔬菜等调制蔬菜汤,常见的蔬菜汤就有60多种,汤是俄式菜肴的重要组成部分。

主要的名菜名点有鱼子酱、红菜汤、罐焖牛肉、莫斯科烤鱼、果酱酸奶油攀等。

---

**知识拓展**

## 西餐进餐礼仪

1. 在餐厅就座后,坐姿端正,背部贴紧椅背,将餐巾摊放在膝上。
2. 食用西餐时,餐具的使用按顺序由外向内依次取用,左手使叉,右手使刀或匙。
3. 用餐时不可中途离席,如有特殊事情必须离席,应向同伴说:"对不起,我离开一下。"
4. 说话时嘴里不要嚼食物,通常说话前或喝酒后要用餐巾擦拭嘴巴。
5. 不要端着盘子进餐。
6. 大块肉食不可用刀叉托着整块食用,应切成大小适宜易吃的小块送入

> 口中,吃一块,切一块。
> 7. 面包用手掰成大小合适的小块送入口中。
> 8. 喝汤时不能发出声响,右手拿汤勺,勺口朝外舀,舀上后再送入口中。
> 9. 入口的肉骨或鱼刺不可直接吐入盘中,要先用叉接住后轻轻放入盘中。
> 10. 吃水果时,水果核则应先吐在手心里,然后再放入盘中。
> 11. 取用调味品时,不可站起身,可请别人传递。

## 任务二 西餐服务方式

服务方式由餐厅所提供的菜谱、服务员的服务技能技巧,餐厅的气氛和接待对象而确定。目前,饭店西餐厅常见的西餐服务方式有法式服务(French Service)、俄式服务(Russian Service)、英式服务(British Service)、美式服务(American Service)等。

### 一、法式服务(餐车服务)

法式服务源于法国宫廷,是由凯撒·里茨于20世纪初进行改良定型的一种用于豪华饭店的服务方式,故又称"里茨服务"。

1. 法式服务的特色

(1)豪华周到。法式服务是一种最讲究礼仪的豪华服务。注重现场烹制表演来烘托餐厅气氛;服务周到,能让每一位客人都受到照顾。

(2)服务节奏缓慢,浪费人力。由于讲究周到的服务,所以服务节奏较缓慢,一桌客人需要两位服务员提供服务,大量消耗人力资源。

(3)费用昂贵。周到的服务提高了客人用餐的费用,一般消费者消费不起。

(4)餐厅空间利用率低,餐位周转率较低。

(5)原料采用率低,成本高。法式服务普及率不高,目前只有大饭店或某些具有特色的餐厅可提供此种服务方式。

2. 法式服务方式

法式服务是一种最周到的服务方式,由两名服务员共同为一桌客人服务。其中一名为经验丰富的专业服务员,主要负责客前分割装盘或客前烹制、为宾客斟酒、上饮料、接受宾客点菜;另一名为助理服务员,主要负责把装好菜肴的餐盘送到宾客面前,撤餐具、收台,服从专业服务员的指挥。

(1)助理服务员以右手端盘由客人的右侧送上每一道菜。

(2)除面包、黄油和配菜应从客人的左侧上外,其余菜肴和酒水都用右手从客人右边送上。

(3)站在客人的右侧用右手斟酒或上饮料。

(4)餐具的收拾应在最后一位客人用完餐后才可开始,并在客人的右侧进行。

(5)收拾餐具的过程中,动作要熟练、轻巧,切勿碰撞餐具发出刺耳声响,刀、叉、盘碟应分开收拾,不要在客人面前堆叠餐具。

## 二、俄式服务(国际式服务)

俄式服务起源于俄国沙皇时代,因其服务周到又相对简单而成为世界各国高级西餐厅流行的服务方式,所以俄式服务又被称为国际式服务。

1. 俄式服务特色

(1)服务迅速。俄式服务通常由一名服务员为一桌客人服务,服务效率高,餐厅空间利用率较高,节省人力,降低了人工成本。

(2)气氛高雅。俄式服务中使用大量银质餐具,因而显得高雅气派,同时每位客人都能享受到个性化的服务。

(3)节省菜肴。由于采用旁桌分菜方式,没有分完的菜肴可以端回厨房再继续使用,从而减少了不必要的浪费。

(4)银器投资大。大量的银器使投入资金较大,如果银器使用保管不当会影响餐厅的经济效益。

2. 俄式服务方式

(1)厨房出菜前,先用右手在客人右侧以顺时针方向送上空盘,注意冷菜要上冷盘,热菜要上热盘。

(2)厨房将烹调完成的菜肴用大银盘盛装,再将大银盘端给客人过目以欣赏厨师的装饰手艺,从而刺激客人的食欲。分菜时从主宾开始,按逆时针方向围桌行走,这样可避免退行。

(3)站在客人的左侧,用右手从客人左侧分菜。

(4)斟酒、饮料服务在客人的右侧进行。

(5)分菜时,应注意菜肴分配分量,应按每一位客人所需分量提供。

(6)收拾餐具时要在客人的右侧进行。

---

**案例分析 4-2**

### 盘子是热的

一位女士带着一个四五岁的小男孩来到西餐厅。小朋友显然对餐具的使用不太熟练,在吃饭时偶尔会忍不住用手到盘子里抓着吃。服务员小高注意后,在主菜上来前,他特别提醒小客人别用手碰到盘子,因为盘子是热的,避免烫着。小男孩不解地问:"刚才那个盘子是凉的,为什么这个盘子是热的?"小高耐心地解释:"如果菜是凉的就用凉的盘子装,下面要上的这个菜是热的,所以要用热的盘子。"小男孩穷追不舍地问:"为什么热菜要用热盘子装?"小高笑着说:"因为这样能保证菜的温度,这样菜就更好吃了。"

分析:1. 西餐菜肴在盛菜时十分注重菜盘的温度,这样做的目的是什么?

2. 本案例中服务员在上盘时提醒客人注意安全,避免被热盘烫伤,该服务员在对客服务中充分展示了细微服务,从而体现了怎样的服务理念?

### 三、英式服务（家庭式服务）

英式服务是一种非正式的、常在餐厅单间由主人在服务员的协助下完成的特殊餐饮服务方式。在讲英语的国家里，这是一种人们广为熟悉的家庭服务方式，也称家庭式服务。

1. 英式服务特色

（1）家庭氛围浓。英式服务的许多工作由客人自己动手完成。

（2）节奏缓慢。由于家庭氛围很浓，所以用餐节奏缓慢。

（3）不适合在饭店接待客人。

2. 英式服务方式

主人在服务员的协助下完成全过程用餐，主要是指菜肴切配装盘服务。

（1）服务员先将加热过的空盘从右侧递至各位客人面前。

（2）菜肴在厨房制作好并装入大餐盘端至餐厅放在主人面前，由主人亲自动手切割装盘并配上蔬菜。

（3）服务员把装盘的菜肴依次端送给每一位客人。

（4）蔬菜和调料放在餐桌上由客人相互传递或自取。

（5）饮料由服务员在客人的右侧斟倒。

### 四、美式服务（餐盘服务）

美式服务兴起于19世纪初，当时欧洲移民到美洲大陆后，在一些大港口设立了欧洲人经营的餐馆，也连带将其餐饮文化方式及服务带到了美洲，演变至今自成一路，就是今天的美式服务。

1. 美式服务特色

（1）服务快捷、简单，座位周转率高，餐具成本低。

（2）人工成本低廉，由一名服务员负责多张餐桌，因而人工成本相对较低。

（3）室内陈设大方简单，投资较少。

（4）美式服务广为一般西餐厅、咖啡厅所采用。

2. 美式服务方式

（1）食物由厨师在厨房按客人的人数装盘，每人一份，服务员直接端送给客人。

（2）上菜时在客人右侧进行操作，用右手从客人的右侧送上。

（3）在客人的右侧撤盘。

### 五、大陆式服务

现在各国的西餐服务都不是专用某一种服务方式，而是在一套菜中根据每道菜的特点和价格选用不同的服务方式。大陆式服务就是一种融合法式、俄式及美式服务的综合服务方式，也是目前我国西餐服务中普遍采用的服务方式。通常头盆用美式服务，主菜用俄式服务，甜点用法式服务等，但总体来说应符合既方便客人就餐，又方便服务员操作，也方便餐厅管理的原则。

## 任务三  西餐零点服务

西餐厅一般包括咖啡厅和高级西餐厅。西式早餐一般在咖啡厅里进行,分自助餐服务和零点服务形式,因此西式早餐一般又称为咖啡厅服务。高级西餐厅一般只提供午、晚餐服务。

### 一、咖啡厅服务
**(一)咖啡厅特点**
(1)服务快捷简便,既节省宾客的用餐时间,又提高餐位周转率。
(2)菜单形式多样。有固定式的零点菜单、合页式菜单、招贴式菜单等。
(3)菜肴价格相对较低,对顾客来说经济实惠。
(4)服务人员服装色彩艳丽,显得非常现代。

**(二)咖啡厅早餐服务**
欧美人非常重视早餐。开餐时间一般是上午6:00至10:00。

1. 西式早餐类型
西式早餐的类型一般有三种:欧陆式、美式和英式。
(1)欧陆式早餐:比较简单,包括水果、牛角包、各式面包配黄油、咖啡等。
(2)英式早餐:包括水果、谷物食物、各式鸡蛋或香煎墨鱼、吐司配黄油及各式果酱、咖啡或茶。
(3)美式早餐:包括水果、谷物食品、糖胶煎饼、各式蛋类配以肉食、吐司配黄油及果酱、咖啡或茶。

2. 早餐服务程序
(1)餐前准备。
① 早餐摆台。大部分餐厅在前一天晚上就布置好了餐台。咖啡厅早上摆放的餐具较少,通常为一刀、一叉、一水杯,餐巾折叠后放在正中,左叉右刀,餐刀上方2 cm放水杯,烟灰缸、鲜花及调味瓶放在餐台中间规定的位置,整个台面要整洁清新。在客人用餐时,可根据客人的菜点及时增加、调整餐具用品。
② 准备食品。开餐前准备好果酱、黄油、果汁、热咖啡、茶、鲜奶、面包、水果等
(2)迎接宾客。
客人进餐时,主动上前问候,了解就餐人数,安排座位,拉椅让座。
(3)就餐服务。
① 询问客人需要何种果汁饮料,问清客人是否先饮茶或咖啡,如不需要,则替宾客倒冰水。
② 呈递菜单,并介绍当日新鲜水果。记录客人所点菜品时,要问清楚生熟程度。例如:当客人点蛋类时,要问清需要怎样烹调;煮蛋是否需要煮成温泉蛋;煎蛋是单面煎还是双面煎;蛋类是配香肠还是熏肉或火腿等。点菜完毕后,应复述核对一遍。

③ 落单。将订单第一联交收银处,第二联送厨房,与厨师配合,把握出菜时间,不要让客人久候。

④ 按订单准备用具、配料。

⑤ 送食品。先上谷类食物,再上蛋类、吐司,再送华夫饼干等食物。

⑥ 送咖啡或茶。

⑦ 撤下不需要的用具。

⑧ 随时为客人添加咖啡或茶,按杯出售的咖啡则不需要添加。

⑨ 客人付账后,拉椅送客,并向客人致谢。

### 二、西餐午、晚餐服务

西餐的午、晚餐内容以及服务都比较复杂,很受人们的重视。目前,许多欧美国家普遍把晚餐作为正餐。

在西餐服务中,能够体现饭店最高菜肴质量及服务水准的高级西餐厅被称为"扒房"。

在扒房中只提供正餐,客人的消费水平高,在享受美味佳肴的同时进行商务活动和社交活动。

扒房装饰豪华、高雅。餐厅内的光线柔和,开餐时所有的灯光调节得很暗。以餐桌上的烛光照明为主。以现场钢琴演奏或播放世界名曲作为背景音乐。

扒房的服务员多为男性,需要经过良好的培训才能上岗。服务员要熟悉涉外礼仪,具有较高的外语水平,熟悉酒水、菜点知识,掌握客前烹制和切分技能等,具有娴熟的推销技巧及协调能力。

扒房的客人用餐时间长,座位周转率很低。为了使客人到餐厅就能有座位,避免等候,往往都要提前预订。以下是扒房的服务程序。

1. 餐前准备

(1)台面布置。扒房摆台按西餐正餐摆台的要求摆放餐具。如果客人有预订,按照登记表人数选定餐桌,在餐桌上放留座卡,并按客人要求摆台。

(2)准备饮料。准备各种冰水、咖啡、茶水等饮料。

(3)调味品。要准备好胡椒、辣椒、番茄酱、色拉酱、奶酪等。

2. 迎宾服务

(1)引领客人进入餐厅。由迎宾员或经理在餐厅门口,面带微笑向客人问候。问清客人是否有预订,并视客人的人数引领到预留或适当的餐桌。

(2)拉椅入座。客人来到本服务区域时,值台员要主动地问候客人,协助迎宾员拉椅让座。首先要为女宾拉椅,将其安排在面朝餐厅景致的最佳位置上,并点燃桌上的蜡烛。

3. 开胃酒或鸡尾酒服务

当客人入座后,向客人介绍开胃酒、鸡尾酒。及时将客人所点的饮品用托盘送上餐桌并报出名称。没有点酒的宾客,应该为其倒上冰水。

4. 点菜服务

点菜服务通常是由领班来完成的。

(1) 首先按先女后男、先宾后主的顺序呈递菜单。站在客人的左侧用左手递上,并介绍餐厅的特色菜,引导客人消费。

(2) 接受客人点菜时,应准确地记录客人需要的菜点,询问客人对菜肴的老嫩程度、色拉跟配的色拉汁等特殊要求。

(3) 点菜完毕,应立即为其复述,确认后开单,向客人表示感谢。

(4) 领班将开出的订单一联交收银台,一联交厨师长,还有一联交服务员,由服务员做服务准备工作。

5. 订佐餐酒

红葡萄酒要放在酒架或酒篮里展示给宾客。开瓶要当着客人的面进行。开瓶后将酒瓶连酒架或酒篮放在宾客的餐桌上。根据订单摆放酒杯,并将餐桌上多余的酒杯撤下。

6. 上黄油、面包

分派黄油、面包时,站在客人的左侧,按女士优先的原则放到面包盘内。

7. 斟酒服务

一般由领班或调酒师服务佐餐酒。斟白葡萄酒时,用餐巾托起瓶身,请主人确认他们所点的酒后,放回冰桶。在客人面前用开瓶器将木塞取出,并将其递送给主人,待主人闻木塞确认酒品质量没有问题后再用餐巾擦拭瓶口。接着用餐巾包裹瓶身,在主人杯子里斟少许让主人品尝,然后按女士优先的原则斟酒。

8. 头菜服务

根据订单,按餐厅规定服务方式上菜。扒房服务中多用俄式、法式服务方式,以体现服务档次。

9. 巡视服务

巡视服务的主要内容有:撤下空饮料杯,撤换烟灰缸,添加酒水,添派面包及黄油等。

---

**案例分析 4-3**

**爱 相 随**

某西餐厅里正值晚餐时间,宾朋满座,几位琴师在现场演奏一曲曲优美动听的乐曲。这时,一位服务员在服务期间,看到一桌客人正在交谈,女宾客的话语恰好传到服务员的耳朵里:"我现在特别想听钢琴和小提琴演奏的《爱相随》。"服务员马上走到琴师跟前,说明了情况,忽然,一曲悠扬的《爱相随》响起,这使那位女士吃惊极了,当她看到服务员的微笑时就明白了,十分感动。

分析:在这个案例中,服务员表现出了什么素质?

---

10. 撤头盘

当客人用完头盘后,将刀叉放在盘内一起撤下。西餐服务要求徒手撤盘,只有玻璃杯具、烟灰缸、面包盘、黄油盅等小件物品需要用托盘撤送。

11. 上汤

服务员用手推车或旁桌服务方式上汤。汤盅可垫上餐巾折成小花，既美观，又保温。然后放入装饰盘内。宾客用完汤后，应将汤盅连同装饰盘一起撤下，餐位上只留下吃主菜的刀叉用具。

12. 主菜服务

扒房的主菜基本上采用的是法式服务。菜肴装盘时要注意布局，一般将配菜放在大块肉上方，酱汁不要挂在盘边。服务人员在客人的右侧上菜、报菜名。

当全部宾客吃完主菜后，值台员要撤走主菜盘及刀叉。用服务巾和面包碟将桌上的面包屑清扫干净，并征求客人对主菜的意见。

13. 上奶酪、甜点和水果

先将各式奶酪展示在服务车上，由客人选择。服务员将客人点的奶酪当场切割装盘、摆位，并配上胡椒、盐盅、黄油、面包、蔬菜。待客人吃完奶酪后，用托盘撤下餐具，只留下甜品叉、勺以及盛有酒水的杯具、餐巾、烟灰缸、花瓶、蜡烛等。接着展示甜品车，如蛋糕、甜点、水果。

14. 咖啡或茶水服务

先问清宾客喝咖啡还是茶，随后送上糖盅、奶壶或柠檬片，准备咖啡所需糖包、淡奶，茶具。在客人的右侧服务。

15. 推销餐后酒

展示餐后酒车，询问宾客是否需要利口酒或白兰地。

16. 结账

扒房用餐节奏慢，服务员不能催促客人结账。当客人要求结账时，用账单夹或银盘递送账单，采用"埋单"方式收银。

17. 热情送客

宾客起身离座时，要帮着拉椅、穿外套，提醒客人带上自己的物品，向客人道谢告别。

18. 餐后整理

客人离开后，要立即清理台面，重新摆台，准备迎接下一批客人就餐。

---

## 知识拓展

### 吃西餐的6个"M"

1. Menu（菜谱）

菜谱被称作餐馆的门面，一般都会采用最好的材料做菜谱的封面，使其显得格外典雅精致。

2. Music（音乐）

一般有一定档次的西餐厅，都会有乐队，会在你用餐的时候演奏一些轻柔安静的乐曲，既能给客人一个优雅舒适的用餐环境，也不会打扰到客人之间交谈。

3. Mood（气氛）

吃西餐讲究环境雅致，气氛和谐。通常要有音乐相伴，桌台整洁干净，所有餐具洁净。如遇晚餐，灯光要柔和，桌上要有红色蜡烛，营造浪漫、迷人、淡雅的气氛。

4. Meeting（会面）

除了好好享受美味的菜肴，吃西餐还有一个很重要的目的就是和自己的亲朋好友、爱人知己一起享受这种氛围。边吃边聊，联络感情。

5. Manner（礼俗）

主要是用餐礼仪。刀叉的拿法一定要正确，即左叉右刀。用刀将食物切成小块，然后用叉送入口内。而且一定要注意的是，刀是决不能送物入口的，送入口的一定是叉。

6. Meal（食品）

一位美国美食家曾这样说过："日本人用眼睛吃饭；美国人用鼻子吃饭；中国人用舌头吃饭。"很形象地说明了西餐气味上的特色，整体上西餐菜肴还是能给人带来很多享受的。

## 任务四  西餐宴会服务

西餐的宴会与中餐宴会的差异，不仅是由于菜肴的不同，更重要的是由于饮食文化的不同，带来了诸多方面的不同。诸如：座位席次的安排、台面设计、服务方式、酒水使用等。

### 一、西餐宴会预订

（1）预订一般由餐厅经理或销售人员负责。

（2）宴会预订通信联系与中餐相同。

（3）一般预订宴会的客户要预付10%的定金，其余费用要等到宴会结束时再一次性付清。

（4）如客户要取消预订应至少提前1天通知饭店。

### 二、西餐宴会准备

1. 掌握宴会情况

（1）应掌握宴会通知单的内容，如宴请单位、宴会对象、宴请人数、宾主身份、餐别、时间、地点、规格标准、客人风俗习惯和禁忌等。

（2）要掌握宴会使用的服务方式。一般采用美式服务，有时也采用俄式服务，个别菜肴采用法式服务。

2. 熟悉菜单内容

要熟悉包括所有菜式的风味特点、主料、配料及制作方法,熟记上菜顺序和菜肴与酒水、酒杯的搭配。

3. 宴会厅布置

西餐宴会厅布置应突出欧美文化特色,如油画、壁炉等;照明一般使用烛台;其他布置与中餐厅布置相似。

4. 物品准备

(1) 根据宴请人数、菜单来准备宴会临时工作台。工作台上通常备有咖啡壶、茶具、冰水壶、托盘、烟灰缸及服务用刀、叉、勺等。备餐间应准备面包篮、黄油、各种调味品及酒水、冰水等。

(2) 根据宴会通知单备足所需的餐具、用具。

5. 摆台

按西餐宴会要求摆台(详见项目二)。

6. 餐前服务

(1) 在客人到达餐厅前10分钟,要把开胃品摆放在餐桌上,一般每人一份。摆开胃品时要考虑其营养、颜色、口味的搭配,盘与盘之间要有一定的距离。

(2) 在客人到达餐厅前5分钟,清点面包,黄油种类和数量应一致,同时为客人斟好冰水或矿泉水。

(3) 检查仪容仪表,重要宴会服务员需佩戴手套进行服务。

### 三、西餐宴会的席位安排

在西餐宴会中,席位的安排非常重要。在大多数情况下,西餐宴会席位的排列主要是位次问题。除了极其盛大的宴会,一般不涉及桌次。

最正规且经常使用的西餐桌是长桌,安排席位一般有三种情况:

(1) 男女主人在长桌的中央相对而坐(如图4-1)。这种安排方法可以使谈话者集中在一个区域,但注意不要把客人安排在末端,可安排陪同人员坐在末端。

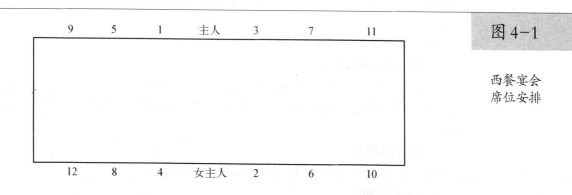

图4-1 西餐宴会席位安排

(2) 男女主人分别坐在长桌的两端(如图4-2)。这种安排方法可避免客人坐在末端,同时也可形式两个谈话中心。

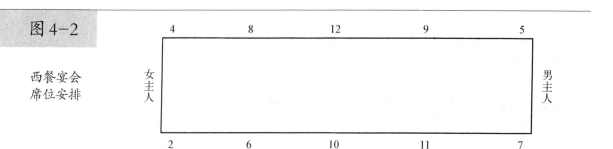

图 4-2 西餐宴会席位安排

(3) 用餐人数较多时,可以把长桌拼成不同形状,使大家能一起用餐(如图 4-3)。

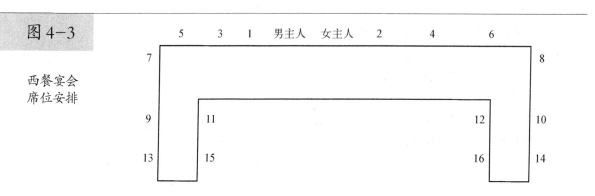

图 4-3 西餐宴会席位安排

## 四、餐前鸡尾酒服务

(1) 根据宴会通知单要求,在宴会开始前 30 分钟或 15 分钟左右,在宴会厅门口为先到的客人提供鸡尾酒会式的酒水服务。

(2) 服务时,由服务员用托盘端送鸡尾酒、饮料请客人饮用;茶几或小桌上备有干果仁等用来佐酒。

(3) 当客人到齐后,主人示意可以入席时,迎宾员应及时引领客人到宴会厅;当客人到达本服务区域时,服务员应主动上前欢迎、问候、拉椅让座,遵循女士优先、先宾后主的原则;待客人坐下后,为客人落餐巾,并点燃蜡烛以示欢迎。

## 五、宴会中的席间服务

### (一) 黄油、面包服务

宴会开始前上黄油、分派面包时,可用面包篮分派或将面包篮放在客人面前由客人自由取用。面包作为佐餐食品可与任何菜肴搭配,所以要保证面包篮内随时都有面包。

### (二) 酒水服务

在征询客人的意见后,进行上餐前酒和佐餐酒的服务。

### (三) 上菜服务

上菜的顺序是:头盆、汤、副盘、主菜、甜点水果、咖啡或茶。上每一道菜之前,应先将前一道菜用完的餐具撤下。

1. 头盆

如果是冷头盆,可在宴会前10分钟左右事先上好。根据头盆配用的酒品,先为主宾斟酒。客人用完头盆后,应从主宾右侧开始撤盘,连同头盆、刀、叉一起撤下。

2. 汤羹

上汤时连垫盘一起上,上汤时一般不添加酒水。当客人用完汤后,可以从主宾右侧开始撤下汤盆。

3. 海鲜类菜肴

应先斟倒好白葡萄酒,再为客人从右侧上海鲜类菜肴。当客人享用完海鲜类菜肴后,可以从主宾右侧开始撤下盘及刀、叉。

4. 上主菜

上主菜前,应先斟好红葡萄酒。主菜菜肴的服务程序是:

(1)从客人的右侧撤下装饰盘,摆上餐盘。

(2)在左侧为客人分派主菜,菜肴的主要部分要靠近客人。

(3)另一名服务员随后从客人的左侧为客人分派沙司。

(4)若配有色拉,也应从左侧为客人依次送上。

5. 上甜点、水果

客人用完主菜后,应及时撤走主菜盘、刀、叉、色拉盘、黄油碟、面包盘和黄油刀,摆上干净的点心盘,之后托送奶酪以及配食的饼干,并从客人左侧分派。上奶酪前先斟酒,可以是香槟酒或波特酒。水果用水果盘托盘在客人左侧派送,并跟上洗手盅和水果刀、叉。

6. 上咖啡或茶水

上咖啡或茶水时,服务员应一并送上糖包、淡奶(每四人一套)。在客人的右手边放咖啡饮具或茶具,然后用咖啡壶或茶壶依次斟上。客人饮用咖啡或茶时,可以向客人推销餐后酒。

**(四)席间服务**

在席间,勤斟酒水,上甜点前用面包滚刷或服务巾清理台面上的面包屑。

**(五)结账服务**

宴会接近尾声时,清点所用的酒水饮料,交收银台算出总账单。宴会结束时,宴会主人或助手负责结账,一般不采用签单的形式,而是收取现金或用信用卡、支票来结账。

**(六)送客服务**

宴会结束后,拉椅送客和取递衣帽,具体要求与中餐宴会相同。

**(七)结束工作**

重点检查台面、收台、整理宴会厅与休息室,具体要求与中餐宴会服务相同。

**六、西餐宴会服务注意事项**

(1)在上每一道菜之前,服务员应先撤去上一道菜肴的餐具,斟好相应的酒水,然后再上菜。

(2)上菜时,服务员应先摆好与之配套的餐具。

(3)在撤餐具时,服务员动作要轻、稳,大件餐具一般是徒手操作,所以不应一次拿得太多,以免失手摔破。

(4) 宴会厅全场的上菜、撤盘应以主桌为准。

(5) 服务过程中应遵循女士优先、先宾后主的原则。

## 项目小结

本项目主要从西餐服务角度出发,介绍了西餐的基础知识及主要服务方式,着重阐述了西餐零点餐服务、西餐宴会服务的程序和标准。一位优秀的餐厅服务员,必须了解西餐文化及相关基础知识,掌握西餐服务的接待环节,在标准化、程序化、规范化上下功夫,才能提供真正令顾客满意的服务。

## 项目习题

### 一、案例分析

身为香港人的史先生,在西餐厅当过多年的侍应,接待过来自世界许多国家的客人。史先生认为,在西餐厅工作,接触外国客人的机会较多,要做好侍应服务工作,必须深谙不同国度客人的生活习惯和要求,才能在服务中与客人取得共识。所以,史先生经过多年的服务,积累了一些待客服务的经验和心得。

在西餐厅为法国客人服务,必须在客人的餐桌旁边设一个服务桌或手推车,侍应将大菜盘放在服务桌上,并面对宾客把菜肴分盛在宾客的餐盘内。另外,鱼肉菜肴的切割、客前菜肴的烹制和水果服务等操作均在服务桌上进行,这是一种在客人面前完成最后一道工序的服务方法。

侍应从厨房端来大菜盘,先向客人展示、介绍菜肴的特色,然后放在服务桌上,由餐厅副经理进行客前服务。操作时,姿势很讲究,身体要靠近服务桌,左脚稍微向前迈,上半身略微前倾,表情要温文尔雅,右手持大匙,左手持大叉子,趁热将菜肴迅速分派。分盛在客人餐盘内,由领班端到餐桌上。这种服务方式是在服务桌上进行的,不会弄脏桌布或客人的衣服,并具艺术表现力。

史先生说:"待客服务,就是为客人提供愉快的用餐服务,客人也希望如此。所以在这个意义上来说,我们与客人的心是共通的。"并说:"如果让我选择,我最喜欢这种服务方式。因为它是一种艺术和技巧的自我体现,同时也是客人进餐的最佳选择。"

思考题:

1. 从史先生的经验和心得中,你学到了什么?

2. 请你说出西餐厅服务的注意点。

### 二、任务设计

1. 学生分组模拟迎送客人服务。要求做到引领程序刘畅,拉椅动作正确,语言得当,程序正确。

2. 学生分组模拟西餐零点服务、西餐宴会服务流程。要求做到程序正确,服务员礼仪、服务技巧运用得当。

# 项目五 餐厅选址与设计

## 项目指南

餐厅的选址是对餐厅的经营效果有决定性影响的战略问题,重视它,就会避免不必要的失误。常言道,天时不如地利。因此,在开设餐厅之前,首先要挑选位置。它是餐厅筹备中最重要的环节之一,是制定经营方针、选择经营方式、确定投资力度等重要决策的前提条件。同时,餐厅的总体布局与设计也影响着餐厅生产和经营的效率以及顾客的总体就餐体验。

## 项目目标

### 知识目标

1. 熟悉厨房布局类型;
2. 掌握厨房环境设计方法;
3. 掌握餐厅气氛设计方法;
4. 掌握餐座布局方法。

### 能力目标

能根据餐饮企业的空间进行餐厅、厨房布局与设计。

### 素质目标

1. 培养计划能力、观察能力、分析判断能力;
2. 培养团队协作、沟通协调能力;
3. 培养勇于创新、乐于实践的职业精神。

## 案例导入

### 某餐厅及其餐饮设施的平面布局

某餐厅总体形状为长方形,占地面积约800 $m^2$。主要使用的建筑材料是砖、木板与玻璃。该店面向公路,两侧十分开阔。店内总共设有65个座位,其中包括36个六座位桌、24个卡座位桌和5个吧台座位桌。就餐大厅的家具以橡木制成,做工考究。餐厅平面布局合理,装饰有许多绿色植物。就餐大厅中设有茶水柜台,提供餐巾、吸管等小物品,还设有装垃圾的不锈钢罐。就餐大厅约占整个餐厅3/4的面积。收银台后便是厨房区,所有食品加工设施均摆放在此,储藏柜设置在厨房旁边,便于茶水服务取用。

该餐厅店堂布局体现了简洁明快、经济实惠、功能分区合理的几大基本特点:其一,就餐区面积相对较大,后台面积相对较小这与其充分满足顾客需求,营造良好的就环境是有关的;其二,卡座、圆桌、吧台等形式多样化的餐饮设施可以满足不同顾客的个性化需求;其三,专门设置了茶水台和储藏柜,既方便员工工作,也方便顾客自行取用;其四,后台设置专门的粗加工间、厨房、粥粉面,体现了管理方对员工素质提高和工作条件的关注,也表明了井然有序的管理观念。其五,吧台、茶水台的设置,节省了劳动力成本,也加快了服务速度。饮料服务器等搬出厨房,减小了厨房操作的复杂性,使其更具效率。

思考:
1. 餐厅布局的基本功能是什么?
2. 如何通过餐厅布局与设计体现餐厅特色?

## 任务一　餐厅空间布局

餐厅布局就是如何安排餐厅的空间,座席桌椅空间、餐厅的通道、交通流量以及各种设备、家具在餐厅的合理分布。

### 一、餐厅服务场所空间的功能区分

餐饮服务场所的空间,无论其面积大小,都应发挥其用餐、服务两大功能。空间各部分应按其使用功能进行划分和设计。

#### (一)就餐空间

就餐空间是餐厅最重要部分,它主要承担用餐功能,是顾客活动的主要场所,必须要体现舒适、方便和有格调。顾客就餐空间一般有包间、雅座及大厅。包间是体现餐厅档次的就餐场所,应远离大厅的喧嚣,保持清静、优雅的环境。雅座一般以屏风、植物盆栽等软隔断在大厅独立出一个相对隐蔽安静的空间,提供给人数较少且喜爱清静的客人使用。大厅是最能展示餐厅生意兴隆的场所,因此在空间划分时要以开阔的布局来体现。

#### (二)公用空间

公共空间是餐厅的配套功能区间,包括洗手间、衣帽间、等候区等。洗手间应设计在稍微隐蔽的地方,衣帽间、等候区一般在餐厅大门附近。

#### (三)管理服务空间

管理服务空间是为工作人员的管理、服务工作而设,包括服务台、办公室、服务人员休息室等。餐厅服务台又称为吧台,一般设在餐厅门侧或大厅中部位置,主要是收银、酒水及商品展示。

### 二、餐厅布局的原则

#### (一)有方向感

所谓方向感就是在餐厅的空间里,通过壁画、装饰物、通道等要素体现出有序的空间排列。

在餐厅里,最通常的表现是以餐厅入口为始点,选择正对着餐厅入口的墙面作图案来表现其空间的方向感,也有选择虽然不是正对着餐厅入口、但墙壁面积较大的一面作壁画,以表现餐厅的方向感。在一些需要兼顾其他功能的餐厅里,舞台的设置就是方向感的体现。在另外一些异形或多柱而且没有较宽阔的墙面的餐厅,可通过装饰物的点缀来表现其空间的方向感。

#### (二)整齐统一

无论是使用圆桌、方桌还是圆桌方桌混合使用,都应该整齐统一,大小归类,成行成列,应体现相应的规律,这样可使餐厅空间体现出强烈的秩序感。

#### (三)安排灵活

人们不喜欢在拥挤不堪的餐厅中就餐,也不喜欢选择生意清淡的餐馆,"庙不在大,在于香火盛"就是这个缘故。为此,多数餐厅附带包房,平时可关闭,客人多时使用,这样使客人不会有冷清的感觉。大一些的餐厅可以附带屏风或隔板,客人少时可将餐厅截开。

### 三、餐厅面积的确定

#### (一)影响餐厅面积大小的因素

1. 客人的舒适度

在设计餐厅区时,要充分考虑客人的舒适度。桌椅尺寸的选择要考虑客人的身高、体型等因素。如果尺寸不合适,客人在进餐过程中就会感到不舒适,影响客人的就餐体验。一般而言,小孩就餐时,每座只需要 $0.74\ m^2$ 的面积,而成年人至少需要 $1.1\ m^2$ 的面积。

2. 桌椅的尺寸

桌椅的尺寸也是决定餐厅面积大小的因素。

(1) 圆台的尺寸。"圆"有团圆、团聚、圆满之意,故中国人用餐时多首选圆餐台。圆台有不同的规格,规格与适宜就餐人数详见表5-1。

**表5-1 圆餐台规格与适宜就餐人数**

| 圆餐台规格(直径,cm) | 适宜就餐人数(位) |
| --- | --- |
| 150 | 4—5 |
| 160 | 6—7 |
| 170 | 8—9 |
| 180 | 10 |
| 200 | 12 |
| 220 | 14 |
| 240 | 16 |
| 260 | 18 |

(2) 方台的尺寸。方台在快餐、自助餐、火锅以及各式零点餐厅使用,常用方餐台规格与适宜就餐人数详见表5-2。

**表5-2 方餐台规格与适宜就餐人数**

| 方餐台规格(cm×cm) | 适宜就餐人数(位) |
| --- | --- |
| 90×90 | 1—2 |
| 100×100 | 3—4 |
| 110×110 | 4 |
| 80×120 | 5—6 |

### (二)餐厅面积估算方法

$$餐厅面积 = 每一餐座所需要的平方米数 \times 计划的餐座数$$

**1. 每一餐座所需要的面积**

以4人方桌为例,可计算出每餐位所需面积:

4人方桌面积=1 m×1 m=1 m², 就餐客人前后活动距离大约1 m, 椅子的宽度一般为0.4 m, 人就餐时左右活动距离各为0.5 m, 这样, 供每餐位活动的占地面积=长1 m×宽1.4 m=1.4 m²。平均每餐位的占地面积=1 m²÷4+1.4 m²=1.65 m²。

**2. 计划的餐座数**

餐座需要数是根据某段时间内需要接待的就餐客人数与该时段最大座位周转率来确定的。

$$座位需要数 = \frac{预计就餐客人数}{座位周转率}$$

座位周转率取决于客人食用的食品和饮料的数量、服务的复杂程度以及开餐的时间长短。在计算座位周转率时,要留出一定的空位率,这是因为客人的到达时间不同,有些客人不愿意与陌生人同桌进餐。在计算座位周转率时,还要考虑服务员的撤桌摆台时间,因此:

$$座位周转率 = \frac{供餐时间}{客人平均就餐时间 \times (1+空位率+撤桌摆台率)}$$

例如,某快餐店在高峰时段2小时内,预计有300位客人就餐,15%的座位会空闲,10%的座位需要服务员撤桌摆台,平均每位客人的就餐时间为25分钟,那么该餐厅:

$$座位周转率 = \frac{60 \times 2}{25 \times (1+15\%+10\%)} = 3.84$$

$$应设餐座数 = \frac{300}{3.84} = 79(座)$$

由此,在已知每一餐座所需的面积和计划餐座数后,餐厅的面积估算就迎刃而解了。

### 四、餐座的布局

在进行餐座布局时应该考虑客人、服务员、食品与器物在餐厅内的行走路线。客人路线应以餐厅的大门到座位之间畅通无阻为基本出发点,一般来说这一路线以直线为好,峰回路转的效果在这里会产生混乱的感觉,影响客人就餐的情绪。服务员路线以经济、安全、方便服务为好。除此,餐厅还要留出必要的通道,方便客人入座、离开和行走。

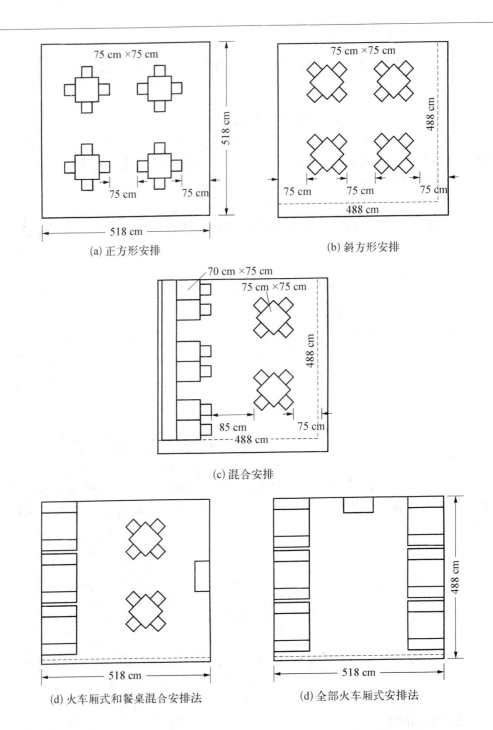

图 5-1 餐座摆放形式图

餐座不同的布局方法影响餐厅的空间利用效率。

依据图 5-1 可知,同样安排 16 个餐座,斜方形安排法可比正方形安排法节约 3m²,而且当客人用餐完毕推座起身和服务员服务时,正方形安排比斜方形安排的障碍都大。混合安排法少放了 2 个餐座,火车厢式和餐桌的混合安排法能放 20 个餐座,而全部火车厢式布局则可安排 24 个餐座,由此可见,火车厢式布局最节约空间。

## 任务二　餐厅气氛设计

餐饮活动归根到底是人类的一种文化活动,是物质文明和精神文明发达程度的体现。现代社会中,人们对就餐环境和气氛的重视程度甚至超出对食物本身的需要,在意的是总体就餐体验。

餐厅气氛是餐厅设计的一项重要内容,气氛设计的优劣直接影响着餐厅的吸引力,是一种无形产品,影响着餐厅的经济效益和社会效益。气氛能够决定客人的就餐情绪以及对该餐厅的评价。

气氛指一定环境中给人某种强烈感觉的精神表现或景象,而这种能给人以强烈感觉的载体就是光线、色彩、内部墙饰、桌椅配置、背景音乐、温湿度等因素。

### 一、光线

光是体现室内一切,包括空间、色彩、质感等审美要素的必要条件,各种物体只有通过光线才能产生视觉效果。光线能对整个餐厅的气氛和格调起决定性的作用,因此光线是餐厅气氛设计应首先考虑的关键因素。餐厅使用的光线种类很多,如自然光、白炽光、荧光及彩光等,但是仅能提供光亮的餐厅是不足以吸引顾客的,餐厅光线应根据餐厅主题特别强调借助灯光或突出营造温馨气氛或突出优雅的格调。

#### (一) 餐厅中常用光线种类

1. 烛光

烛光是餐厅传统的光线,尤其在西餐厅中最为常用。蜡烛光有摇曳感,真实又自然,烛光燃起可以让整个屋子充满温馨浪漫的气氛,适合营造任何情调和氛围。火烛的红色焰光还能使宾客和食物更显得漂亮,气氛更显友好。它比较适用于朋友聚会、情人用餐、生日宴会等场景使用。

2. 白炽光

白炽光是餐厅使用的主要光线,它的优点在于容易控制。适当调暗光线,能增加宾客的舒适感。

白炽灯是将电能转化为光能的,白炽灯发光时,大量的电能将转化为热能,只有极少一部分可以转化为有用的光能,故而从节能角度白炽灯有其局限性。另外白炽灯发出的是全色光,各种色光的成份比例是由发光物质钨以及温度决定的,比例不平衡就导致了光的颜色偏色,所以在白炽灯下物体的颜色不够真实,即显色性不高。

3. 荧光

荧光是餐厅使用最多的光线。这种光线经济实用,但缺乏美感不利于气氛的营造。荧光中的蓝色和绿色强于红色和橙色,以蓝绿为主色调的光线使人的皮肤看上去显得苍白,食品显示成灰色。

4. 彩光

彩光影响人的面部和衣着。红色光线对家具和绝大多数食品有利;绿色和蓝色会让顾客感到不适;桃红色、乳白色和琥珀色等光线可以用来增加友好的气氛。

采光较差的餐厅可选用淡色和暖色;阳光充足的餐厅应选用深色和冷色。

此外,不论哪种光,其强度都会影响顾客的就餐时间。适度的暗光会延长宾客就餐的时间,过分明亮的光线会加快宾客的就餐。

### (二)光线照明的方式

**1. 从光亮的角度分**

(1)一般照明。一般照明是为照亮整个被照面而设置的照明装置,使室内环境整体达到一定亮度,满足室内的基本使用要求,而不考虑特殊的局部需要。

(2)局部照明。局部照明是指专门为照亮一些局部部位而设置的照明装置,通常是加强照明度以满足局部区域特有的功能要求。局部照明能使空间层次发生变化,增加环境气氛和表现力,如酒吧内设有的射灯、休息区的落地灯等。

(3)混合照明。混合照明是指在同一场所中,既设有一般照明,以解决整个空间的均匀照明;又设置局部照明,以满足局部区域的高亮度及光方向等方面的要求。

**2. 从活动面角度分**

(1)直接照明。直接照明是指90%以上的灯光直接投射到物体上。直接照明的这一特点比较适合公共大厅等人数流动较多的场所,如宴会厅内设有一定的直接照明使整个大厅变得灯火通明,热情华丽,利于创造隆重华贵的氛围。

(2)半直接照明。半直接照明是指60%以上灯光照射在被照物体上。一般采用半透明玻璃、有机玻璃、透明纱等材料加在灯具上,能挡住一定光线,从而给环境以宁静、舒缓、祥和的气氛。

(3)漫射照明。漫射照明是指使光线上下、左右的光通量大致相同,这种照明光线无定向、均衡而柔和,带给人一种恬静、舒适的感觉。

(4)半间接照明。半间接照明是指大约60%的光线向上照射在顶棚上或打在墙面上,而反射下来只剩下少量柔和的间接光线照射在被照物体上,另有小部分光线则通过漫射用做装饰照明。

(5)间接照明。间接照明是指90%的光线照射到顶面或墙面,完全依靠反射回来的光线照明的一种方式。间接照明光线非常柔和,很少有投影,对眼睛不产生刺激,能使天花板及墙感觉变得更高。

## 二、色彩

不同的色彩代表不同的语言,带给人不同的视觉感受,也使人产生相应的情感,不同的色彩还能渲染烘托出不同的空间气氛、情调,显示不同的风格,并对人的生理、心理产生作用。因此,餐厅色彩的选用和组合对营造餐厅气氛至关重要。

### (一)色彩的形象风格

不同地域的人类传统文化和心理形成对各种颜色的认知,成为装饰装潢中对色彩选择的主要依据,例如中式婚礼中的红色和西式婚礼中的白色就是中西文化差异的体现,各种色彩存在不同的形象风格。

1. 红色

红色是强烈的刺激色,又称为兴奋色。它具有迫近感、扩张感,能给人以热烈而欢快的感觉,制造激动而热烈的场面,所以比较适合娱乐场所。

2. 橙色

橙色让人产生食欲,而且明度较高的橙色视觉效果较好,非常适合作为点缀色,与白色、黑色、棕色搭配都能产生美妙的效果。所以橙色非常适合快餐店。

3. 黄色

黄色是自然界中最醒目、明度最高的色彩,弱黄色由于可以造成明朗、轻快和温暖的感觉,视觉效果更好。

4. 绿色

绿色意味着自然与生长,象征着和平与安全。淡绿色比较容易与其他色彩调和,深绿色适宜用于窗帘及地毯。

5. 蓝色

蓝色属于冷色,具有收缩与后退感。蓝色是天空与大海的颜色,能给人开阔、幽静、凉爽、深沉的感觉。

6. 紫色

紫色也具有收缩感,但稳定性较差,容易使人感到疲劳,所以在使用时应该非常谨慎。

7. 其他颜色

黑白色为色彩的极色,介于黑白之间的灰色系统称为无彩色,金银光泽称为光泽色。这些色均不适宜做主色调,只是用来做点缀。

### (二)色彩的选用和组合应遵循的原则

表5-3 色彩的分类与意义

| 类别 | 色彩 | 意义 |
| --- | --- | --- |
| 暖色 | 红、黄、橙 | 可用来营造温暖、热情、亲近感觉 |
| 冷色 | 蓝、紫、绿 | 用来创造雅静、整洁气氛 |
| 泥土类色调 | 棕、金黄 | 可以与如何色彩搭配,可以给周围的环境传递温暖热情的气氛 |

(1)采光较差的餐厅选用淡色和暖色;阳光充足的餐厅应选用冷色和深色;

(2)较小的餐厅应选淡色以显得宽大,宽大的餐厅可选择深色而显得紧凑;

(3)着眼于提高顾客流动率的餐厅应选择红、黄、绿等颜色,因为鲜艳的色彩加上嘈杂的声音会刺激顾客,促使其快速用餐,尽快离开;

(4)着眼于延长顾客就餐时间的餐厅,就应选用柔和的色彩(如桃红、紫红),配上宽敞的空间布局、舒适的桌椅、浪漫的光线、温柔的音乐,会使宾客乐而忘返。

### (三)顾客的性别、年龄、文化与色彩偏好

人们的色彩偏好与其性别、年龄,文化状况等有着密切的关系,餐厅在色彩运用中应根据目标顾客的偏好来选择相应的色彩,以吸引目标顾客群体。一般说来,文化水平

较低或经济不发达地区的顾客群体偏爱鲜艳的原色,尤其是纯色,配色也多为强烈的对比色调;经济发达或文化教育水平较高的国家或地区的顾客则对比较高雅、柔和的色调和浅淡的中间色有较浓的兴趣。当然这也不是绝对的,因为人们的习惯偏好是由多种因素综合作用的,在一定文化水平下,不同年龄段及不同性格的人,对色彩的兴趣偏好也不尽相同。

一般来说,青年女性与儿童大都喜欢单纯、鲜艳的色彩;职业女性最喜欢的是有清洁感的色彩;青年男子喜欢原色等较淡的色彩,可以强调青春魅力;而成年男性与老年人多喜欢沉着的灰色、蓝色、褐色等深色系列。性格内敛的内向者多半喜欢青、灰、黑等沉静的色彩;而性格活泼开朗、乐观好动的外向者则会更喜欢红、橙、黄、绿、紫等相对鲜艳、醒目的色彩。

### 三、内部墙饰

可用作餐厅墙壁装饰物的种类很多,只要与餐厅的主题相谐和,可以不拘一格去选择。不仅可以运用各种绘画、书法、装饰画装饰墙面,还可以运用各种工艺品、民俗风格日用品、织物、金属及其他实物装饰。

#### (一)墙饰的作用

1. 表达主题

墙面是不可忽视的装饰点,表现空间大。例如海鲜主题的餐厅的墙面可以悬挂船锚、船桨、航标、渔网、贝壳等。

2. 渲染气氛

墙饰能够渲染整个空间的气氛,如热烈的、平静的、吉祥的、幽雅的、朴实的、华贵的气氛等。

3. 点缀空间

墙面的面积较大,如果在大面积的白色墙面上加以适当的装饰,则会使本来比较单调的布置变得丰富。

4. 调整构图

墙饰可以使原本不完美的空间得到调整,创造出意想不到的效果。

5. 增加情趣

具有浓郁民族风情的墙饰可以增添风味与情趣,充分体现人情味与亲切感,例如风味餐厅墙面悬挂的年画和手工剪纸。

#### (二)墙饰的种类

1. 各种绘画与书法

中国书法和水墨画以及西洋画中的油画、水彩画、版画都可以作为餐厅墙饰。

2. 工艺品墙饰类

工艺品墙饰包括镶嵌画、浮雕画、艺术挂盘、织物壁挂等,风格多种多样,往往比普通绘画更具有装饰趣味。

3. 其他物品

其他墙饰物品有陶制品、瓷盘及弓箭、乐器、草帽、渔网、动物头骨、扇面、风筝等,也是别具风味。例如有的中餐馆用京剧脸谱作为装饰;有的酒吧墙上挂有蓑衣、斗笠、鱼篓,具有浓郁的水乡风味等。

### 四、桌椅配置

桌椅的选择和使用是形成餐厅整体气氛的一个重要部分。

*1. 餐座种类*

(1) 餐座按制作材料分有木制椅、竹制椅、藤制椅、皮制椅、布制椅、弹簧椅、塑料椅、石椅、陶瓷制椅、金属制椅等。其中木制椅的种类很多,应用也最广泛,较名贵的有檀木、红木、柚木、核桃木等;藤制餐椅的优点为质地坚韧、色泽淡雅、造型多曲线;竹制餐椅的优点为简单凉爽;金属制餐椅给人的感觉是精巧流畅;石椅与陶瓷制椅则带给人古朴典雅的感觉。

(2) 餐座按造型分有扶手椅、围椅、圆凳、四方凳、三脚凳、靠背椅、无靠背椅、条凳、双人座、火车座、沙发座等。

餐厅餐椅种类与风格选择应该根据餐厅的整体环境氛围而定,餐椅的用材、造型、色彩及图案装饰都与餐厅整体风格保持和谐,并在注重功能的前提下体现装饰效果。

*2. 桌椅选择的原则*

(1) 餐厅的目标顾客群是高级阶层人士时,最好选用传统的家具。

(2) 餐厅的目标顾客群是体力劳动阶层人士时,最好选用宽大、舒适的椅子或沙发。

(3) 欲使顾客彻夜狂欢时,最好选用舒适的睡椅或长沙发。

(4) 欲使顾客频繁流动时,最好选用坚硬的塑料椅或塑料桌,如快餐店。

在西方的快餐店里,座椅面稍稍倾斜而非水平,正是这个斜度使顾客有种快要滑去的感觉。餐毕,顾客会不自觉地想尽快离开餐厅。

### 五、背景音乐

#### (一) 音乐的作用

现代研究已经证实,音乐确实对在餐厅用餐的宾客有较大的影响。合适的音乐可产生镇静、降压、安全、调整情绪等不同的效能,它可以调节情绪状态,从而消除生理和心理上的疲劳,恢复精力、体力。

音乐节奏对人体能产生生物共振效应,每分钟60—90次的节奏可以令人感到同步感最强、共振度最高,这种节奏的音乐旋律具有抒情性,最令人陶醉。

#### (二) 音乐的分类

不同风格的餐厅,需要选择与之相适应的音乐来营造氛围。

轻音乐是餐厅中最常见的音乐,它是一种结构短小、轻快活泼、抒情优美、通俗易懂和娱乐性较强的音乐形式,是最易为人们所理解和接受的一种音乐体裁。优美的轻音乐,常常充满生活气息,反映健康的娱乐生活和爱情生活,表现出朝气蓬勃的乐观情绪,它不仅可调剂身心,给人美好的享受,还有引导人们积极向上的作用。

### 六、温度、湿度

温、湿度会影响顾客的舒适感。夏天的室内温度要凉爽；冬天则要温暖。一般而言，餐厅的最佳室温应保持在21℃—24℃。温度过低或空气干燥，都会使顾客不舒适。

综上所述，营造餐厅的气氛是餐厅设计中的重要内容。当然，除了有形气氛的设计外，我们更应重视无形气氛如服务态度、人员素质、礼节礼貌的要求，同时还要注意到这些气氛因素之间的相互关系，以创造出理想的餐厅气氛。

## 任务三 厨 房 设 计

厨房是餐厅的生产中心，负责将各类原料经过加工处理后，烹制成各具特色的名菜佳肴供应给顾客，直接关系到餐饮企业的经营能否实现预期利润。厨房的设计与布局应考虑厨房的有效功能联结和厨房生产操作流程。在一些餐厅里，由于厨房设计不当，生产布局不合理而给员工带来很多麻烦。无论从餐饮生产的特点出发，还是从卫生、安全、降低劳动强度、提高生产效率、改善工作环境，调动发挥员工的生产积极性等角度出发，都应对厨房的设计与布局给予高度重视。

### 一、厨房面积的确定

#### （一）影响厨房面积大小的因素

厨房区域是指粗加工处、烹调区、冷菜区、面点区、清洁卫生区、食品备餐区等各工作中心面积的总和。

影响其面积大小的因素主要有：

（1）餐厅经营的类型和特点，即菜单类型决定厨房面积。

（2）食品生产和加工的复杂程度。

（3）生产的方法和使用设备的不同。

（4）建筑结构的不同。

（5）供应量和是否使用方便食品等。

目前，国内外很多饭店和餐厅已经普遍使用方便食品，如半成品的肉、禽、水产、速冻蔬菜，甚至点心和各种乳制品等也不是自己烤制和加工，而是以直接向供应商采购为主；又由于小型厨房节省能源，效率较高等优越性，因而国外餐厅以及一些国内餐厅厨房的设计已经开始向小型化发展。

#### （二）厨房面积估算方法

1. 根据餐厅类型估算每餐位所需厨房面积

不同类型的餐厅由于餐厅档次、顾客就餐特点、菜单内容的不同，厨房面积的计算标准也有所不同。一般来说，饭店的正餐厅，即提供各类桌边服务的餐厅，因其供应食品种类齐全，规格较高，烹调复杂，所以厨房面积也较大，一般每餐位需要 $0.5—0.8\ m^2$ 的厨房；咖啡厅供应品种有限，烹调相对简单，每餐位需 $0.4—0.6\ m^2$ 的厨房；自助餐厅由于供应量较大,每餐位需要0.5—0.7 m²的厨房。例如:某正餐厅设172个座位,则其厨房面积需86—137.6 m²。

2. 根据就餐人数估算每餐位所需厨房面积

一般来说,就餐人数越少,每餐位所需的平均生产面积越大;就餐人数越多,每餐位所需的平均生产面积越小。就餐人数与所需厨房面积大小具体如表5-4所示。

| 就餐人数 | 平均每位就餐客人所需厨房面积(m²) | 所需总面积(m²) |
|---|---|---|
| 100—200 | 0.465 | 46—93 |
| 200—400 | 0.372 | 74—149 |
| 400—800 | 0.325 | 130—260 |
| 800—1 300 | 0.279 | 223—362 |
| 1 300—2 000 | 0.232 | 302—465 |
| 2 000—3 000 | 0.186 | 372—557 |
| 3 000—5 000 | 0.170 | 511—859 |

表5-4 就餐人数与厨房面积需要量关系

总之,许多有经验的餐饮管理人员认为:厨房面积应为餐厅面积的40%—50%,厨房面积应为全部餐饮区面积的25%—40%。

(三)辅助区面积的确定

辅助区是指验收处、贮存区、清洁卫生区、职工区、客人区面积的总和。其中:辅助区面积+厨房面积=后台总面积。

辅助区面积一般应为餐厅面积的30%—40%;至于后台总面积要求,在绝大部分的饭店中常以每一餐位需1.0—1.2 m²的比例进行设计(表5-5)。

| 各部门名称 | 参考百分比 |
|---|---|
| 餐厅 | 50% |
| 客用设施 | 7.5% |
| 厨房 | 25% |
| 清洗间 | 5.5% |
| 仓库 | 7% |
| 办公室 | 1.5% |
| 后台辅助设施 | 3.5% |

表5-5 餐饮部各部分面积比例表(餐饮部总体面积为100%)

## 二、厨房生产区设计

在厨房面积确定后,还应根据厨房各业务区块和业务点的流程、工作量、工作性质和设施设备,进行内部比例分割。厨房内部的比例关系,见表5-6。

表5-6 厨房内部各业务区块面积比例表

| 业 务 区 块 | 参考百分比 |
| --- | --- |
| 加工区 | 23% |
| 配菜区 | 10% |
| 冷菜区 | 8% |
| 炉灶区 | 32% |
| 烧烤区 | 10% |
| 点心区 | 15% |
| 后厨师长办公室 | 2% |

### (一)生产区

厨房生产区包括加工区和烹调区:加工区负责各种原料的加工和清洗工作。烹调区负责冷菜、热菜和点心的烹调制作。烹饪区的原料主要来自于加工区、贮藏区和验收区。

### (二)贮藏区

贮藏区是各级仓库和冰箱、冰柜、冷库所占据的区域。在一些大型饭店或从餐饮企业中,设立大型的冷库就是要保障厨房一定的备货量,同时保证原料的新鲜度和高质量。

### (三)备餐区

备餐区要与厨房生产区和餐厅服务区保持密切联系,以保证菜点进出通畅和出菜的速度。

### (四)洗涤区

洗涤区是洗涤碗碟等餐具的区域,应紧靠餐厅的后门和垃圾运输通道以保证餐厅撤盘的速度和垃圾清运的方便。

### (五)休息区

休息区是专门为员工提供的休息场所,以提高员工的工作效率和工作积极性。

## 三、厨房布局类型

西餐厨房分工较明细,设备种类多;中餐厨房设备相对较少,分工不太明细,如一位厨师用一个炒勺可烹制多份菜肴。因此,相比之下,饭店西餐厨房较讲究布局。当然,先造厨房再作设备布局往往难以避免,只是此时对厨房的人流、物流的研究设计更显重要。

科学合理的厨房布局应考虑厨房的有效功能联结,即厨房与验收贮存区、餐厅饮料区的联结。此外还要考虑厨房生产操作流程,才能保证厨房内物流、人流的快捷通畅,才能达到布局合理、便于生产、便于节能、保证安全卫生、提高生产效率的目的。

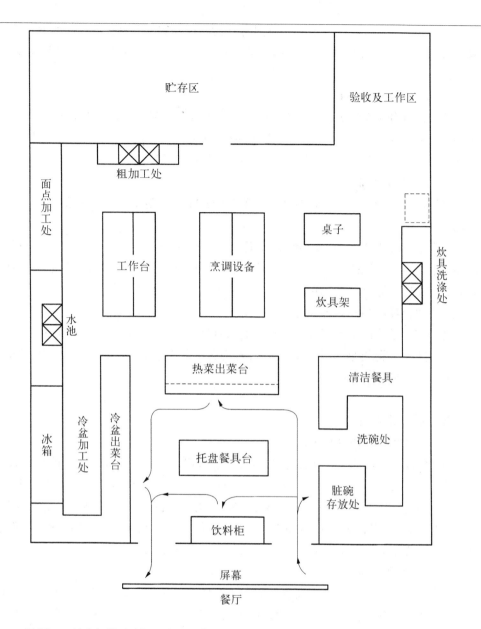

图 5-2 一个功能基本健全的统间式厨房布局图

以图 5-2 为例，该布局显示了厨房的有效功能联结，采购回来的物资经过验收处验收合格，一部分直接进入厨房，一部分转入贮存区。还显示了一个厨房备餐区的热菜出菜台、托盘餐具台和饮料柜的合理布局。服务员从餐厅进入厨房时，先在洗碗处放下脏餐具，而后取饮料、热菜或冷菜出厨房。这样的服务路线经济合理，不需要走重复路线，使服务线路尽可能缩短。

烹调设备的布局主要有以下类型。

（一）"相背"型布局

适合分工不明细的厨房。"相背"型布局是把所有主要烹调设备背靠背地组合在厨房内，置于同一通风排气罩之下，厨师相对而站，进行操作。工作台安装在厨师的背后，其他公用设备可分布在其附近的地方。"相背"型布局适用于分工不很明细的厨房。这种布局由于设备比较集中，只使用一个通风排气罩，因而比较经济；但另一方面却存在着厨师操作时必须多次转身取工具、原料，以及必须多走路才能使用其他设备的不足。

### （二）"直线"型布局

适合高度分工合作的厨房。大型饭店厨房的所有烹调设备通常依墙直线排列，置于一个长方形的通风排气罩之下，每位厨师按分工专门负责某一类菜肴的加工烹制，所需的设备工具均分布在左右和附近，因而能减少取用工具行走的距离。

### （三）"L"字型布局

当厨房面积形状不便于设备作"相背"型或"直线"型布局时往往采取"L"字型布局。

通常把煤气灶、烤炉、扒炉、烤板、炸锅、炒锅等常用设备组合在一边，把另一些较大的如蒸锅、汤锅等设备组合在另一边，厨师可以方便使用每组设备。这种布局方式在一般的餐馆厨房里得到广泛应用。

### （四）"相对"型布局（也称"U"字型布局）

这种布局是将两组烹调设备面对面地相对排列，中间以工作台隔开但留有通道，"相对"型布局实际上是两组直线型布局，这类布局主要适用于不要求菜肴的制作和供应紧密衔接的厨房。

## 四、厨房环境设计

### （一）厨房空间高度和天花板

厨房空间高度应为3.6—4 m之间，这样便于清扫，保持空气流通，安装排油烟罩也较合适。空间过高，会使建造、装饰、清扫、维修增加费用；过低，使人产生压抑感，同时透气性差，散热差，温度易升高。天花板的平面应力求平整，不应有裂缝和凹凸，如有破损应及时维修，不应有暴露的管道，因为这些地方最容易藏污纳垢，甚至滋生虫蝇，影响食品生产的安全卫生。天花板的材料应采用光滑防水材料。

### （二）墙壁和地面

厨房墙壁应该平整光洁，无裂缝凹陷，经久耐用和易于清洁，以免藏污纳垢和滋生虫害。因为潮暖的地方最容易滋生细菌。由于厨房墙壁和天花板一样，处在湿度较大的环境，因此，为了便于清洁和防止霉变，也为了整洁美观，减少返工，厨房墙面应从墙角至天花板铺满瓷砖，有些规模较小的餐厅只将厨师生产操作高度1.8 m范围内贴上瓷砖，认为足以达到易清洁的标准，是不足取的。

厨房地面通常要求耐磨，能承受重压，耐高温、耐腐蚀、不吸水、不吸油、防滑、易清扫。用于这方面的铺面材料有钢砖、耐热塑料砖等。选择具有一定弹性的材料铺地，对减轻厨师的劳动强度是很有益的；地面颜色要求鲜明，以促使工作人员保持地面清洁。另外，要求地面平整而不积污垢，并有适当倾斜度，下水道应低于正常表面1.25 cm，使冲洗的水能顺势流走。为防止气味返回厨房，下水道出口处要有回水池和化粪池来收集淤泥和在管道中的脏物。下水道直径要大，以免冬季因为油污冻结而堵塞。

## （三）厨房通风

要保证自然通风。但要保证厨房油烟不四处扩散、不污染餐厅，仅靠自然通风是不够的，必须借助机械通风系统及排烟装置，这是排除烟气、热量、蒸气的必要条件。机械通风系统可保持厨房为负压区，使餐厅和其他设施中的空气徐徐流入厨房，以保证厨房空气清新。尤其在夏季，可减轻厨房高温，方便厨师判断菜肴气味。厨房温度，冬季应在22℃—26℃，秋季24℃—28℃，冷菜间不超过15℃；厨房的相对湿度不应超过60%。但要注意做好排气的控制，若控制不适当会使在排气罩和气流出气处附近工作的职工感到不舒适。排气罩安置的高度要适当，安置过高，会由于室内空气交流，而使排气效果下降。

## （四）厨房照明

厨房光线不足，容易使员工产生疲乏劳累感；足够的光亮，会使员工减少眼睛疲劳，还增加了操作的安全系数。照明应考虑光的投射方向、颜色、覆盖面和强度。另外，光的稳定性要好，要有保护罩，保证作业区能看清楚食品；同时，颜色不失真，无阴影。采用荧光灯照明，不仅经济、发光效率高、寿命长，最重要的是阴影相对较少，因此适宜用作厨房照明。

## （五）设备摆放与工作空间

设备的摆放除了根据工作流程外，还应方便维修和清扫，因此，距墙要留有30 cm的宽度，并尽可能做到距地面20 cm。一般厨师操作时双手左右正常伸展幅度为115 cm，最大伸展幅度为175 cm。因此，工作台大小、设备的安放位置要考虑操作人员身体伸展幅度，既不要超出人体伸展范围以外，又要保证每位厨房操作人员拥有足够的工作空间（厨房工作人员占地面积不得小于每人1.5 m²）。设备高度以方便操作，便于清洁为宜，各类工作台和炉灶的标准高度为86 cm左右，以方便架锅烹炒，而用作放置砧板的切配工作台则需76 cm左右的高度。其他设备，如蒸箱、醒发箱、烤箱，以及烟罩等高度都应充分考虑方便、安全、减轻劳动强度等因素。当一件设备可以安装在几个地方，又符合工作流程，这时应考虑设备需要的能源和安装成本。

另外，厨房内各处通道应有一定的宽度，主通道一般应有1.8 m宽，如果通道两侧有操作点或大型机械设备，则宽度至少应增至2.5 m才能避免造成拥挤和发生事故。

## （六）环境色彩和背景音乐

厨房的环境色彩宜淡雅、明快、简洁，不宜繁杂和过于鲜艳。繁杂和鲜艳使人心神不定，更会分散人的注意力，成为厨房安全的隐患。

背景音乐能使噪音被遮掩、消除疲劳、使工作更有节奏感，心情愉悦。音乐一般以优美轻快的轻音乐为宜。背景音乐的播放时间一天不应超过3小时，每次播放不应超过20分钟。

### 项目小结

本项目主要阐述了厨房布局类型，厨房环境设计方法；餐厅气氛设计的几个要点；餐厅布局的原则以及餐座的安排方法。

## 项目习题

### 一、案例分析

向空间要效益

青岛某旅业集团所属饭店——碧海山庄餐饮经营喜报捷传：仅有480个餐位的营业厅，开业当天（10月8日）晚上同时接待了近千名宾客，继而10月22日晚上又一次性接待一千多人，达到了试营业的最高点，这些成绩的取得起源于碧海山庄成功地实施了"立足现有营业场所，扩大空间利用率，向空间要经济效益"的经营方针。

碧海山庄将原有480个餐位的营业厅的面积扩大一倍以上，而没有进行任何扩建，也没有增添任何设备和人员，这显然是不可思议或不可能的，但是在全体职工、管理人员和山庄领导共同努力下，不仅做到了，而且做得很好，既获得了就餐者的认可，还获得了较好的经济效益，碧海山庄的具体做法如下。

1. 扩大空间场所

碧海山庄在九楼有一个会议中心（共有大中小型会议厅4个），将这些场地使用率较低、只接待团体的会议厅，作为餐饮扩容空间之一。如：碧海山庄将大会议厅的舞台背景装饰为龙凤呈祥、吉庆的背景图案，加装了背景音乐，可根据需要及时布置场地（可容纳18桌宴席），又可将中小型会议厅改成散客或婚宴的接待场所，真正达到一厅多用的功能和扩大空间利用率，提高经济效益的目的。

2. 方便宾客进餐

碧海山庄九楼的会议室改为餐厅使用，营业面积扩大了一倍，但随之而来的交通问题也会暴露出来。因此，碧海山庄领导经过充分论证，及时制定了主楼电梯进行维修改造的计划，将七层电梯加升到九层，又将西侧辅梯进行了修缮。使宾客可以通过两部电梯上下楼，方便宾客到九楼就餐或宾客流动，同时也缩短了宾客等待电梯的时间。

3. 缩短菜肴上桌时间和质量要求

二楼厨房出品的菜点经电梯运达到九楼，为此，碧海山庄领导根据餐饮营业的要求，将其中一间会议室改作备餐间，每次宴会前将部分设备送到九楼，并根据宴会需求制作菜肴，不仅确保了上菜时间和上菜速度，而且菜肴质量也得到了保证，使参加宴会的宾客满意。并通过宾客的宣传，在社会上产生知名度，形成口碑，从而带动了经济效益。

4. 解决人员和设备不足

餐饮经营一下子增加几十桌，而且楼层相差达七层，人员和设备自然变得紧缺，如何有效地解决好这些矛盾？碧海山庄领导统筹考虑、安排，既不能影响到山庄的正常经营，又要抽调一部分人员和设备投入到扩大生产中去。因此，山庄领导抽调房务、总办、康乐、保安等技术熟练人员支援餐饮部工作，从而保证了服务人员的数量和服务质量，并把备用的设备或外借的设备及时运送到备餐间，从而保证了正常营业，保证了预定的餐位教。

思考题：你从此案例中得到了什么启示？

## 二、任务设计

1. 在所在市选择两家星级酒店和两家国际快餐连锁企业，分析其选址的成功之处。
2. 到一家三星级以上酒店见习一天，观察其厨房布局和餐厅设计的特点，并做出分析报告。
3. 3—5名同学一组，通过参观、收集资料和图片，发挥想象力，针对特定目标市场，以组为单位设计一个功能性强、特色鲜明的餐厅，形成报告，进行展示。

**课后阅读**

## 开店审批手续

餐馆经营需要经过开店前审批、选址、确定产品、确定人员、进货等几个必要的程序，具体步骤如下：

（1）到辖区内工商所登记。带身份证原件及复印件到当地工商所登记名称。

（2）排污许可证的申领。到辖区环保局相关部门申请，部门受理后，会有工作人员上门检查指导。按规定领取排污许可证的两个必需条件是：楼上不能有居民住宅；污水要能纳入市政污水管道。

（3）卫生许可证的申领。到辖区内的卫生监督部门申请受理。由申请人填写"卫生许可证申请表"一式两份，并提供准确、真实、合法、有效的资料。受理部门对申请人填写的"卫生许可证申请书"内容与所提供的资料经责任监督员核对无误后进行登记。承办监督员按照相关规定，对申请人提供的材料进行审核，3个工作日内作出是否受理的决定。符合申请资格且资料齐全的予以受理，并根据需要进行现场审查。符合规定的，开具"收费通知单"收费，在"卫生许可证发放登记表"上登记，经主管领导审批后，由申请人前往卫生局办理领取"卫生许可证"有关手续。

（4）工商营业执照。拿着"排污许可证"、"卫生许可证"及相应的房屋租赁证明、身份证，去工商所申请领取工商营业执照。

（5）消防安全许可证。开业前，需要向消防部门进行消防审批，申请消防安全许可证，这需要在装修的时候向所在辖区申请。

（6）税务登记。自领取营业执照之日起30日内，要向当地税务局申请领取地税税务登记号。带上营业执照的副本、复印件及经营者的身份证。

# 项目六 餐饮组织构建

## 项目指南

餐饮部是现代饭店必不可少的一个为顾客服务、为饭店创收的部门,在饭店经营中发挥着越来越重要的作用。为了保证餐饮部的有效运行,必须根据组织特点设置合理的组织结构,使餐饮部的人员进行优化组合,并科学分工,以共同实现饭店的目标。

## 项目目标

### 知识目标

1. 了解饭店餐饮部的机构设置以及常见的组织结构类型;
2. 熟悉各主要岗位的岗位职责;
3. 掌握人员配备的基本方法及班次安排的基本方法。

### 能力目标

1. 能为中小餐饮企业进行简单、合理的组织结构设计;
2. 能根据实际情况对人员进行合理的配置。

### 素质目标

培养团队精神、协作意识,养成良好的职业习惯和个人素养。

## 案例导入

### 小张的困惑

小张是某五星级商务酒店的餐厅服务生。某日,该酒店接待了一个非常重要的大型国际会议。小张的领班孙某在晚餐之前进行了详细的接待计划安排,原本从事用餐服务的小张被领班安排和小王合作在餐厅入口处做领座员。考虑到在用餐高峰时,客流量较大,领班孙某特别安排两位领座员。餐饮总监也在现场作指导。可是,就在就餐高峰之前,餐饮总监发现某包厢准备工作还不到位,于是临时让小张去该包厢做好卫生及相关准备的扫尾工作,小张见是餐饮总监的命令,不敢怠慢。

可当小张准备完包厢回到餐厅入口处时,客流量已经很大了,小王一人无法应付,导致有部分客人不满。领班对小张擅自离开岗位给予了严厉的批评,并称事后将追究相应责任。而小张简直是一肚子的委屈,认为自己是被餐饮总监临时调用的,并不是擅自离岗。

思考:1. 你能帮助小张解开困惑吗?

2. 你觉得在这次事件中,餐饮总监和领班谁对谁错?小张是否应该执行餐饮总监临时调用的命令?为什么?

## 任务一　组 织 机 构

组织机构是指为完成组织任务,在职能分工和人群分工的基础上,运用不同职位的权力和职责来协调人的行动,以共同实现组织目标的结构形式。餐饮组织机构是指为实现餐饮经营管理目标,对组织进行部门化和层级化设计而形成的专业性业务管理机构。组织机构是由组织结构图来体现的。

### 一、餐饮部组织机构的设置原则

餐饮部组织机构的设置应该根据自身的经营特点和需要来完成。在设置过程中,要根据餐饮经营的目标分析并确定究竟需要哪些职位和职能,来进行餐饮部的部门划分,并根据实际需要,确定每个部门的层级划分。在这个过程中,应该遵循一些基本的原则。

#### （一）统一指挥原则

统一指挥就是要求每一位下属有并且仅有一个上级,并在上下级之间形成明确的指挥链,避免出现多头领导。如果一位下属有多位上级就可能会出现因多位上级的不同意见而导致员工无所适从的现象。古罗马的一句谚语"有三位主人的奴隶是自由人",说的就是这个道理。

#### （二）权责对等原则

"在其位,谋其政",即职权与职责要对等。该原则要求餐饮部的每位员工都要为实现组织目标而履行自己的责任,同时,组织也必须赋予每位员工为完成任务所必需的权力,每位员工也要为自己行使权力的行为担负相应的责任。绝对不能出现有权无责和有责无权的情况。

---

**案例分析 6-1**

### 总经理的客人

地点：某饭店总台。

两个客人熟门熟路地进宾馆走向总台。正好销售经理也在前台。

"刘先生,欢迎。"销售经理热情地上前与其中一位握手,显然,客人和饭店很熟,是位常客。

"这次打七五折了吧?"刘先生拍着销售经理的手臂,很自信地说。

"刘先生在讲笑话,以刘先生的气魄,肯定不会在乎这几个钱的,对不对?"销售经理客气地说,有一些插科打诨的意味。

"你不同意?我可是你们老总的客人啊!"刘先生多少有点暗示、威胁的口吻。

"按惯例吧。八五折,好不好?"尽管委婉,但销售经理坚持自己的意见。

"我找你们老总去说。"说毕扬长而去,径直去找总经理。

> 刘先生的朋友插话道:"刘先生,我先去把那件事办了,过半个小时再来找你。"
> "好啊。"
> "那回头见。"
> 地点:总经理室
> 总经理:"好说好说,老朋友嘛,又是协作单位,七五折,我这个老总就这么定了。"
> 地点:总台
> 刘先生先前的那位伙伴走进宾馆,问总台刘先生住在几楼几号房。
> 总台小姐查遍电话,涨红着脸说:"我们这里没有您要找的那个刘先生,他没住进来。"
> 刘先生的朋友顿时傻了眼,"半个小时前才住进来的,怎么一会儿说没住进来,我刚才还和他通过电话,住二零多少号的。"
> 服务员又认真地查了电脑,抬头说:"对不起,先生,二十楼只住有一位姓刘的女士,肯定不会错,不信您来看电脑显示。"
> 这时碰巧老总经过:"他们刚接班不知道情况,刘先生住在1904号房,电脑里没登记。"
> 分析:该案例反映的是很多酒店经营管理中常见的现象。讨论一下,实际工作中,我们可以采取哪些措施来避免这类现象的发生呢?

### (三)精简高效原则

该原则要求横向的部门设置要精简,同时,纵向的层级设计也要精简。

#### 1. 因人设职与因职设人相结合

当代管理理论认为,为了实现组织目标,必须将工作落实到具体的岗位和部门。同时,也要兼顾完成工作的"人"的情况,做到"人尽其才"、"人尽其用"。例如,某五星级酒店餐饮部一中餐服务员在服务过程中推销酒水能力特别突出,该酒店决定在餐饮部为该服务员设置了一个销售主管的职位。事实证明,该店的本次因人设职的举措是相当成功的。

#### 2. 合理控制管理幅度

管理幅度,又称管理跨度或管理宽度,是指一位管理者直接有效管理下级的人数。管理幅度因管理职位的工作内容和工作性质等的不同而有所差异,一般来说,管理层级越高,管理幅度越小,管理层级越低,管理幅度越大。法国管理学家格拉丘纳斯(V·A·Graicunas)的研究表明,当管理者的管理幅度呈一定数值增加时,他所需要协调的人际关系数会呈几何数级增加,以至于最后管理者无法有效管理。一般来讲,高层管理者如餐饮总监的管理幅度为1—3人比较合适,中层管理者如餐厅经理的管理幅度为3—5人比较合适,基层管理者如餐厅领班的管理幅度可以是6—10人。

### (四)扁平化原则

一般来讲,在某一相对固定的时期内,管理幅度越大,管理层级越少,管理幅度越小,管理层级越多。信息理论告诉我们,每一次信息的接收与发送,噪音增加一倍,讯息减少一半。在信息化大行其道且竞争激烈的当今社会里,信息的迅速传递就意味着机遇和更高的胜算。因此,餐饮部要在确定合理的管理幅度的同时,减少管理层级。

## 二、餐饮部的功能分区

从职能来讲,餐饮部主要涉及到四个方面的活动。

### (一)采购与库存

即原材料的采购与保管。原材料的进料质量、数量、价格和时间都会直接影响正常的餐饮生产。同时,餐饮产品的生产特点也需要保证有一定的存货。目前,很多饭店的餐饮部采用的仍然是采购、库存一体化。

### (二)厨房

厨房是生产餐饮产品的一线部门,其产品质量体现了餐饮部的档次,直接影响着餐饮部的声誉。

### (三)营业点

主要指餐厅、宴会厅、酒吧、咖啡厅等部门,它们是直接面向客人销售的部门。这些营业点的销售能力、服务质量、管理水平直接影响到餐饮部产品的销售情况。

### (四)管事

即餐饮部的后勤保障部门,它负责洗涤、消毒、餐具保管及后台卫生等工作。

不管餐饮部组织结构设置有多大不同,这四项职能是餐饮部组织结构设计中体现的主体职能。

## 三、组织结构的类型

附属于饭店的餐饮部的组织结构大都采用的是直线职能型组织结构类型。然而,餐饮企业的组织结构与附属于饭店的餐饮部门的组织结构有较大的差别。根据餐饮企业的经营范围、规模等因素,餐饮企业既可以采用直线型组织结构,也可以采用直线职能型和事业部制组织结构类型。

餐饮部和餐饮企业在进行组织结构设计时,要根据自身的规模、业务范围、经营类型进行合理的设计。在进行组织结构设计时,一定要记住:不存在最好的组织结构类型,只有最合适的组织结构类型。

餐饮企业是独立经营的经济实体,为了保证正常运营,较典型的餐饮企业可以参照图6-1来设置组织结构。

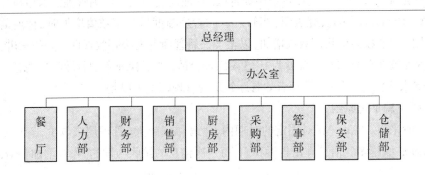

图6-1 餐饮企业组织结构图

### （一）小型饭店餐饮部的组织结构设计

小型饭店餐饮部的业务种类比较单一，员工数量相对较少，因此，只设置必要的岗位即可满足餐饮部的运行要求。其组织机构设置可参照图6-2。

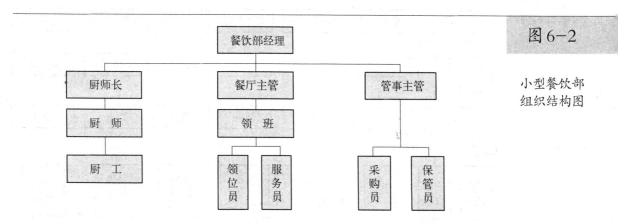

图6-2 小型餐饮部组织结构图

### （二）中型饭店餐饮部的组织结构设计

中型饭店餐饮部不但营业范围较大，而且不同岗位所需要的员工数量也要随经营业务的增加而增加，管理难度相对较大。因此对各项工作进行合理的细分化与分工是非常必要的。其组织结构设置要体现分工协作性，也要保证各项工作面面俱到。如图6-3所示。

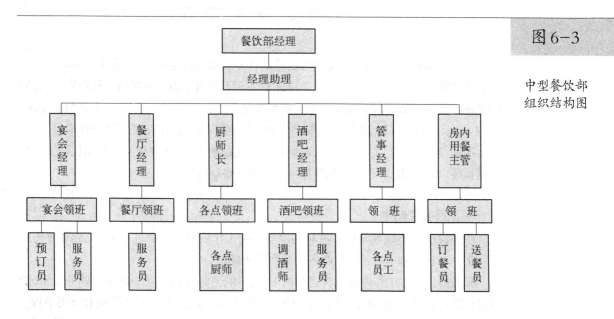

图6-3 中型餐饮部组织结构图

### （三）大型饭店餐饮部的组织结构设计

大型饭店餐饮部属于饭店餐饮经营类型中的高档次经营单位。其经营业务丰富、多样，几乎能满足顾客对餐饮的各项要求，对环境、餐饮产品、服务及员工的技术要求都非常高。所以，这类餐饮部的工作岗位的划分明确细致，员工数量较多，管理难度更大。其组织结构设置可参照图6-4。

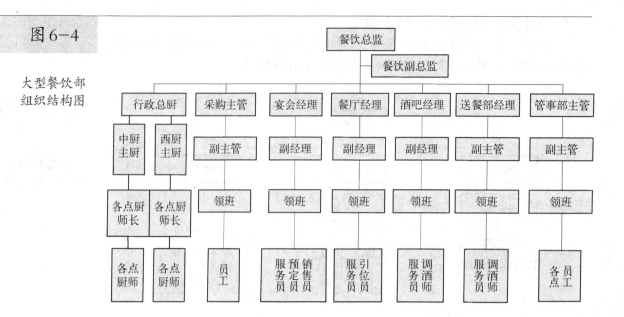

图 6-4 大型餐饮部组织结构图

以上饭店餐饮部的某些岗位名称类似或相同，但其工作内容、职责范围随餐饮部规模、组织结构设计、业务范围的不同而有所差异，只可借鉴参考，不可生搬硬套。

## 任务二　岗位职责

在进行组织机构设计时，将餐厅的总的任务目标进行层层分解，分析并确定为完成目标需要哪些基本的职能和职务，并据此自上而下或自下而上地进行机构设置，与此同时也确定了餐饮部的各个岗位。为了确保餐饮部的正常运作，必须对每个岗位的要求、责、权、利进行详尽的解说。只有明确了权、责，才能确保员工在进行经营管理时，工作内容明确，责任清晰，实干、高效。而肩负这一使命的，就是职务说明书和岗位职责。组织结构图、职务说明书和岗位职责都是企业的重要制度依据。

### 一、职务说明书

职务说明书是职务分析人员对某项职务的工作内容和职责进行全面、详细分析的书面文件。它的基本内容包括职务描述和职务规范。

职务描述是对工作内容本身进行的书面说明，它说明的是某一职务的职务性质、责任权利关系、主体资格条件等内容。包括：基本资料、工作内容、工作环境和聘用条件。

职务规范是指任职者要胜任该项工作必须具备的资格与条件。通常包括：知识要求、能力要求、心理要求、经验要求、体能要求等。

职务说明书不存在标准格式，但是一般都应说明所执行的工作、职务的目的和范围、员工为什么做工作、做什么工作及如何工作。一般包含内容如表 6-1 所示。

组织结构图和职务说明书并不是一成不变的。随着餐饮部的经营规模、业务、定位等以及社会消费理念的改变，组织结构图和职务说明书也要随之做出相应的调整，即要保持与时俱进，为餐饮部的发展提供制度保证。

表6-1 ××饭店餐饮部主管职务说明书

## ××饭店餐饮部主管职务说明书

一、基本资料

职务名称：餐饮部主管

职务编号：E018

直接上级：餐饮部经理

所辖部门：宴会厅

工资等级：B职系三等

工资水平：2 000元

辖员人数：5—8人

定员人数：1人

工作性质：管理人员

二、工作内容

1. 工作概要

协助餐饮部经理负责餐厅的日常运转和管理工作，保证宴会部以舒适的就餐环境、优质的食品和良好的服务来吸引客源，通过向客人提供规范化的优质服务，来获得最佳的经济效益和社会效益，同时保证服务质量的不断提升。

2. 职务说明

1）根据每日大厅和宴会预定情况合理安排员工工作；

2）负责各种不同类型、不同档次宴会的台型设计和布置工作；

3）每日检查餐前准备工作是否就绪，如有短缺和不足应立即调节、补充；

4）组织领班对服务员在接待过程中和收台工作中的操作规范进行检查，坚持在一线指挥，及时发现并纠正餐饮服务中出现的问题；

5）负责做好每月餐饮部物资的盘存及统计工作，采取积极有效的方法，设法降低各类物资、能源耗损；

6）负责员工的日常部门培训和纪律教育，确保员工安全正确地操作，言行举止符合酒店相关制度的要求；

7）审阅每日领班交接班本和工作记录本；

8）负责员工的排班、考勤和休假的初审工作，根据客情需要及员工特点，安排日常工作，发现日常工作中发生的问题并及时汇报与处理。

3. 工作关系

| 所施监督 | 监督所属部门领班、服务员 | |
|---|---|---|
| 所受监督 | 受餐饮经理监督 | |
| 职务关系 | 可直接升迁的职位 | 餐饮部经理 |
| | 可相互转换的职位 | 本部门其他主管 |
| | 可升迁至此的职位 | 所属部门领班 |

三、任职条件

文化程度:专科及以上同等学历

工作经历:两年以上酒店餐饮管理经验

自然条件:身体健康,相貌端正,年龄23—40岁

语言水平:流利标准的普通话,英语口语水平良好

其他能力:了解酒店餐饮服务程序和标准,具备良好的酒水知识,具备较强的沟通交往和协调能力,能熟练制作各类营业报表,善于评估员工和培训员工,具有一定号召力和凝聚力。

四、备注

直接上级: 　　　　　　　　　　　　　　　该职务执行人:

年　月　日

## 二、岗位职责

不仅餐饮部的组织结构设置差别较大,而且每个岗位的职责及工作内容也会有所差异。岗位职责必须明确三项内容:管理层次、主要职责、工作内容。现列举部分餐饮部的岗位职责,以作参阅。

1. 餐饮总监

直接上级:总经理。

直接下级:销售经理、餐厅经理、行政总厨。

岗位职责:

(1) 全面负责制定并实施餐饮部工作计划和经营预算,督导餐饮部日常运作,确保为客人提供优质高效的餐饮服务。

(2) 分析市场,制定餐饮促销计划及长、短期经营预算,主持建立和完善餐饮部的各项规章制度及工作程序与标准,并指挥实施。

(3) 参加每日总经理召开的工作例会,主持召开餐饮系统工作例会与专题经营会议,传达总经理指示,布置工作。

(4) 定期深入各部门听取汇报并检查工作情况,宏观控制餐饮部收支情况,制定餐饮价格,监督采购与盘点,并进行有效的成本控制,降低费用,增加盈利。

(5) 审阅当天的业务报表,掌握当日预订、原料供应和厨房准备工作情况,了解当日的重要宴请以及来宾的有关情况和特殊要求,认真组织做好一切准备工作。

(6) 负责下属部门负责人的任用及对其管理工作的日常督导。

(7) 做好餐饮部与其他各部门之间的沟通、协调和配合。

(8) 抓好员工队伍的思想建设,关心员工生活,开展经常性的服务意识培训和职业道德教育,注重培训、绩效考核和选拔人才。

(9) 定期对下属进行绩效评估,按照奖惩制度实施奖惩。

(10) 定期了解同行业经营状况,考察客源市场,与行政总厨经常研究新菜品,不断推出新菜谱。

（11）建立良好的对客关系，主动征求客人意见和建议，及时有效地处理宾客的投诉，保证最大限度地满足宾客的需求，提高服务质量。

（12）抓好部门物资管理以及设备、设施的维护保养工作，合理拟订各项设备的添置、更新和改造计划，不断完善服务项目。

（13）重视消防安全和食品卫生安全工作，认真贯彻实施相关法律法规，开展经常性的安全保卫、消防教育、食品安全教育，确保宾客安全和部门生产安全。

（14）完成上级临时布置的其他工作。

2. 餐饮部经理

直接上级：餐饮总监。

直接下级：餐饮部各下属部门经理。

岗位职责：

（1）执行总监工作指令，向其负责并报告工作。

（2）全面负责各餐厅的经营管理工作，保证餐厅经营业务的正常进行。

（3）坚持让客人满意的服务宗旨，合理组织人力，实行规范服务，为客人提供标准化、规范化、细微化的超值服务。

（4）负责餐厅员工的岗位业务培训，不断提高全体员工的业务素质。

（5）参与餐厅的改造和更新装修工作，负责餐厅设备财产管理、预算管理和费用管理，严格控制物料消耗和成本费用。

（6）建立良好的协作关系，加强与饭店和餐饮各部门、各餐厅、各厨房的联系，协调进行工作，并以市场为导向做好市场调查研究，不断提出餐饮促销措施。

（7）坚持服务现场管理，检查和督导员工严格按照餐厅服务规范和质量要求做好各项工作，确保安全、优质、高效。

（8）认真做好员工思想工作，关心员工生活，掌握员工的思想状态、工作表现和业务水平。

（9）主持召开餐厅部工作例会及专题经营会议，完成上传下达工作。

（10）经常向行政总厨反馈客人消费意见，与行政总厨协调好关系，共同把餐厅经营好。

（11）完成上级临时布置的其他工作。

3. 行政总厨

直接上级：餐饮总监。

直接下级：中餐厨师长、西餐厨师长。

岗位职责：

（1）协助总监负责抓好厨房的各项管理工作，执行总监的工作指令，并报告工作。

（2）按时参加部门例会，主持召开厨房班前（后）会，传达饭店、部门例会精神，安排、落实厨房的工作。

（3）根据餐饮部的经营目标和方针，负责制定厨房市场开发及发展计划，设计、更新中西餐菜谱，组织员工开展菜品研究和新产品开发工作。

（4）制定厨房的各项规章制度，加强各岗位的岗位责任制，规范操作规程，不断完善厨房管理和菜点质量管理。

（5）根据厨房原料使用情况和库房存货数量，制定原料月采购、日采购计划，并且严格控制进货质量，根据季节和市场需求参与编制各类菜单。

（6）督导厨房员工对设备、用具、财产进行科学管理，参与厨房的更新和改造，审定厨房设备用具更换添置计划。

（7）负责签批原料出库单、填写厨房原料使用报表，定期对高档原材料、调料库进行盘点，协助财务部正确核算月成本率。

（8）建立良好的协作关系，加强各厨房之间和各部门之间的联系。

（9）抓好员工队伍的思想建设，关心员工生活，掌握员工的思想动态。

（10）负责制定厨房各岗位培训计划并负责组织实施，定期组织员工的考核、评估，提高厨师队伍的业务素质。

（11）负责搞好厨房系统的食品卫生、清洁卫生和安全消防工作，督促员工严格执行有关规定和制度。

（12）完成上级临时布置的其他工作。

4. 餐饮销售部经理

直接上级：餐饮总监。

直接下级：采购主管、业务主管。

岗位职责：

（1）在餐饮总监的直接领导下，制定各时期的餐饮宣传、推销计划并组织实施。

（2）主持并督导餐饮销售部的工作，主持部门工作会议，完成上传下达工作。

（3）组织外联、销售、不断开拓新客源，提高餐饮产品销售量和经济效益。

（4）检查并落实客人的预订。

（5）组织市场调查，制定各时期的菜单及合理的餐饮价格。

（6）建立客人消费资料库，收集客人对餐饮产品的意见，进一步做好餐饮的营销工作。

5. 宴会、中餐、西餐主管

直接上级：餐厅经理。

直接下级：宴会、中餐、西餐领班。

岗位职责：

（1）执行餐厅经理的工作指令，并向其负责和报告工作。

（2）按时参加部门例会，主持召开本班组班前（后）会，传达饭店、部门例会精神，安排、落实本班组的工作。

（3）协助经理制定和实施本餐厅推广计划，确保完成部门计划。

（4）协助经理抓好本班组物品、低值易耗品的管理及成本控制工作。

（5）负责所辖区域内的设施设备维修保养工作和消防安全、卫生工作。

（6）制定本班组年度、月度培训计划，并负责督导实施。定期对下属进行绩效评估，并提出员工奖惩建议。

（7）负责各班组员工的班次安排，督导员工日常工作，及时传达用餐与会议的预订情况,加强班前、班中、班后员工的行为规范、出勤、操作规范的检查,确保各岗对客服务的正常运行。

(8) 协助餐厅部经理制定各自岗位以及各种类型会议的工作程序与标准,并督导实施。

(9) 督导检查员工对部门规章制度及工作程序与标准执行情况,并采取纠正与预防措施予以整改落实,提高各班组的服务质量。

(10) 负责督导检查对客服务质量,广泛征集客人意见和建议,并采取纠正与预防措施,有针对性地整改落实,提高服务质量,及时汇报和妥善处理宾客投诉,对VIP客人要直接参与服务。

(11) 定期与厨师长沟通,及时反馈客人对菜品提出的合理化意见与建议。

(12) 做好员工的思想政治工作,抓好班组文明建设。

(13) 做好各班组与部门其他岗位的协调及沟通工作。

(14) 完成餐厅经理临时安排的其他任务。

6. 宴会、中餐、西餐领班

直接上级：宴会、中餐、西餐主管。

直接下级：宴会、中餐、西餐服务员和迎宾员。

岗位职责：

(1) 执行本餐厅主管的工作指令,并报告工作。

(2) 坚持用心做事的服务宗旨,带领班组员工按照餐厅服务工作规程和质量要求,做好接待服务、清洁卫生和各种菜点、酒水的介绍和推销工作,确保准确、优质、高效。

(3) 掌握每天住店客人情况及用餐、会议预订情况,做到心中有数。

(4) 掌握本班组员工的出勤情况,检查仪容仪表,考核平时工作表现,定期向主管汇报。

(5) 注意餐厅动态,妥善处理发生的各种问题。

(6) 负责费用控制,做好餐厅物料用品的领用、发放和耗损的记账报账工作,定期检查和清点餐厅财产设备和低值易耗品,确保安全、完好。

(7) 负责交接班工作,做好交接记录。

(8) 关心班组员工的生活和思想情况,抓好班组文明建设。

(9) 完成上级临时布置的其他工作。

7. 传菜领班

直接上级：传菜主管。

直接下级：传菜员。

岗位职责：

(1) 执行传菜主管的工作指令,并报告工作。

(2) 坚持用心做事的服务宗旨,带领本班组员工按照传菜工作流程和质量要求,做好服务工作。

(3) 掌握每天住店客人情况及用餐预订情况,做到心中有数。

(4) 掌握本班组员工的出勤情况,检查仪容仪表,考核平时工作表现,定期向主管汇报。

（5）负责费用控制，做好岗位物料用品的领用、发放和耗损的记账报账工作，定期检查和清点餐厅财产设备和低值易耗品，确保安全、完好。

（6）负责交接班工作，做好交接记录。

（7）关心班组员工的生活和思想情况，抓好班组文明建设。

（8）完成上级临时布置的其他工作。

8. 管事员

直接上级：管事部主管。

直接下级：无。

岗位职责：

（1）遵守饭店、部门管理制度，执行管事部工作标准与流程，服从管事部主管的工作安排。

（2）认真执行管事部物品管理有关规定，做好物品的领用和保管工作。

（3）负责餐饮部的财物管理，做好二级账。

（4）负责仓库的安全整洁，做到各类物品建账立卡，摆放有序，账、物定期清点核对，正确无误。

（5）负责物品发放工作，并及时做好登记入账，临时借用的物品按时收回。

（6）负责进货入库时的验收工作，根据出库单验清品种、数量、规格、质量和价格，并及时登记、入账。

（7）负责各类物品搬运工作，轻拿轻放，防止损坏和浪费。

（8）负责仓库的安全工作，易燃易爆物品应分开存放，库房内严禁烟火，确保库房的消防安全。

（9）完成上级临时布置的其他工作。

9. 酒水管理员

直接上级：管事部主管。

直接下级：无。

岗位职责：

（1）遵守饭店、部门管理制度，服从管事部主管的工作安排。

（2）掌握各餐厅的业务量及各种宴会、会议的预订情况，备足各类需要的酒水，并做好酒水的管理工作。

（3）负责做好各类空瓶废罐的回收工作。

（4）定期盘点、查看库存酒水，根据酒水的保质期向各餐厅提出促销建议，防止到期酒水出库使用。

（5）负责酒水进出的手续和记账工作，要求账、物相符，并做好日清月盘。

（6）负责酒水库的日常卫生清理，保证酒水库的消防安全。

（7）完成上级临时布置的其他工作。

10. 宴会、中餐服务员

直接上级：宴会、中餐领班。

直接下级：无。

岗位职责：

（1）遵守饭店、部门管理制度，执行各餐厅工作标准与流程。

（2）服从主管安排，按照分工认真做好餐前的各项准备工作及餐中服务、班后收档工作。

（3）了解当日用餐预订和桌次或厅房的安排情况，掌握当日的沽清情况。

（4）熟练掌握酒水价格，提前备好酒水并积极向客人推销。

（5）负责各自卫生区域内的日常卫生清洁以及设施设备的维护与保养工作。

（6）按照岗位工作标准与流程为宾客提供优质高效的服务，并充分关注每一位宾客，根据宾客需求提供个性化服务。

（7）帮助客人解决就餐或会议过程中遇到的各类问题，主动征求客人对菜品及服务的意见和建议并及时反馈。

（8）做好岗位交接以及班组信息传达与落实工作。

（9）积极参加饭店及部门组织的各项培训，不断提高服务技能技巧，提高服务质量。

11. 中餐宴会、中餐零点、西餐迎宾员

直接上级：中餐宴会、中餐零点、西餐领班。

直接下级：无。

岗位职责：

（1）遵守饭店、部门管理制度，执行迎宾岗位工作标准与流程，认真迎送接待每一位客人。

（2）开餐前整理好菜单与预订记录本，按照分工做好班前准备及班后收档工作。

（3）引领客人前往预订的餐厅，对于没有提前预订的客人根据宾客人数合理安排调整厅房、座位（对回头客及VIP客人需提供恰当的称谓服务），并礼貌地将值台服务员介绍给客人。

（4）按标准接听电话，及时传递信息，随时与宴会预订部及各餐厅服务员进行沟通。

（5）做好岗位交接以及班组信息传达与落实工作。

（6）积极参加饭店组织的各项培训，不断提高业务技能水平，提高对客服务质量。

12. 传菜员

直接上级：传菜领班。

直接下级：无。

岗位职责：

（1）服从传菜领班的安排，按照分工认真做好开餐前的各项准备工作及餐后收档工作。

（2）熟练掌握各种菜品配料及相应盛器的使用。

（3）负责传菜间日常卫生清洁以及设施设备的维护与保养工作。

（4）按照岗位工作标准与流程操作，负责传递菜单及信息到厨房各岗，在传菜过程中,负责检查菜品质量和份量。

(5) 做好岗位交接以及班组信息传达与落实工作。

(6) 积极参加饭店及部门组织的各项培训,不断提高服务技能技巧,提高服务质量。

## 任务三 人员配备

餐饮部的的组织结构图、职务说明书和岗位职责的确定只是完成了基本框架的设计,但没有灵魂的组织是不可能正常运营的,组织的灵魂就是"人"。

> **小资料**
>
> 企业只有一项真正的资源,那就是人。
> ——"现代管理学之父"彼得·德鲁克
> 你可以搬走我的机器,烧毁我的厂房,但只要留下我的员工,我就可以有再生的机会。
> ——IBM前总裁华生

图6-5 责、权、能的关系

餐饮部在进行人员配备时,首先必须要遵循责、权、能相等的原则。即某一岗位配备的人员必须具有相应的能力,在行使相应的权力时也必须担负相应的责任。三者可以用等边三角形来表示。如图6-5所示。其次,要遵循岗位的优化组合原则。并非各个岗位都配置上有能力的员工就可以高效运营,组织运行很关键的一点是员工之间的分工协作、和谐默契。简单的强强合作不一定能获得高产出,而取长补短、团结协作的组合才是我们在人员配备时要实现的一个目标。因此,餐饮部要优化岗位组合,我们追求的是1+1>2的效果。

### 一、人员配备的影响因素

餐饮企业工作千头万绪,纷繁复杂,怎样让每个岗位的员工"人人有事做,事事有人做",是人员配备所要解决的关键问题。在进行人员配备时,需要考虑以下因素。

#### (一) 餐饮企业的规模及经营类型

较大规模的餐饮企业,因为其组织结构相对复杂,部门较多,分工较细,餐座较多,故所需的员工较多。经营的业务类型较多的餐饮企业与经营单一业务的餐饮企业相比,需要的是具备不同服务和生产技能的员工,不能形成较大规模的同质生产,因此所需的员工也较多。

餐厅的经营类型也影响人员配备。如自助餐经营所需要的服务员数量较少,对服务员的技术要求也较低。若是主营中、西零点餐和宴会类经营方向,则需要配备更多的人员,同时对员工的生产能力、技术能力等的要求更高。

### (二)餐厅的定位及档次

只有高档次的设施配置而无高档次的管理与服务,餐厅的广告上出现的永远只是所谓的"准星级"。因此,若餐厅定位于高档消费群体,则配备的人员的数量和质量必须与之匹配。比如,法式西餐、酒吧、高档中餐对服务员涵养和技能的要求以及对每个餐桌配备的服务员的数量等的要求都比较高。若餐厅定位于大众消费群,那么在人员的数量上可以相应减少,而且对餐桌服务的要求也相应降低。

### (三)餐饮技术设备与员工技术熟练程度

餐饮行业是一种劳动密集型行业,很多工作都需要人力来完成。然而,传统的人力操作不仅效率较低,而且人力成本高,不利于标准化生产。因此,像厨房、餐厅等环节采用先进的技术,不但可以节省成本,还可大幅提高生产率。如餐厅的PDA点菜系统,厨房的原料加工机器,餐点制作机器甚至洗碗机器的采用均可以减少员工数量。

同时,员工较高的技术熟练程度既可以提高产品和服务的质量,也会因"熟能生巧"而改进生产技术。

### (四)餐饮经营的波动程度

餐饮企业的经营受季节、节庆以及经营类型的影响。比如说,火锅类餐厅在冬季营业状况良好,而在春夏季节则是经营的淡季。再如,随着人们生活观念的变化,像中秋、春节等节庆,人们纷纷走进饭店;而在受季节影响很明显的旅游地,当地的餐饮企业也会随之出现季节性波动。怎样在淡旺季做到员工数量的"恰到好处",就要采取合理的人员配给制度。很多餐饮企业采用临时工、钟点工加固定员工的模式来解决这一问题,效果不错。

## 二、人员配备的方法

在考虑影响餐饮企业人员配置因素的基础上,企业要根据自身特点,从实际需要出发,对各岗位配置合适的人员。人员配备的方法主要有以下几种。

### (一)岗位需求定员法

在分析餐厅实际情况的基础上,根据餐厅的组织结构设计和所设岗位配备人员。需要注意的是,用此种方法进行人员配备时,首先应遵循因人设职与因职设人相结合的原则,做到因材施用,宁缺毋滥。其次,中高层管理职位是否设副职或助理应根据餐厅的规模、管理职位的管理跨度及工作范围等来综合考虑,尽量防止"帕金森现象"的出现。最后,根据餐厅当前的情况完成的人员配备应以制度的形式确定并贯彻实施,以后可根据规模的扩张、业务的增加等情况做出相应的人员调整。

---

**知识拓展**

**帕金森现象**

美国历史学家诺斯古德·帕金森针对机构人员膨胀问题进行分析而提出了"帕金森定律"。他认为一个不称职的管理者有三条出路:

> 一是申请退位,把位子让给能干的人;
> 二是让一位能干的人来协助自己工作;
> 三是任用两个水平比自己更低的人当助手。
>
> 若选择一,则该管理者会丧失许多权力;选择二,"能干的人"会成为自己的对手;看来只有选择第三条路了。如果两个助手也上行下效,再为自己找两个比自己能力差的助手,就会形成机构臃肿、人浮于事、相互扯皮、效率低下的领导体系。
>
> 虽然该定律最初是针对行政机构设置弊端而提出的,然而,在很多组织中都可以看到这样的现象,这类现象就被称为帕金森现象。

### (二)设备定员法

设备定员是指在正常的生产经营活动中,根据设备数量和员工工作量及员工操作的熟练程度来确定员工数量。设备的数量是指完成生产任务所必需开动的设备台数,不能简单地按照现有设备数量来计算定员人数。该定员方法主要适用于炒菜厨房人员的配备。如厨师的编制定员主要是根据餐位及炉台数、菜肴菜系来配备;切配厨师根据炉台数配备。通过技术测定或营业测定,确定正常经营状态下所需的员工数。如遇旺季或营业时间延长,可对人员做出相应调整。

### (三)餐厅经营类型定员法

餐厅的经营类型不同,所需的各工种的员工数量也会有所不同。如自助餐经营类型的餐厅,服务员的人员配备可相应少于同规模的零点餐厅和宴会餐厅。而高档宴会经营类型的餐厅,其服务员的配备也会多于普通宴会餐厅。如高档宴会餐厅1张圆桌10人,需要配备2—3名服务员;中低档次但需要分菜、斟酒的宴会餐厅,1张圆桌10人,可配备1名服务员;而无需提供分菜服务的宴会,2张圆桌20人,配备1名服务员也可满足需求。

### (四)劳动定额定员法

劳动定额是指各工种的职工在一定的服务时间内应提供的服务或应生产的产品的数量。如每餐服务数、每小时服务数、每天服务数。服务数一般以客人服务数、菜品服务数、营业收入金额等表示。对于餐厅服务员来说,可按每餐服务的客人数确定劳动定额。餐厅厨师可用每餐服务客人数、每天的菜品服务数做劳动定额,而洗碗工以每餐服务的客人人数和每天洗涤的餐具做指标。如某餐厅服务员、厨师和洗碗工的劳动定额见表6-2。

表6-2 劳动定额表

| 劳动定额\餐别 | 岗位 服务员 | 厨师 | 洗碗工 |
|---|---|---|---|
| 早餐 | 30—40人/餐 | 50—60人/餐 | 100—120人/餐 |
| 午、晚餐 | 25—30人/餐 | 30—40人/餐 | 80—90人/餐 |

餐厅的档次不同、餐别不同、经营类型不同，甚至设备条件的差异都会影响劳动定额。一般来说，服务数越多，员工的配备数量也越多。管理者在实际经营中可对各工种员工人数作出相应调整。

---

**案例分析 6-2**

### 餐厅员工少了，怎么办？

某星级酒店餐饮部汪经理几天内接连收到了多起客人对宴会的投诉信。投诉的内容包括服务员的服务态度和程序，菜肴的质量，以及宴会厅的一些基础设施。汪经理立刻找来宴会厅主管一起了解情况。原来宴会厅人员定员人数不多，而这几天接连都是高标准的宴会，要求比较高，服务员和厨师高速运转，却仍然很难达到客人要求的标准。而服务人员由于负担太重，时间又较紧迫，都感到工作压力太重，产生了消极情绪而导致服务质量下降。汪经理马上采取补救措施，临时增加人手。他对宴会厅的服务人员不但没有批评，而且给予奖励。这样，调动了宴会厅服务人员的积极性，服务质量也上去了。

分析：
1. 汪经理处理这件事情给你什么启示？
2. 如何做好餐厅人员的安排？

---

### （五）比例定员法

比例定员法是指根据实际工作量、劳动定额、劳动效率等因素，按一定的配备比例计算所需人员数量的方法。如餐厅人员与厨房人员的比例是 1 : 1，炉灶与切配人员的比例是 4 : 1。

### （六）实际经营状况定员法

这种方法是根据餐厅在正常经营状况下，每个岗位所需的员工数。该方法需要总结餐厅正常运营状况下的接待人数，根据实际接待人数、餐厅经营类型等来配备人员。对很难确定劳动定额的岗位，需根据实际经验和日常总体工作来进行人员的配备。如，根据零点餐厅的平均日接待量，按 1 名服务员最多接待 20 位客人来配备服务员的数量。然而，像吧员、引座员、原料采购员、库房管理员等岗位很难确定劳动定额，则要根据实际经验和日常总体工作来配备。该方法进行的人员配备可进行上下微调，以能够满足生产经营需要、员工基本无空闲时间为原则。

## 任务四　班次安排

餐饮经营的特殊性决定了员工的上班时间不可能是"朝九晚五"，而是与大多数消费者的就餐时间相适应。班次安排是否科学合理，是否既能满足生产经营的需要，又能充分利用人力资源，节省人力成本，是餐饮企业要解决的一项重要工作。

## 一、班次安排原则

餐饮部因工种多,岗位差异大,班次安排需要遵循以下原则:

首先,要保证满足餐厅经营和服务的需要,确保在营业高峰时人员最多。

其次,要针对不同餐厅的经营特点,合理科学地安排班次。

再次,不管采取哪种班次安排,既要发挥员工的积极性,保证满负荷运作,还要考虑员工的承受能力和困难,关心员工的身体健康,避免员工长期超负荷工作产生厌战情绪。

## 二、常见的班次形式

班次要根据客人活动规律、劳动量大小及活动区域的集中程度来进行划分。班次安排一般是以岗位或班组为单位进行劳动分工,常见的班次形式有以下几种。

### (一) 一班制

即工作人员每天同时上下班的形式,又称"单班制"。它的优点是营业时间内没有交接班,缺点是营业时间短,因而对前台人员不合适,只能用于后台服务的行政、后勤人员。

### (二) 二班制

即一天当中分两批轮班的工作形式。在服务一线的人员,营业时间往往超过8个小时,为了保证服务的需要,可把员工分成先后两班,每班工作8小时,中间有个交接班的过程。同时,考虑到餐饮服务的间隙性,大部分餐厅会设一个机动班,即该班次的工作时间安排在餐厅的营业高峰时间,如10:00—14:00,17:00—21:00。

### (三) 三班制

即早班、中班、晚班的三班轮班制。在很多供应早餐的餐饮部里,餐厅服务员大多采用三班制。其班次安排常从每餐的餐前准备到餐后工作完成结束。采用这种排班方式可以延长营业时间并方便客人,缺点是班次增多,排班难度增大,容易出现职责不清的现象。

以下是某四星级酒店餐饮部中式零点餐厅和餐饮包间的餐厅服务员的班次安排。如表6-3所示。

**表6-3 某中餐厅服务员班次安排表**

| 工作时间\餐别\员工 | 早餐(自助餐) | 午餐 | 晚餐 |
| --- | --- | --- | --- |
| 员工A | 6:00—9:00 | 10:00—14:00 | — |
| 员工B | — | 9:00—14:00 | 16:30—21:00 |

### (四) 平衡式上班制

这种形式下的员工每天的工作时间根据实际需要可长可短,在一周或一个月内达到平衡,平衡后平均每天仍为8小时。它的优点是人员配备能与工作量相匹配,保证在营业时间内有充足的人力,缺点是管理上较为复杂,员工上下班时间无规律性,容易引起员工反感。

### (五)弹性工作制

近年来,弹性工作制在不少餐饮企业内实行,弹性工作制把员工上下班时间分为两部分:一部分为核心工作时间,在这段时间内员工必须到岗,一般为3—4小时;二是弹性时间,员工在这部分时间内在管理人员协调的情况下自由选择上下班时间,两部分时间相加为规定的制度工作时间(如8小时)。它的优点是员工可以有较多的自由支配时间,缺点同样是管理协调工作量较大。

> **小资料**
>
> 酒吧在晚间营业,所以大多采用一班制;咖啡厅多以两班倒为主。
>
> 厨房员工的班次安排受工种的影响比较大。如烤鸭、冷盘雕刻等工种的班次安排与炉灶、切配有所不同;厨房自助餐厨师4:00上班,切配8:00上班,炉灶则可以10:00上班。

## 三、节约人工费开支的主要措施

### (一)采用分班制

安排员工在上午工作几个小时,下午工作几个小时,在餐厅不营业或生意清淡时可以不安排或少安排职工上班,这样可以节约用工数。

### (二)使用半职临时工作为正式工的补充

餐饮企业在每日各时段对服务的需求量变化很大,如果全部使用正式工,生意清淡时也要照付工资,并且正式工还享受各种劳保、福利待遇,对企业负担较大,所以许多非技术性或半技术性的工种可以雇佣半职临时工(每天工作3—4小时)。

在使用半职临时工时要注意以下几点:

(1)尽量稳定。长期使用一些稳定的半职临时工,可使这些人员积累工作经验,提高服务技术,餐厅也可减少招聘费用。

(2)注意对半职临时工的技术培训,这是保障服务质量所必需的。

(3)每天雇佣时间合适。要保证在雇佣时间内半职临时工能够满负荷工作。

### (三)兼职

对按岗位定员和按设备定员的员工,有时会出现工作量不满的情况,这时可以考虑互相兼职,如库房管理员可兼职做验收工作。

### (四)增加工作负荷

通过技术培训及适当的奖励措施,提高员工的劳动定额,从而使同样的工作量由较少的人员去完成。但要注意增加工作负荷不能是无止境的,要充分考虑员工的心理、生理承受能力,不搞疲劳战,否则必然影响餐饮服务质量。

班次安排会因地区风俗、酒店经营类型、营业时间长短及工作性质的不同而有所差异。实际工作中,应结合餐厅自身特点,分析岗位需要,采取合理的班次安排形式。

## 项目小结

采用合理的组织结构类型是餐饮经营成功的前提,而明确每个岗位的职责则可以提高餐饮经营服务的效率。在餐饮管理中,管理者要重视"人"的因素,选择合适的人安排到合适的岗位,充分调动员工的积极性。同时,根据各岗位特点进行合理的班次安排,也是餐饮管理人员要解决的一项重要工作。

## 项目习题

### 一、案例分析

#### 一封辞职信

北京某饭店的风味餐厅经理收到了一名员工的辞职信。内容如下:

××经理:

我们实在没法在他手底下混这碗饭了。那天我在餐厅领位,前后来了两个美国旅行团用餐。由于领队当时都不在,客人自己报团号,我的英语不好,也没有经过这方面的培训,结果把两个团安排颠倒了(注:据了解,两个团的用餐标准不同,一个是300元／人;另一个是160元／人。显然,让300元／人的团用160元／人的餐标肯定会有麻烦)。事后,我作了检讨,并主动交了100元罚款。但头儿说,他为此也被罚了100元,如果也罚我100元也太少了,他一定要我交300元。当时,我本想说,我没带那么多钱,但一急便说成了"我没钱"。头儿听后说我顶撞上级,就又加了100。我当时不太冷静,转身就走了。走出不久,我就后悔了,于是马上回来说我愿意接受处罚。可头儿这时又说,他先要治治我的脾气,要杀鸡给猴看,拿我当典型,进行整顿。接下来,不管我怎么求情说好话,他都不再理我了。第二天一早,我便交去了400元的罚款。头儿说我还得在全餐厅作检查,下午我做了,但他说不深刻,让我再做。第二天我在检查中说,希望餐厅能加强外语培训。头儿又说我为自己的错误开脱,还说我又想挣钱,又想念书,真是想得美,有本事上大学去;没本事,当服务员就得服管。这以后我就没再去上班。当时真想叫人揍他一顿,事后一想算了。他人不算太坏,就是不是当头儿的料,没头脑,也没方法。他这样说,把人都得罪了,餐厅很多人都想辞职,只是还没找到合适的地方。另外,说不定哪天他还真可能挨顿打,好多人都有这种想法。其实,我挺舍不得离开饭店的,借这个机会谢谢那些曾经帮助教育过我的人。

服务员:×××<br/>×年×月×日

读罢这封来信,经理进一步明白了为什么会有那么多的人揣着辞职报告上班。他找到了那位被服务员称为"头儿"的管理人员,给他看了服务员来信。"头儿"说差不多就是这么回事,他刚到这里当头儿,看不惯以前的那种松松散散的样子,所以,一定要严格管理,要从一点一滴的小事抓起,树立良好的风气。

思考题：本案例给了我们怎样的启示？

## 二、任务设计

1. 调查当地一家饭店的餐饮部或一家餐饮企业的组织结构设置，了解其中至少两个岗位的岗位职责，并就调查对象的组织结构设置表达自己的观点。

2. 很多人都有创业梦，如果现在你是拥有两家分店、员工160人的海鲜餐厅的总经理，你会怎样对该企业进行组织机构设置呢？

## 项目七 菜单筹划与设计

### 项目指南

在餐饮运行与管理中,菜单的筹划和设计是餐饮经营中一个至关重要的核心环节。菜单的种类很多,各餐饮企业在制定菜单的过程中,一定要遵循目标市场供需关系平衡的原则,深入分析市场竞争状况,结合本企业的自身特点,设计出具有自身特色的菜单,以便于餐饮企业的日常经营管理。

### 项目目标

**知识目标**

1. 了解菜单的定义及作用;
2. 熟悉菜单的种类;
3. 明确菜品选择的原则;
4. 掌握菜单内容安排;
5. 熟悉菜单制作程序。

**能力目标**

1. 能够区分不同种类菜单的作用;
2. 能够设计出一款精美科学的菜单。

**素质目标**

培养动手能力和创新思维。

# 任务一 菜单认知

菜单是餐饮经营者向宾客推出的联结市场供给和客人需求的菜点目录。在餐饮运行过程中,菜单是一位不入编制的、勤劳的推销员,它总是无声地向宾客展示食品的目录和价格,是开展市场营销活动的纽带和桥梁,是完成餐饮产品市场交易的凭借和工具。

## 一、菜单的作用

### (一)菜单是传播品种信息的载体

餐饮企业通过菜单向宾客介绍餐厅提供的品种名称和特色,进而推销品种和服务。宾客通过菜单了解餐厅的类别、特色和价格,并凭借着菜单决定自己需要的品种和服务。因此,菜单是连接餐厅和宾客的桥梁,它反映了餐饮企业的经营方针,也体现了餐饮企业的营销策略,起着促成买卖成交的媒介作用。

菜单还反映出该餐厅的档次和形象,通过浏览菜单上的品种、价格以及菜单的艺术设计,宾客很容易判断出餐厅的风味特色及档次的高低。

### (二)菜单是餐饮经营的计划书

菜单在整个餐饮运行中起着计划和控制的作用,它是一项重要的管理工具。

菜单反映了该餐饮企业的烹调水平。从菜单的品种目录上,大体可以看出该餐厅的烹调水平及特色,比如品种分类、有何特色品种、招牌品种是什么。

菜单决定原料的采购和储存活动。既然决定了销售什么样的品种,必然就决定了需要购买什么样的原料和储存什么样的原料。

菜单影响着餐饮原料成本和毛利率。菜单上的销售规格和品种价格,实际上就决定了餐饮原料成本的高低,同时也反映了餐饮企业的综合毛利率水平。

### (三)菜单是餐饮促销的控制工具

菜单是管理人员分析品种销售状况的基础材料。餐饮管理者定期对菜单上的每个分类的销售状况、顾客喜爱程度、顾客对品种价格的敏感度进行调查和分析,会发现品种的原料计划、烹调技术、价格定位以及品种选址方面存在的问题,从而能帮助餐饮管理者正确认识产品的销售情况、及时更换品种、改进烹调技术、改进品种促销方法、调整品种价格。

### (四)菜单是餐饮促销的手段

菜单不仅通过提供信息向宾客进行促销,而且餐厅还通过菜单的艺术设计烘托餐厅的情调。菜单上不仅配有文字,还往往配以精美的品种图案,让宾客更直接地了解菜品。

菜单既是艺术品又是宣传品。一份设计精美的菜单可以创造良好的用餐体验,能够反映出餐厅的格调,可以使宾客对所列的美味佳肴留下深刻印象,并可作为一种艺术欣赏,甚至留作纪念。

> **知识拓展**
>
> ## 菜单的历史
>
> 菜单并不是为了向客人说明菜肴内容和价格而制作的,而是厨师为了备忘而写的单子,英文为Menu。
>
> 据说在16世纪初期,法国宫廷菜肴是很一般的。1533年法国国王昂里二世的王妃卡得里努从佛罗伦萨带来了厨师作为陪嫁,从此法国宫廷菜肴才逐步得到改善。法国的厨师为了记住这些意大利菜肴的烹调方法及原材料,将它们记录下来,这就是菜单的雏形。而这些记录真正成为向客人提供的菜单,已是16世纪中叶的事情了。
>
> 1954年布伦斯维克侯爵在自己的宅邸举行晚宴,每上一道菜,侯爵都要看看桌上的单子,当客人们知道他看的是今天的菜单时,十分欣赏这种方法。大家争相仿效,在举行宴会时,都预先制作了菜单,菜单便真正出现了。

## 二、菜单种类

### (一) 根据市场特点分类

1. 固定菜单

固定菜单是指每天都提供相同菜目的菜单,是一种菜肴和内容标准化而不作经常性调整的菜单。它适用于就餐宾客较多,流动性大的商业型餐厅。旅游饭店、社会餐厅大多使用固定菜单,他们的顾客几乎每天都在变化,餐厅不会因为每天提供相同的菜单而使顾客感到单调。

固定菜单的优点在于:有利于食品成本控制;有利于原料采购与贮存;有利于餐厅设备的选购与使用;有利于员工的安排和设备的充分利用;有利于菜肴质量的稳定和提高。但是固定菜单的菜式不变,难以提供多种风格的餐饮产品,缺乏灵活性,缺乏创新,容易使人产生厌倦感。

2. 循环菜单

循环菜单是指按一定周期循环使用的菜单。这类菜单适宜旅游饭店团体餐厅、长住型饭店的餐厅以及企业和事业单位食堂餐厅使用。

使用循环菜单,餐厅必须按照预定的周期天数制定一整套菜单,每天使用其中一套。当整套菜单全部使用完毕后,就算结束了一个周期,然后周而复始,再重新使用这套菜单。

与固定菜单相比,循环菜单的菜品经常更新,丰富多样,顾客不会感到单调;每天的变化也会给员工带来新鲜感,避免产生厌烦情绪。但剩余食物原料不便利用;采购麻烦,库存品种增加;使用设备多,使用率低。

3. 即时性菜单

这是根据某一时期内原料的供应情况而制定的菜单。这种菜单编制的依据是菜品原料的及时采购、菜品原料的质量和价格,以及厨师的烹调水平。这种菜单没有固定的模式,菜单相当灵活,使饭店能及时地采购使用廉价原料和时鲜事物,也有利于饭店充分利用当天未推销完的食物和菜肴,使用时间比较短或每天更换。

4. 综合性菜单

综合性菜单就是将固定菜单、循环菜单和即时性菜单依据饭店经营的宗旨和餐饮市场的需求,切合实际、有机地结合在一起,共性与个性相结合,局部与整体相结合,成为完整的菜单体系,充分发挥菜单的作用。

**(二)根据服务方式划分**

餐饮服务的方法从大的方式上可以归为中餐服务方法和西餐服务方法两类,根据这两类服务方式,就有了两类不同的菜单。

1. 点菜菜单

各类零点餐厅使用的菜单,属于此类。使用这类菜单的餐厅,将就餐消费者作为主体,消费者根据自己的口味,选自己喜欢的食品;而餐厅作为客体,则必须根据消费者的口味提供适销对路的餐饮产品。

2. 套菜菜单

所谓套菜菜单,是指在一个价格下所包括的是整套餐饮。套菜菜单又称为特定组合菜单,是餐饮企业为了满足顾客的各种需求,同时也是为了促销的需要,而推出的搭配好的菜点组合。套菜菜单可以指为团体客人所提供的餐饮,也可以指为单独的顾客所提供的一整套食品。如婚宴、生日宴会、中秋套餐等。

表7-1 会议正餐套菜菜单

| 代号 | 菜名 | 价格 |
|---|---|---|
| 套餐A | 四喜拼盘　广东菜心　芙蓉里脊片　脆皮乳鸽　丁香排骨<br>豆瓣青鱼　芦笋余烧鸭片　扬州炒饭　水果拼盘 | 每人28元<br>每桌280元 |
| 套餐B | 五味冷菜　娃娃菜　响油鳝糊　海参锅巴　咕噜肉　香酥鸭<br>武昌鱼　莼菜鸡片汤　扬州炒饭　水果拼盘 | 每人32元<br>每桌320元 |
| 套餐C | 七味冷碟　蘑菇时蔬　芙蓉鸡片　酱爆肉花　三鲜海参<br>双冬扒鸭　松鼠鳜鱼　火鸡鱼圆汤　扬州炒饭　水果拼盘 | 每人36元<br>每桌360元 |

**(三)根据餐别分类**

(1)中餐菜单:包括早餐菜单、午餐菜单、晚餐菜单等。
(2)西餐菜单:包括西式早餐菜单、正餐菜单、下午茶点菜单等。
(3)自助餐菜单:客人可自由选择取用其所喜爱之佳肴,价格也较便宜。
(4)其他菜单:如宴会菜单、客房送餐菜单、酒水单等。

**(四)根据菜单的制作方式分类**

1. 台卡式菜单

台卡式菜单由菜单封面、菜单正页和菜单封底组成,是最常见的菜单装帧方式。主要适用于各种正餐菜单,其特点是菜单内容量大,宾客有充分的选择余地。缺点是制作成本较高。

2. 招贴式菜单

招贴式菜单张贴或悬挂于饭店餐饮场所或公共区域的空间,容易被宾客发现和使用,发挥了菜单的广告功能。

3. 纸垫式菜单

纸垫式菜单用于服务快捷的快餐厅、速食店或咖啡厅,以及"每日特选"、"厨师特选"等销售形式。这类菜单一般设计制作比较简单,成本较低,绝大多数为一次性菜单。

4. 折叠式菜单

折叠式菜单常见于中西餐宴会、特别推销等销售形式的菜单中,以两折、三折的形式居多。这类菜单既可以平放桌面上,也可以立在桌面上,它起着点缀和吸引顾客的作用。

5. 活页式菜单

活页式菜单是在激烈的市场竞争中产生的一种菜单形式,这种菜单对经营者来说非常方面、灵活。它可以随时根据市场需求的变化调整菜单形式,而不必重新制作菜单封页。

6. 迷你型小菜单

迷你型小菜单是将菜单的全部内容缩成小册子,赠送给前来就餐的宾客或作为广告宣传单散发。是宾客就餐经历的一种纪念,又是餐饮推广的一种有效途径。

此外,依目标客人群体的不同要求、年龄和宗教信仰亦可分为:宴会菜单、客房用菜单、儿童菜单、素食菜单、外带菜单、快餐菜单等。

## 任务二 菜 单 筹 划

菜单筹划是餐饮管理人员在详尽的市场调查的基础上,综合顾客需求、市场环境和餐饮企业自身情况等方面因素,提出可供录到菜单的菜肴品种,再根据一定的原则来选择,经过版面设计和美化,最终形成顾客看到的成品菜单。

菜品的选择和计划要反映出餐厅经营的风格,要能影响餐厅顾客的需求。菜单上出的菜品是宾客就餐时购买决策的依据。菜品选择合理会促使宾客购买,吸引他们下次再来,从而提高餐厅的收入和经营利润。

菜品的选择相当重要,而设计一份菜单除了要考虑它对餐饮企业各项业务活动的影响之外,我们还须遵循以下原则。

### 一、独特性

现在的餐厅遍地生花,一个餐厅若能创出其他餐厅没有或赶不上的某类、某个品种、某种烹调方法、某种服务用餐方法等,就能大大突出餐厅的形象,使人们提起某种菜就会想到此家餐厅。如北京全聚德因烤鸭技术出名而创出名气,某酒店用竹制的小帆船蒸鳜鱼片等。现在的饮食界也往往有流行吃法一说,这一点充分说明了人们对新的菜式的猎奇心理。当然,做到这一点需要餐厅的全体工作人员共同努力,但切忌创造的新菜式缺乏应有的菜肴的美感和无法调动人的食欲,让人不敢动筷或毫无兴趣。

### 二、种类平衡

为满足不同口味的顾客,菜单所选的品种范围不能太窄。选择品种时要考虑以下因素：

### （一）每类菜品的价格比例要平衡
因为宾客的消费水平不同，每类菜的价格应尽量在一定范围内有高、中、低的比例搭配，一般控制在1∶2∶1的范围。

### （二）原料搭配平衡
俗话说"萝卜白菜，各有所爱"，每类菜的原料不同，每个宾客的口味不同，有的宾客不吃肉，有的宾客不吃鸡蛋，而原料搭配好可使更多的宾客选择自己喜欢的菜肴。

### （三）烹调方法平衡
各类菜的烹调方法不同，如：炸、炒、煮、蒸、炖。成品的质地要生、老、嫩、脆搭配，口味要咸、甜、清淡、辛辣搭配合理。

### （四）营养均衡
随着生活水平的提高，顾客不但注重菜肴的口味，而且更加讲究菜肴营养搭配均衡合理，营养健康。

## 三、选择毛利较大的品种
餐厅经营者最关心的还是成本和利润。有些菜式虽然出售的价格高，但除去其成本后就发现所得利润并不可观，而有些价格低廉的菜品，因它的成本较低，除去成本，毛利还可能比高价销售的菜品要大。由此可见，在选择菜式时，不能只看到眼前出售的高价；而要从成本的角度来分析利润的高低，在选择菜式时，对于那些毛利大的品种要多选一些，适当地舍弃那些毛利小的菜式，使各种菜式互相弥补，利润最大化。

## 四、品种不宜过多
菜单上的菜式过多，对餐厅和宾客都会产生不利因素。菜式过多，客人拿到菜单点菜时，对形形色色的菜肴得一一过目；因为品种多，客人点菜时就显得困难和犹豫不决，这样既占用了厨师做菜的时间，又因占据了座位从而降低了座位的周转率，影响餐厅的收入。品种过多还会增加采购和贮藏成本，餐厅难以确切把握各种菜品每天的销售量，有可能在某种菜价贵的时候采购了此种菜，而放了几天还没销售掉，在贮藏方面，又得花费大量的资金来保鲜。这样既占用了贮藏空间，还会给厨师的操作带麻烦。种类繁多的原料放在一起，会令厨师拿错原料做错菜。

## 五、与整体经营相协调
餐厅的装潢环境正好反映了餐厅的消费水准，餐厅的装潢在一定程度上也是餐厅的"隐形价值"。一家大型的餐厅和一家小型快餐厅的消费水平是有区别的。如果一家装潢简陋质朴的餐厅专提供高档的菜肴给顾客，顾客会觉得既享受不到舒适的用餐环境，又觉得价格不值而与餐厅发生矛盾。同理，如果一家设计美观、豪华的餐厅里提供的只是一些毫无特色的普通菜式，顾客也会觉得性价比低，对餐厅大失所望。所以，选择菜式不是越精致越好，菜式的档次和价格要与整体经营一致才是主要的。

## 六、迎合顾客的需求

客人是检验餐厅是否成功的关键。餐厅的经营宗旨就是要竭力迎合不同客人的需求。每一家餐厅都必须在经营过程中分析来餐厅的客人中具有代表性的那一类。因为这一类客人的特征，可以让餐厅经营者看到一个目标消费群体，这也就等于在做一种市场调查。餐厅所做的菜肴想要受到客人的喜爱，就要了解客人对各类菜品的喜好，经济收入情况及消费档次和消费习惯。如果北方客人多，那么面食为主的餐厅就很受欢迎；如果家庭较多，菜式就要丰富多样些，比如设计生日餐、婚礼套餐等。

餐厅经营者还要关注餐厅周围的市场，观察一下附近同行的顾客消费情况，这样可以从中找出捷径，来寻找自己的经营目标。对内部市场和外部市场的调查都可为餐厅的经营提供必要的参考，餐厅经营者可视自己的规模来吸引自己的目标顾客群体。

## 七、菜式原料

在采购菜式原料时，一定要通过正当的渠道来获取，而不能为了节约成本而采购那些卫生不合格、质量没有保证的低价原料。更不能高价购买那些受国家保护的珍稀动物和植物。一家餐厅要想长期生存下去就必须在守法经营的大前提下，以高质量的菜肴来满足信任自己的顾客。

## 八、更换菜式

如果一家餐厅菜单长期未进行升级更新，客人拿起菜单看来看去还是老套的菜色，很可能使客人失去原有的兴趣。因此菜式要"变"，菜式的更换要从几个方面来进行。

### （一）收入角度来考虑

在更换菜式时，餐厅经营者要根据以前菜单总结出毛利大的菜式，换去那些滞销、利润小原料短缺的菜式。

### （二）抓住菜品的季节性

换去一些不合季节的菜品，补充新鲜的时令菜。这样使顾客能时常品尝到新鲜的菜肴。

### （三）调整不同价格的菜式的搭配

这方面主要针对套餐或营养因素。比如可以不降低原有套餐的价格，但里面的菜色可以多增加些价格低的素菜，减少一点贵菜，或者增加贵菜中的"含金量"，减少些价格低的素菜。有些餐厅还会采用改变餐具的办法来调整菜色。比如原来三盘炒菜，现在可以把它制成简易实惠的小火锅或大杂烩形式。同一种菜名，从营养的角度来更换一些原料也很有必要。

### （四）可根据顾客点菜的菜单临时调整

这一点主要是为顾客着想，当然也能使厨师的厨艺更好地发挥。客人点菜时可能对某些菜式的做法不熟悉，而有些菜的配料是一样的，假设客人点的三种菜里有两种配料重复，这样的吃法肯定比较单调。遇上这种情况，往往是菜单没有注明菜色的加工过程。而作为餐厅的经营者来说，为了弥补这方面的不足，若能让服务人员询问清楚后加以调整，必定能让客人花同样的钱吃得更好些。

### (五）避免浪费原料

在使用循环菜单的过程中,换菜单时要清查现贮藏的原料还剩多少,如果还剩很多,暂不要使用新菜单,在此期间应让服务人员向客人推荐此类菜式,等这些原料用完后再开始使用新的菜单。

### (六）增加新的品种

这些新品种可以是餐厅原来已有但很久没出售的,也可以是厨师在原有菜式的基础上改进的,还可以是引进别家餐厅的。

## 任务三　菜　单　设　计

菜单设计是一项艺术性和技术性都较强的工作。一份好的菜单,既能满足各种宾客的餐饮需求,又能促进餐饮部取得良好的经济效益,同时它又是一份精美的宣传品和艺术品。菜单是餐饮部工作人员和企业形象策划人员、版面设计师等共同精心研究的成果。

### 一、菜单内容

菜单也是餐厅的推销工具,不管餐厅利用媒体做了多少广告,都无法保证客人看到餐厅提供的全部菜品信息。而菜单是将餐厅产品的信息直接传递给客人的十分有效的媒介。如果菜单的内容和设计能遵循广告的原则,必定会吸引、引导顾客的选择。

#### （一）菜品的品名和价格

菜品的名字会直接影响顾客的选择。顾客如果未曾尝试过某种菜,往往会凭品名去挑选,菜单上的品名会在就餐客人的头脑中产生一种联想。顾客对一餐是否满意在很大程度上取决于看了菜单品名后对菜品产生的期望值,而更重要的是,餐厅提供的菜品能否满足客人的期望。

根据国际菜单法规,菜品名和价格要具有真实性。这种真实性要求全面,它包括:

1. 菜品名字真实

菜品名字应该好听,但必须真实,不能太离奇。以前曾流行过充满想象力、离奇和不精确的名字。国际餐馆协会对顾客进行调查发现,故弄玄虚且离奇的名字、不熟悉或不符实的名字,不容易被顾客接受,只有小型的、以常客为主的餐厅可用不寻常的名字。向大众开放的餐厅应该采用符实并为顾客熟悉的菜名。当然有些餐厅用独特菜名也有成功的案例。

---

**案例分析 7-1**

### "一夜情"大摇大摆上餐桌

"油爆一夜情"、"火辣的吻"、"白雪公主"……这居然是白纸黑字印在菜单上的菜名。一名网友在"人民网"的一篇文章中披露了深圳一些酒楼为招揽客人给菜肴起些奇怪的名字,"一夜情"竟大模大样地走到了饭店的餐桌上。据分析,这些名字无外乎就是想给客人"神秘的诱惑"。全国各地都有餐厅酒楼挖空心思、乐此不疲地推出各种稀奇古怪的菜名,并以此作为吸引客人眼球的"秘笈"。如"母子相会"就是黄豆芽炒豆芽,"一国两制"是煮花生米拌炸花生米,"波黑战争"是菠菜炒黑木耳,"绝代双骄"是青辣椒加红辣椒,"小二黑结婚"就是两个剥了皮的皮蛋,等等。怪名字可谓无奇不有,然而却苦了客人,面对着一堆菜谱,很多菜名让客人一头雾水,任其如何想象也想象不出是什么食物,一些客人甚至用餐后大呼上当受骗。

分析:1. 你认为以上餐厅起名有不当之处吗?
2. 菜单上的菜名设计要注意哪些问题?

2. 菜品的质量真实

① 菜品的质量真实包括原料的质量和规格要与菜单的介绍相一致。如菜品名为炸牛里脊,那么原材料就不能是腿肉。

② 产品的产地必须真实。如果品名是烤新西兰牛排,那么原料必须从新西兰进口。

③ 菜品的份额必须准确。菜单上介绍份额为300克的烤肉必须是300克。

④ 菜品的新鲜程度应正确,如果菜单上写的是新鲜蔬菜,就不应该提供罐头或速冻食品。

3. 菜品价格真实

菜单上的价格应该与实际供应的一样。如果餐厅加收服务费,则必须在菜单上加以注明,若有价格调动要立即修改菜单。

**案例分析 7-2**

据2014年6月14日《三秦都市报》报道,陈小姐和同事在西安某火锅店吃饭,点了"鲶鱼片"、"黄鳝片"两个标注"时价"的涮料。当时服务员说价格分别是20元和28元一碟,然而埋单时,陈小姐发现总价目不太对。他们叫来了大堂经理,经理竟说,"现在是休渔期,海鲜都涨了,鲶鱼片是28元,黄鳝片是38元"。由于菜单上没有"白纸黑字"标明具体数字,陈小姐虽然很气愤,却又无计可施,只得付款结账。

隐形的标价,也就是时价,在餐饮业包括部分酒店中都很流行。比如,不少餐厅的海鲜价格都标着"时价"。消费者点菜前都会问具体价格,结账时却发现比点菜时了解到的价格高出一截,由此经常引发纠纷。

分析:1. 你如何看待餐厅菜单上的"时价"问题?
2. 针对价格多变的海鲜菜肴,餐厅采取什么做法比较好?

4. 外文名字正确

菜单是餐厅质量的一种标记。如果西餐厅菜品的英文或法文名搞错或拼写错误,说明西餐厅对该菜品的烹调根本不熟悉或对质量控制不严,会使顾客对餐厅产生不信任感。

### (二) 菜品的介绍

菜单上对产品的介绍,可减少顾客选菜的时间。

菜品介绍的主要内容通常如下。

1. 主要配料以及一些独特的浇汁和调料

有些配料要注明规格,如肉类要注明是里脊、还是腿肉等。有些配料需注明质量如新鲜橘子的汁、活鱼等。

2. 菜品的烹调和服务方法

某些具有独特的烹调方法和服务方法的菜品必须介绍,而普通的方法一般不需介绍。

3. 菜品的份量

菜品要注上每份的量。如果以重量表示是指烹调后菜品的重量,有的菜品还需注上数量,如美式早餐套餐注明有两个美式煎蛋。

菜品的介绍应便于推销菜品。菜单上的介绍要注意引导顾客下单那些餐厅希望销售的菜肴,因此要着重介绍特色菜、品牌菜。同时,还要介绍一些名字不熟悉的菜。

餐厅的菜单中,往往有许多菜仅凭名字客人难以明白是什么样的菜,难以作出菜品的选择决策。例如,某西餐饭店菜单上有一个菜品名是"Any Pork in a Storm"译成中文是"暴风雨猪肉"。它是这家餐厅的特色菜。如不加介绍,客人难以理解它是什么样做法的菜。于是餐厅在菜单上作了如下介绍:"山核桃熏咸肉、维也纳成牛肉、瑞士奶酪、海甘蓝色拉,配合法式面包的热菜"这样介绍菜令人清楚原料及做法,能吸引客人下单。又如某中餐馆菜单上有一个名为"叫化鸡"的菜,译成英文为"Beggar's Chicken"。若不作介绍,会给客人种不好的印象,应加上一段中英文说明:"镶有肉丁、火腿、海鲜、香料的童子鸡,外裹荷叶和特殊焙泥等烤制而成。Chicken stuffed with diced pork, ham, fine herbs and seafood wrapped in lotus leaves and special mud and roast." 这样,客人不但会清楚是什么原材料,并且会产生兴趣,愿意去尝试。

菜品的介绍不宜过多,非信息性介绍会使顾客感到厌烦,使顾客拒绝菜单甚至不产生购买行为或不再光顾餐厅。

### (三) 告示性信息

每张菜单都应提供一些告示性信息。告示性信息必须十分简洁,一般有以下内容:

(1) 餐厅的名字,通常安排在封面页。

(2) 餐厅的特色风味,如果餐厅具有某些特色风味而餐厅名又反映不出来,就要在菜单封面的餐厅名下列出其风味。例如:

金珠餐馆(潮洲风味)

(3) 餐厅的地址、电话和商标记号,一般列在菜单的封底页下方。有的菜单还列出餐厅在城市中的位置。

(4) 餐厅经营的时间,列在封面或封底页。

(5) 餐厅加收的费用,如果餐厅加收服务费需要在菜单的内页上注明;如果餐厅只收外汇、人民币也必须注明。例如,某菜单上标注:"所有价目均加10%服务费,请用外汇结账。"

### (四)机构性信息

有的菜单上还介绍餐厅的质量、历史背景和特点。许多餐厅需要营销自己的特色,而菜单是最佳途径。例如,肯德基的菜单介绍了这个国际集团的规模、这种炸鸡的烹调特色以及肯德基的产生和历史背景。

### (五)特色菜推销

1. 需要特殊推销的菜品

一家成功的餐厅很少将菜单上的菜品"同样处理"。无论哪一类菜品、汤类、热炒、主食,如果每个菜品与其他菜品作同样处理就显不出重点。一张好的菜单应有一些菜得到"特殊处理",以引起顾客的特别注意。从餐厅经营的角度出发,有两类菜品应得到特殊处理。

(1)能使餐厅扬名的菜品

一家餐厅总要有意识地策划几种菜品使餐厅出名,这些菜应有独特的特色且价格不能太贵。这些能使餐厅出名的菜品应该得到特殊处理。

(2)愿意多销售的菜品

价格高、毛利润大、容易烹调的菜是管理人员最喜欢销售的菜。如西餐中的开胃品、主菜、甜品一般盈利较大并容易制作,应列在醒目的位置。

特殊菜品的推销主要有两大作用:对畅销菜品、品牌菜品作宣传;对高利润但不太畅销的菜品作推销,使它们成为既畅销、利润又高的菜品。

2. 特殊推销菜品的类别

特殊推销菜品有以下四类。

(1)特殊的菜品

指一种畅销或高利润的菜。这种特殊菜品可以是经常提供的某种菜品,也可以是时令菜。时令菜容易吸引客人,也能获取高利润。

(2)特殊套餐

推销一些特殊套餐能提高销售额,增强推销效果。例如,北京丽都饭店在各国国庆节推出各国的风味套餐,如印度国庆节时推出印度套餐,并配合演出各国的文娱节目,吸引了驻京的各国朋友。

(3)每日时菜

有的菜单上留出空间给每日的特色菜和时令菜,以增加菜单的新鲜感。

(4)特色烹调菜

有些餐厅以独特的烹调方法来推销一些特殊菜品。例如有的餐厅推出主厨特色菜:主厨特色汤、主厨特色沙拉、主厨特色主菜等。

3. 进行特殊推销的方法

在菜单上对重点推销的菜品作特殊处理的方法有以下几种。

(1)用粗字体、大号字体或特殊字体列出菜名。

(2)增加对特殊菜品介绍的内容,对特殊菜品进行较为详细的推销性介绍。

(3) 采用框框、线条或其他图形使特色菜品比其他菜品更为引人注目。
(4) 放在菜单的明显位置。
(5) 附上菜品漂亮的彩色照片。

## 二、菜单内容的安排

### (一) 菜品按就餐顺序编排

菜单的内容一般按就餐顺序排列,因为顾客一般按就餐顺序点菜,也希望菜单按就餐顺序编排,以便能很快找到菜品的类别不致漏点。中餐菜单的排列顺序一般是冷盘、热菜、汤羹、主食、酒水饮料。西餐菜单的顺序一般是开胃品、汤、色拉、主菜、三明治、甜点、饮品。

### (二) 处理好重点促销菜肴的位置

主菜应该尽量列在显眼的位置,单页菜单应列在单页的中间,双页菜单应该列在右页。三页菜单应该列在中页,四页菜单应该列在第二页和第三页(见图7-1)。

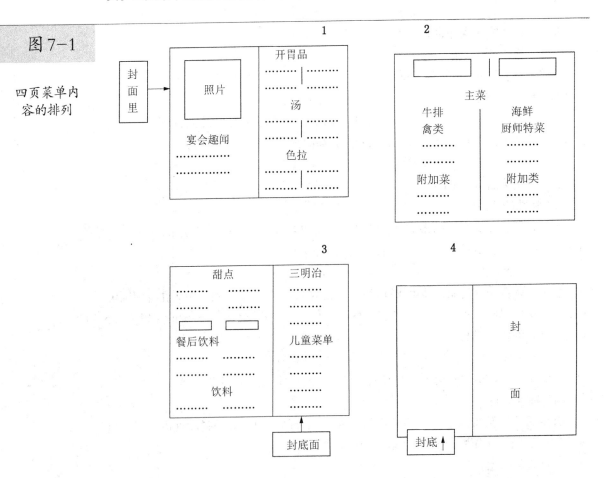

图7-1 四页菜单内容的排列

但是,菜单的编排也要注意视线集中点的推销效应,要将重点推销的菜列在醒目之处。菜品在菜单上的位置对于菜单的推销有很大的影响。要使推销效果显著必须遵循两个原则,即最早和最晚原则。列在第一项和最后一项的菜品最能吸引人们注意,并能在人们头脑中留下最深刻的印象。因此,应将盈利最大的菜品放在顾客第一眼和最后一眼停留的地方。有调查显示,顾客几乎总是能注意到同类产品的第一个和最后一个菜品。

菜单上有些重点推销的菜品、品牌菜、高价菜、特色菜或套菜可以单独进行推销。这些菜品不要列在常规位置,应该放在菜单显眼的位置。不同大小的菜单其令人注目的重点推销区也是不同的。

单页菜单。单页菜单应以横线将菜单分栏。菜单的上半部是重点推销区(见图7-2)。

双页菜单的右上角通常为重点推销区,该区域是以上边及右边的3/4作出一个三角形(见图7-2)。

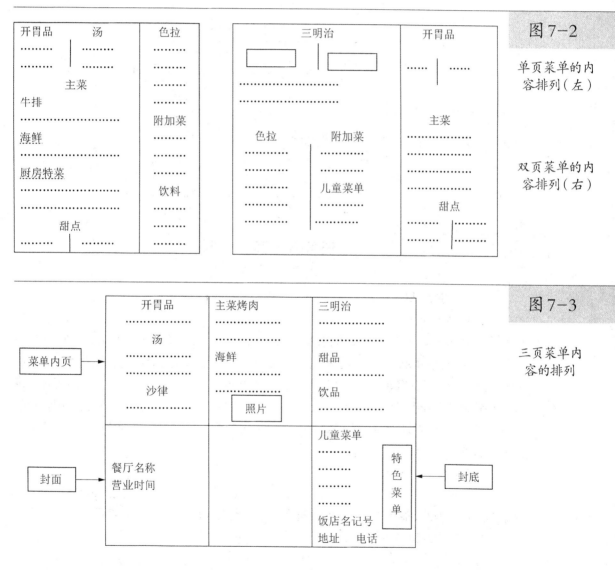

图7-2 单页菜单的内容排列(左)

双页菜单的内容排列(右)

图7-3 三页菜单内容的排列

三页菜单。三页菜单是进行菜品推销时最有利的。中间页面通常是人们打开菜单首先注意的地方。如果客人的眼睛首先注意到普通的菜品和饮料,很可能会立即对菜单失去兴趣。使用三页菜单,人们首先注意其正中位置,然后移到右上角,接着移向左上角,再到左下角,之后眼光又回到正中,再到右下角,最后回到正中及正中之上方(见图7-4)。根据对人们视觉注意力研究的结果表明,人们对正中部分的注视程度是对全部菜单注视程度的七倍。因而中间页的中部是最显眼之处,应列上餐厅重点推销的菜品。

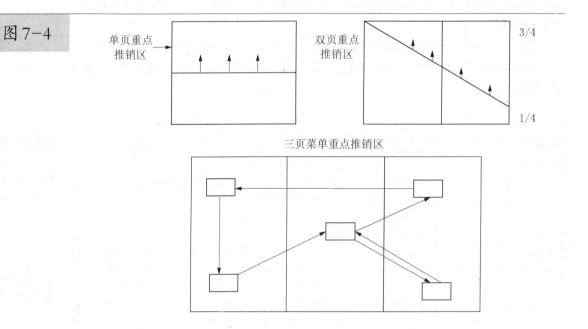

图7-4

## 任务四 菜单制作

### 一、菜单制作的准备

1. 选择列入菜单的菜品

在制作菜单以前,要将拟提供的菜品分类列出一份清单。注意所选菜品在原料、烹调方法、价格和营养等方面是否搭配得当,而且要写出拟重点推销的特色餐及套餐。如双人套餐及其他各色套餐,如家庭套餐、周末特色套餐、节日特色餐、海鲜特选餐等。每种特色餐要列出具体菜品名,列出套餐价或各菜品价格,并将管理者的推销意图在清单上注明,使艺术设计师和撰稿人能理解并帮助餐饮企业达到推销特色餐、提高企业利润的目的。

2. 选择艺术设计师、撰稿人

菜单对餐厅有点缀作用、推销作用并且也是餐厅的重要标志,它会反映餐厅的形象和品位。因此,菜单的设计一定要选专业的艺术设计师。使菜品名、菜品介绍等描述性的措辞可得到恰当运用。

### 二、菜单制作材料的选择

菜单的制作材料不仅能很好地反映菜单的外观质量,同时也能给顾客留下较好的第一印象。因此,在菜单选材时,既要考虑餐厅的类型与规格,也要顾及制作成本,根据菜单的使用方式合理选择制作材料。纸张在一份菜单制作中占1/3左右的成本。

1. 菜单内页的纸张选用

菜单内页用纸的选择主要考虑的是菜单的使用期限。一次性使用菜单可印在轻型的、无涂层的纸张上，不必考虑纸张的耐污耐磨等性能，但一次性使用并不意味着粗制滥造。而较长久使用的菜单可印刷在防水纸上，脏了可用湿布擦净。另外，在同一份菜单上使用不同类的纸张可起到强化的作用，纸张薄厚和颜色的不同可以突出显示菜单的某一部分是餐厅推销的重点。

2. 菜单封面材质的选用

菜单封面应避免使用塑料、绢绸等材料，塑料制品通常给人廉价的感觉，易给顾客造成不良的印象；绢绸等固然高档，但极易污损，也不宜选用。一般可选用塑料薄膜压膜的厚纸，这样如遇水或油腻也不易留下痕迹，且四边角不易卷曲。

### 三、确定菜单的规格和字体

菜单的式样和尺寸大小应根据餐饮内容和餐厅规模而定。一般餐厅使用规格分别为28 cm×40 cm单页、25 cm×35 cm双页或18 cm×35 cm三页的菜单，最理想的开本为23 cm×30 cm。要求字间距不要太密，菜单的设计上应该有一定的留白。篇幅上的留白会使字体突出、易读并避免杂乱感。文字占篇幅的面积一般不能超过50%。

菜单的字体同餐厅所用的标记一样，是构成菜单整体风格的重要组成部分，字体印刷要端正，要使客人在餐厅的光线下很容易看清。菜单上字体一经确定，同时还会印在火柴盒、餐巾纸、餐垫以及餐具上。仿宋体、黑体等字体更多地应用于菜单正文，而隶书常被用做菜肴类别的题头。在外文字母上，要根据标准的拼字法统一规范。英文字母有大写和小写之分，大写字体不便阅读，人们习惯阅读小写字体。菜单上标题一般用大写字体，说明用小写字体，避免使用花体、圆体等印刷体。

### 四、菜单的颜色及艺术设计

1. 菜单的颜色

菜单颜色具有装饰作用，使菜单更具吸引力，令人产生兴趣，同时还能显示餐厅的风格和品位。一般来讲，鲜艳的大色块、彩色标题、彩色插图等较适用于快餐厅之类的餐厅菜单，而以淡雅颜色，如米黄、天蓝等为基调设计的菜单，点缀性运用色彩，可以使人觉得这是一个高端定位的餐厅。不同的颜色能起到突出某部分的作用。

某些特色推销的菜品采用与众不同的颜色，会使它们显得突出，在这里须遵循一条原则，少量文字印成彩色，因为大量文字印成彩色，不容易阅读且长时间盯着将伤害眼睛，视力最容易接受的是黑白对比色。

2. 菜单上的插图

为了增强菜单的艺术性和吸引力，往往会在封面和内页使用一些插图，让客人有直观的印象，能使顾客加快点菜速度，加快座位周转率。越来越多的店铺使用菜肴图片加文字形式的菜单。

使用图案时，一定要注意其色彩必须与餐厅的整体环境相协调。菜单中常见的插图主要有：菜品的照片、餐厅实景、特色推荐、重要人物在餐厅就餐的图片等。除此之外，几何图案、抽象图案等也经常作为插图使用，这些图案要与经营特色相符合。

### 五、菜单的封面与封底设计

菜单的封面与封底是菜单的"门面"，其设计会在整体上影响菜单的效果，所以在设计封底与封面时要注意下述四项要求。

（1）菜单的封面代表着餐厅的形象。因此，菜单必须反映出餐厅的经营特色、餐厅的风格和餐厅的等级等特点。

（2）菜单封面的颜色应当与餐厅内部环境的颜色相协调，使餐厅内部环境的色调更加和谐。当顾客在餐厅点菜时，菜单可以作为餐厅整体的一部分。

（3）餐厅的名称一定要设计在菜单的封面上，并且要有特色，容易记忆，一方面可以增加餐厅的知名度，另一方面又可以树立餐厅的品牌形象。

（4）菜单的封底应当印有餐厅的地址、电话号码、营业时间及其他的营业信息等。

### 六、菜单设计制作中常见问题

1. 制作材料选择不当

许多菜单采用各色薄册制品，包括文件夹、讲义夹，也有用信邮册和影集本来充当菜单，而不是专门设计的菜单。这样的菜单不但不能起到点缀餐厅环境、烘托餐厅气氛的效果，反而与餐厅的风格格格不入，显得不伦不类。也有的餐饮企业为了设计精美菜单不惜血本，造成资金浪费。

2. 规格和装帧不当

很多菜单正文都是以16开普通纸张制作，这个尺寸无疑过小，造成菜单上菜肴名称等内容排列过于紧密，主次难分，有的菜单甚至只有练习本大小，但页数竟有几十张，无异于一本小杂志。绝大部分菜单纸张单薄，印刷质量差，无插图，无色彩，加上保管使用不善，显得脏污、简陋。

3. 字体选择不当

不少菜单是打字油印本，即使是铅印本，也大都使用小号铅字。坐在餐厅不甚明亮的灯光下，阅读几毫米大小的铅字菜单，其感觉会很不轻松，况且油印本的字迹容易被擦得模糊不清。还有很多店铺的菜单字体单一，忽视了使用不同大小、不同字体等方式来突出、宣传重要菜肴。

4. 菜单版面内容乏味

这是我国饭店餐厅菜单普遍存在的一个问题。大部分菜单的内容仅仅是菜名和价格的罗列，平淡无味，缺少菜品的图片、制作方法及用料的介绍。这样的菜单增加了阅读的难度和客人对菜品的了解，大大折损了餐厅在消费者心目中的形象。

5. 随意涂改菜单价格

随意涂改菜单是菜单使用中最常见的弊端之一。在菜品的成本和需求发生变化时必然导致菜品价格的变化，在这种情况下，大多数餐馆不愿选择重新制作菜单，因为很多经营者认为这样做无论是在成本上还是时间上都是得不偿失的，他们通常的做法是在菜单原有的价格上进行涂改。涂改的方法有的用钢笔、圆珠笔直接涂改菜品、价格及其他信息;或用电脑打印纸、胶布遮贴。菜单上被涂改最多的部分是价格。所有这些,使菜单显得极不严肃,很不雅观,容易引起顾客的反感。

> **小资料**
>
> 在服务行业中"100-1=0"是广为人知的,涂改的价格在这里不可避免的成为了那个1,因为明显的更改痕迹让客人产生了不信任感。

6. 菜单与餐厅风格不符

菜单体现着餐厅的风格,也影响着餐厅的形象,它应与整个餐厅的品位、特色相辅相成。不符合餐厅主题的菜单,打破了整个餐厅和谐的美感,无法起到锦上添花的作用。

7. 菜单"徒有虚名"并缺乏个性

有些餐厅的管理人员认为自己餐厅能制作的菜品应该全部列在菜单上,多给客人选择的余地,但是由于许多菜品的原料因为季节、价格等多种因素不能保证供应,致使客人点菜时许多菜品无货,显得菜单不可靠、不严肃,给客人留下不好的印象,损害了餐厅的整体形象。有一点更加值得注意,那就是大部分餐厅菜单个性缺失,给人以"千佛一面"的感觉。

许多中小餐厅的菜单除了有上述常见问题外,有时还会出现文字介绍过于简单、菜单展示与菜品实际不符、人为省略或粗心遗漏某些信息等问题。这些对餐厅的经营都会带来负面影响,所以餐厅的管理者和经营者一定要注意对以上问题查缺补漏,避免出现问题,尽可能使菜单的设计和制作做到完美。

## 项目小结

本项目重点介绍了菜单的作用与种类,决定菜单菜肴品种选择的原则,及菜单设计、制作过程中的问题,如菜单的内容排列、菜单制作材料的选择、制作要求等。掌握菜单的筹划与制作是管理者做好餐饮计划的核心工作。

## 项目习题

一、案例分析

### 酒店抄菜单抄出一场冲突

新华网转载浙江《今日早报》报道,2月4日,杭州市民屠先生向本报投稿,讲述了本来想去酒店消费,想不到酒店的服务生竟把他当作商业间谍,强行要把他抄下的菜单夺回去这件不愉快的事情。

屠先生2月2日下午,到庆春路上的某大酒店预订2月3日晚上的酒菜。"我们全家老小共有10多人。考虑到人多,个人的喜好不一样,所以我当时决定抄了菜单回去,好让家人挑自己喜欢的菜。"屠先生告诉记者,接过服务生递上的菜单后,他就坐到座位上抄了起来。没想到只抄了4个冷菜,服务生就上来对他说,菜单是不能抄的,更不能带出去。

"我向他解释,抄好了带回去给家人看,可他说这是酒店的规定,不能抄。"不让抄我就不抄吧,屠先生心里十分不高兴,只得把纸笔收了起来。随后,屠先生准备离开酒店,服务生要求他把抄好的菜单留下才能走。"我这时已经一肚子火了,我是来消费的,却被他们当作小偷一样防着。"屠先生不肯留下菜单,服务生上前抓住他的衣服不放人。情急之下,屠先生打了110报警。

分析:
1. 酒店的这种做法对不对?为什么?
2. 如果遇到客人这种行为,你会如何处理?

### 二、任务设计

1. 收集本地不同餐厅的菜单,分析它们的成功之处或存在的不足。
2. 结合当地某家餐厅的实际,为其设计并制作一款菜单。

# 项目八 餐饮原料控制

## 项目指南

食品原料是餐饮企业餐饮服务的首要物质基础。厨房要生产优质的产品,就必须获得新鲜优质的原料。食品原料采购是餐厅得以为宾客提供菜单上所列各种菜式的重要保证,原料价格是决定菜单价格和经营成本的重要元素,而原料质量在根本上决定了餐饮成品的质量。因此,采购、验收、储存、发放食品原料时,必须做到所采购的食品原料在质量、数量、价格及时间上符合厨房生产的需要,验收后的食品原料,必须符合订货的要求,发放的食品原料,应满足生产的需要,符合质量标准。

## 项目目标

### 知识目标

1. 了解采购的方式和标准;
2. 掌握采购的基本内容;
3. 掌握验收控制程序;
4. 熟悉库房的分类及其贮存条件;
5. 熟悉确定采购数量应考虑的因素;
6. 掌握库存盘点与计价方法;
7. 掌握餐饮成本的核算与控制方法;
8. 熟悉餐饮采购程序;
9. 掌握采购、验收、储藏、领发的操作规程。

### 能力目标

1. 能够制定餐饮企业的原料采购合同;
2. 能够针对餐饮企业的原料采购和验收情况提出合理化建议;
3. 能模拟完成餐饮企业各类食品原料的入库与出库操作程序。

### 素质目标

1. 培养餐饮原料采购、验收等管理能力及计算能力;
2. 培养团队协作能力及语言表达能力。

## 案例导入

小王大学毕业后一直在酒店行业从事管理工作,几年以后在多方帮助和自己的努力下,终于开了一家精致的小餐馆。小王觉得凭自己几年来的积累,管理一家不大的餐馆应该不在话下。然而,餐馆真正运转起来以后,小王却发现了不少令他苦恼的问题，其中突出的就是"菜品质量不稳定"。同样一道菜，不同的厨师炒出来的味道往往不一样，即使同一位师傅来做，味道也不尽相同，甚至在菜肴配料的数量和种类上，也存在同样的问题。

"上次来吃的这道菜很好吃，这次慕名而来，怎么和上次的味道却不一样了？""我们上次吃的这道菜比这次可实惠多了，怎么一下子少了不少？"顾客的抱怨与日俱增，小王意识到这是一个严重的问题。小王心想，在每一家麦当劳吃到的汉堡都是一样的，人家是怎么做到的？通过虚心请教和认真学习，小王终于明白这其实是"菜品制作程序和质量标准精细量化"的问题。中餐制作虽然品种繁多、工艺复杂，但要做到菜品质量的稳定也必须这样去把关。而且这已经有了行之有效的方法，那就是制定标准菜谱，将每一道菜的制作程序和质量要求充分量化，严格执行。许多大型餐饮企业早已采用这种方法，证明在稳定菜品质量方面卓有成效。虽然这需要一道菜一道菜地进行推敲、实验、确定，制定相关的规章制度和管理方法以保障标准菜谱能够被认真执行，还要耗费大量的人力物力，但小王还是完成了这项艰巨的工作。

现在，标准菜谱工作制度已经实行了一年多了，小王没有再听到顾客的抱怨。虽然这种对各方面要求较高，一般应用于大型餐饮单位的方法给小王增加了不少工作量，但是看到菜品质量一天天稳定，客源稳定增长，小王还是感到很值得。

**分析：** 中餐为什么容易出现菜品质量不稳定的情况？

## 任务一　采购控制技术

餐饮产品的生产，总体上可以分为三大环节：第一是原料的进存环节；第二是厨房生产的环节；第三是销售环节。其中，采购是餐饮产品生产的第一环节。

### 一、食品原料采购概述
#### （一）采购的概念和作用
1. 采购的概念和作用

采购是指在需要的时间和地点，以最低成本、最高效率获得最适当数量和品质的物质或服务，并及时交付需要部门使用的一门科学。它反映了企业的综合管理能力，是促使企业实现增加经济效益的关键所在。食品原料采购是指餐饮企业根据生产经营的需要以最低价格实施订货，并购买到所需的食品原材料。食品原材料采购是餐饮生产流程中的重要环节，严格的采购管理是厨房生产、产品质量和经营利润的保证。

2. 食品原材料的分类

（1）鲜货原财料

鲜货原材料是指不能长期保存的各种原材料，如新鲜蔬菜、乳制品、水果、面包、新鲜肉类、禽类、鱼类等，这些原材料有的必须当天消耗，有的必须在短暂的有效期内使用。冷冻食品原材料如冻肉、冻鸡、冻鱼、冻蔬菜等，可以有一定的贮藏期，但与干货原材料相比，仍然容易变质。要保证这些原材料的质量，必须及时购买。

（2）干货原材料

干货原材料是指可以久藏的食品原料，如香菇、木耳、干贝、燕窝、罐头食品、大米、面粉及各种调味品等，它们往往可以在常温下贮藏数月甚至数年之久，因此可以较大批量的进货。当然，大量贮藏干货类原材料需要较大面积的仓库，也会占用不少资金而提高了运营的成本。

3. 采购管理的组织形式

（1）饭店采购部门负责所有餐饮物品的采购

饭店采购部门属于二级部门，由饭店财务部领导。这种组织形态在国内多见于独资、合资及规模较大的饭店。优点是采购规范、制度严密、成本和资金控制较好，但存在采购周期较长、及时性较差等缺点。因此餐饮部管理人员必须对食品原材料的质量进行规范，对采购运作时间予以明确规定，以保证供需的协调一致。

（2）饭店餐饮部负责所有餐饮物品的采购

这种采购组织形式多见于餐饮部规模较大、营业收入较多的饭店。优点是采购的及时性、灵活性和食品原材料质量的可靠性能得到保证，缺点在于数量和成本控制较难。因此，餐饮部管理人员应制定严格的规章制度，严把质量和数量关，控制成本。

（3）餐饮部负责鲜活物品的采购，采购部负责可贮藏物品的采购

这种组织形式较为灵活，其弊端是多头采购，协调起来比较麻烦。

## 二、采购的目的和原则

### （一）采购的目的

**1. 采购到合适的原料**

餐饮企业要生产出高质量的菜肴，就必须要保证有质量稳定的原料。因此，要保证饭店提供的餐饮产品在质量上始终如一，就必须对餐饮进行质量控制，而关键则在于采购时的控制，即要求原材料在质量上始终如一。制定采购食品原料的质量标准，是保证成品质量的前提条件。而餐饮原料是否达标，就以这种原料是否符合这道菜的生产要求为准，不一定是价格越高产品质量就越好。

**2. 达到质量最优**

食品原料都有一定的保质期限，过了保质期限，食品原料就会出现腐烂变质等问题。所以餐饮企业在采购时应考虑原料的用量，以免由于采购数量不合适造成近期无法使用、原料积存，最终导致贮存过程中腐败变质，造成不必要的成本浪费。因此，为保证原料质量最优，在原料采购量决定之前，餐饮企业应制定采购标准，指导采购，并充分考虑库房的贮存能力，计算标准贮存量，尽量减少餐饮浪费的现象。

---

**知识拓展**

### 菜点质量不稳定的原因

厨房生产的产品的不稳定性主要表现在以下几个方面。

（1）菜点必须因人因事、因地点、因季节等因素变化而变化。

（2）菜点生产具有一定的协作性，因为一道菜或一道点心，并不是一个人所能完成的。如果一道工序不合格，就会影响下一道工序，以至于影响产品的质量。

（3）由于产品生产是手工操作，每一位厨师的手艺有差异。即使是同一位厨师，在生产制作中也会因为体力、情绪、环境等因素，而造成产品质量的差异。

（4）同样的烹饪原料，由于产地的不同、季节的不同，在烹饪生产中也会发生不同的变化。

---

**3. 选择最佳供应商**

在选择供应商时，应该综合考虑如下条件：供应商的地点应该以最近为宜，这样便于与供应商建立长期稳定的合作关系，也会由于地理位置较近的因素降低采购成本；供应商是否有足够的硬件实力，拥有健全的确保食品品质的设备；供应商是否有足够的专业知识；供应商的财务状况以及供应商的诚信情况等。

**4. 获得最优价格**

采购的最佳境界是能够采购到质优价廉的商品，为此，采购时应该在保证质量的前提下选择最优价格，货比三家，也可以通过减少中间环节、现金支付、自运货物、大批量采购等方式降低采购成本。

**5. 适时采购**

餐饮企业在采购原料时，应注意适时适量。早不如恰，意思就是说在最适当的时候进货,在最需要的时候进货,这样不仅可以涉及最少的流动资金占用,而且也可以减少库存的压力,保证原料的质量。

### (二)采购的原则

1. 勤进快销

勤进快销是通过减少批量、增加批次,以防止库存积压、提高资金周转率的一种方式,是商业零售企业进行采购的一条基本原则,也适用于餐饮企业原料采购。

2. 以销定进和以进促销相结合

以销定进是根据顾客的消费需求来决定采购内容的,进货完全以顾客需求及其变化为依据,可减少积压,但往往也会由于对市场变化估计不准而不能满足生产经营活动的顺利进行,桎梏了餐厅的盈利空间。以进促销是先购进原料并生产出产品,之后再进行促销。这往往是饭店满足宾客猎奇心理,寻求新口味、新服务时使用的原则,可形成新的利润增长点。

## 三、食品原材料采购管理

食品原材料采购是指餐饮企业根据生产经营的需要以最低的价格实施订货,并购买到所需的食品原材料。食品原材料采购是餐饮生产流程中的重要环节,严格的采购管理是厨房生产、产品质量和经营利润的保证。而餐饮企业优秀采购员的选择是任何一家餐厅搞好采购工作的前提。餐饮采购员是指负责餐厅食品饮料等原料采购的工作人员。目前国内一些小型餐厅都是由经理亲自进行采购,可见采购员的配备对成本控制有着举足轻重的影响,可以为餐饮企业节约成本。在绝大多数中资饭店中,往往都是由餐饮部负责所有餐饮原料的采购,采购员也隶属于餐饮部。一些星级标准高、规模较大的合资、独资饭店,往往是由饭店采购部负责所有餐饮原料的采购,由于使用者和采购者分属于两个不同的部门,对采购的管理就比较严格。还有一些饭店餐饮原料的采购由餐饮部和采购部共同负责,鲜活原料由餐饮部负责采购,可贮存原料由采购部负责采购。但无论哪种情况,合格的采购员都必须具备如下条件。

### (一)采购人员的选择

采购员的选择对成本控制有着举足轻重的影响。究其原因,一个好的采购员可为企业节约5%左右的餐饮成本,素质欠佳的采购员可能因为收取回扣而导致原材料质次价高,成本上升。

1. 熟悉餐饮经营生产

必须熟悉菜单,熟悉厨房加工、切配和烹调的各个环节,要懂得各种原料在各个加工环节的损耗情况。

2. 熟悉餐饮市场和采购渠道

采购人员应了解原料生产的供应情况以及顾客对食品的偏爱和选择,熟悉菜品、酒品的销售渠道,熟悉各批发商和零售商,并建立互信的合作关系。

3. 熟悉食品饮料的产品知识

要懂得各种原料的最佳采购季节,了解什么时候买什么;并清楚掌握各种原料的贮存条件、原料产地,以及各种原料的标准采购规格。

4. 严格执行财务制度

采购员还应该有一定的财务知识,不能违反财务制度。

5. 思想品质好,诚实可靠,不以权谋私,私拿供货商的回扣

一个餐厅经营是否成功,首先是厨师水平,其次就是采购工作了。采购人员业务素质再高,如果不具备良好的思想品质,不以集体利益为重,损公肥私,私拿供货商的回扣,就会导致企业的采购成本过高,甚至影响企业的经营成败。

6. 善于交际,口才好,有较强的谈判能力

采购人员如果具备良好的交际能力和口才,就可以在和供应单位沟通和谈判时取得更好的谈判效果,为企业争取更大的效益空间。

## (二)采购价格管理

1. 限高价

在采购原料的时候,要规定好每样商品采购的最高价格,并且与供货商进行谈判,不得超过最高限价,这样可以保证企业的利润。

2. 订合同

规定一定的购货渠道和供应单位,并且与供应单位订立长期的购销合同,这样可以保证餐饮企业购买到质量稳定的原料。

3. 控购权

如果想要控制大宗和贵重原材料的购货权,可以组织购买集团或采购中心购买,这样可以买到价格合理、质量上乘的原料。

4. 盯市场

想要采购到质优价廉的原料,采购部门必须紧紧盯住市场,根据原料的市场行情,选择恰当的采购时机。

5. 减环节

为了保证原料的采购价格尽可能更低,就要尽可能减少原材料供应的中间环节,减少中间商,最好可以跟生产企业直接进货,这样就能采购到质优价廉的商品。

6. 建制度

采购原料的部门应当建立合理的规章和责任制度,加强企业内部的监督和管理,防止采购人员在采购的过程中可能出现的一些腐败现象。

## 四、采购方式

### (一)报价法

餐饮企业生产所需原料品种多,市场价格波动也较大。为了能采购到质优价廉的原料,采购员必须预先对市场行情进行调查。在把握了市场总体情况以后,将所要采购的食品饮料原料,向拟选的几个供货商取得报价。一般至少选择三家供货商,然后从中选择性价比最高的。

### (二)直接市场采购

对大多数中、小餐饮企业而言,经营者往往直接拿现金到市场进行交易。此种方法虽然在价格上未必最优,但库存可以降至最低,原料的新鲜程度也最优。

## （三）直接至产地采购

对一些采购量大，原料在产地价格较低的原料，可以直接从产地进货。如有的海鲜餐厅直接到渔港与船主交易，有的餐厅直接到蔬菜种植园采购等。

## （四）集中采购

这是连锁餐饮企业普遍采用的采购方式，是集团总部集中为所属企业进行采购。

---

**知识拓展**

### 食品原料采购的价格控制的方法

采购价格的控制是采购工作的重要任务之一，成功的采购就是要获得理想的采购价格。食品原料采购价格的控制一般有以下方法。

（1）限价采购。
（2）竞争报价。
（3）规定供货单位和供货渠道。
（4）控制大宗和贵重食品原料的购货权。
（5）根据市场行情适时采购。

---

## （五）"一次停靠"式采购

餐饮经营所需的原料品种繁多，如果完全按最低价进行采购，势必增加采购的人力物力。因此许多餐厅将同类原料向一个综合报价较低的供应商购买，不仅节省人力，而且相对能得到长期优惠。

## 五、采购程序

### （一）请购

餐饮部所需要的食品应向贮藏仓库申领。申领应通过正式的申请手续——填写原材料申领单，领料单上要注明货品名称、规格、单位、数量等信息。仓库必须根据申领手续发放。库存原材料能满足需要时，仓库根据领料单将食品原料发放给使用部门。当仓库贮藏量不足时，仓库通过采购申请单向采购部门提出订货要求。表8-1所示为原材料请购单。

时间：____年____月____日

**表8-1 原材料请购单**

| 部门 | 品名 | 单位 | 规格 | 数量 | 单价 | 金额 |
|---|---|---|---|---|---|---|
|  |  |  |  |  |  |  |
|  |  |  |  |  |  |  |
|  |  |  |  |  |  |  |
| 合计 |  |  |  |  |  |  |

填写人：　　　　财务经理：　　　　采购部经理：　　　　部门经理：

### （二）订货

采购部门接到订货申请后,通过正式的订货单手续向供应单位订货,订货单一式四联,一份留存,一份送供应单位,一份送财务部,同时给验收部门一份,以备收货时核对。随同订货单必须附上质量规格标准书。

### （三）采购

供货单位收到订货单后发货,连同交货单、发票送至验收部。

### （四）验收

验收部根据订货单和原材料规格质量标准验收合格后入库,并将发票、订货单、验收单等凭证签字盖章后送到采购部。

### （五）支付货款

采购部核对无误后将发票、订货单及验收单等送至财务部,财务部审核后,向供应单位付款。

## 六、采购质量管理

要保证餐饮产品在质量上的始终如一,就必须把好原料采购关,使用质量稳定的原料。制定食品饮料原料的标准采购规格,是保证菜肴质量的前提。

### （一）标准采购规格的内容

所谓标准采购规格,就是根据各餐厅生产菜肴的特殊要求,对所要采购的食品饮料原料在质量上作出详细而具体的规定,如原料部位、产地、等级、外观、色泽、包装、新鲜度、肥瘦比例、切割情况、冷冻状况、供货间隔天数等。

当然在实际采购过程中并不是所有原料都需要标准采购规格,但对于那些成本高、原料质量标准难以把握、或有特殊要求的原料,就必须要使用标准采购规格进行采购了（见表8-2）。

表8-2 标准采购规格示例

| 品 名 | 产 地 | 质量说明 | 规 格 | 发货要求 |
|---|---|---|---|---|
| 猪里脊肉 | 河南省 | 每条猪里脊肉不得超过规格范围,不得带有脂肪层,新鲜的或冻结良好的,无异味 | 1.5—2 kg/条 | 订货3天后交货,低温冷冻送货 |
| 活老母鸡 | 江苏省灌南县 | 两眼有神,羽毛紧贴,不掉毛,叫声响亮,爪子细,两年半至三年生的散养草鸡 | 1.2—1.5 kg/只 | 订货后次日鲜活交货 |
| 大闸蟹 | 江苏省 | 鲜活,肉质坚实,壳硬,背青腹白 | 200—250 g/只 | 订货后次日鲜活交货 |
| 番茄酱 | 上 海 | 梅林商标,出厂期在6～8个月内 | 净重397 g/瓶 | 订货后3天交货 |

标准采购规格制定后,应分送给采购员、供应商、验收员和餐饮经理办公室。制定标准,采购规格,有利于把好采购关,避免因采购的原材料质量不稳定而引起产品质量的不稳定;有利于避免采购员与供应商之间对原材料质量产生分歧和矛盾;有利于减

少工作重复,减少工作量;有利于验收质量标准的控制;有利于防止原料采购部门与原料使用部门之间可能产生的矛盾。

标准采购规格是根据菜单提供的菜品要求而编制的。如果菜单变化或市场条件发生变化,采购规格就应作相应调整、修改或重新制定。确定标准采购规格是保证采购产品达到理想标准的一项重要措施。

### (二)标准采购规格的作用

(1)使采购的食品质量达到预期的用途要求,避免因采购质量不稳定而引起的菜肴质量不稳定。

(2)以此作为订货、购货以及供货商与饭店之间的沟通依据,避免因口头叙述产生的误解,提高采购的效率和质量。

(3)标准采购规格还是验收的质量标准。

(4)标准采购规格分送几家供货商可招标择其最优。

## 七、采购数量管理

餐饮企业在餐饮原料的采购数量管理方面,应该本着以需定购的原则来进行。餐饮原料有易坏的鲜活货和适宜较长时间贮存的物资之分,在采购时应该根据生产的实际需要、贮存能力、流动资金占用等方面进行综合分析,确定一段时间内的合理采购数量。采购数量过多,不仅涉及较大的流动资金占用,造成资金周转困难,还会发生食品饮料原料的腐败变质,甚至被私自挪用和偷窃,这样会造成成本的浪费。采购数量过少,则有可能造成采购费用的增加,生产也有可能由于库存不足而造成中断。所以,必须将采购数量控制在一个合理的范围之内。

### (一)影响采购数量的因素

(1)饭店储存场地和设备的情况;

(2)企业当前的财务状况;

(3)采购周期、存货量和供货时间等因素;

(4)市场供求状况的稳定性和价格的波动性;

(5)餐厅餐饮产品销售数量的不确定性。

### (二)采购种类的数量管理

从采购管理角度看,食品原材料可以分为易坏性原料和非易坏性原料,对这两类原材料的采购应区别对待。

1. 易坏性原料的采购数量

易坏性原料一般指鲜活货,如鲜肉、鲜鱼,这类原料在购入后必须在较短的时间内用完,用完以后再采购新货。

这类原料的采购方法有两种。

(1)根据实际用量采购法。

根据实际用量采购法多用于日消耗量变化大的鲜活货。为方便采购,需将每日要采购的原料编制成原料采购清单(见表8-3所示),清单上要列出原料的名称规格、需用量、现存量、需购量,同时还要加上供应商的报价。

表8-3 原料采购清单

| 原料名称 | 需用量 | 现存量 | 需购量 | 供应商报价 | | |
|---|---|---|---|---|---|---|
| | | | | 供应商A | 供应商B | 供应商C |
| 牛里脊 | | | | | | |
| 牛上脑 | | | | | | |
| 牛底板 | | | | | | |
| 猪里脊 | | | | | | |
| 猪精排 | | | | | | |

每次采购的数量用公式表示为：

需购量 = 需用量 − 现存量

原料采购清单的使用，可节省厨师长和采购员的工作量，无需每日填写。原料采购清单和标准采购规格结合在一起使用，能使采购质量、数量标准化易于控制。

（2）长期订货法。

长期订货法适用于价值不太高、日消耗量大而且每日用量变化不大的原料，这类原料有：鲜奶、鸡蛋、常用蔬菜水果、常用饮料等。一般做法是餐厅与某一家供应商签订合同，由其以固定价格每日或每隔几日向餐厅供应规定数量的原料。例如，某饭店与乳制品厂商定每日提供鲜奶100 kg，只规定需求量或结存量，有必要时再增加或减少采购数量。这样，对这些低价值原料，采购员不必每日检查现存量和每日进行采购，省时省力。

2. 非易坏性原料的采购数量

非易坏性原料一般为不易迅速变质的干货和需要冷藏、冷冻处理的原料。为便于对非易坏性原料的采购和贮存进行管理，我们通常使用定期订货法和永续盘存法对这类食品饮料原料进行采购。

（1）定期订货法。

定期订货法是使存货保持在一个适当水平上最普遍的方法，是一种订货周期固定不变，即进货间隔时间（一周、一旬、半月或一月等）不变，但每次订货数量可以根据库存和实际需要改变的一种订货方法。每到某种原料的订货日，仓库保管员应对该原料的库存进行盘点，然后确定本次采购的订货数量，其计算方法如下：

需订货数量 = 下期需用量 − 实际库存量 + 期末需存量
下期需用量 = 日需要量 × 定期采购间隔天数

日需要量指每日消耗量，一般根据经验得出；实际库存量则必须通过实物盘存才能得到。

期末需存量指从订货到实际到货这一段时间能够保证生产需要的数量。用公式表示为：

期末需存量 = 日需要量 × 订购期天数 + 保险储量

注意：决定期末需存量，还要考虑到供货单位发货有可能因为某些意外因素而推迟，为此还要加上一个保险储量。保险储量的多少视原料的供应情况而定，一般饭店把保险储量定为订购期内需用量的50%。

【例】 某饭店每月采购一次菠萝罐头。菠萝罐头的消耗量为平均每天15罐，正常订货周期为4天。在当月的订货日，仓库保管员通过盘点，发现库存还有70罐。饭店确定菠萝罐头的保险储量为订购期内需用量的50%，则

下期需用量=15×30=450（罐）

期末需存量=15×4+15×4×50%＝90（罐）

需订货数量=450-70+90=470（罐）

（2）永续盘存卡订货法。

永续盘存卡订货法也称订货点采购法，它是通过查阅永续盘存卡上原料的结存量，对达到或接近订货点储量的原料进行采购的方法。

使用这种方法要求对每种原料都建立一份永续盘存卡（见表8-4），每种原料还必须确定最高存量和订货点量。

原料的最高存量指原料在采购后的最高储备量。

订货点量也就是该原料的最低存量（即定期订货法中的期末需存量）。当原料达到或接近订货点储量时，该原料就必须采购补充。这时，订货数量为：

$$订货数量=最高存量-订货点量+日需要量×订货期天数$$

【例】 某饭店采购青豆罐头，该罐头日均消耗量为12听，订货期为4天，最高存量为150听，保险储量定为订购期内需用量的50%，则：

订货点量＝日需要量×订货期天数+保险储量=12×4+12×4×50%＝72（听）

订货数量=最高存量-订货点量+日需要量×订货期天数=150-72+12×4=126（听）

采用以上两种方式进行非易坏性原料的采购可以使每次原料的采购数量都能控制在一个合理的范围内，既能保证生产的顺利进行，又不会造成过量的库存积压。

表8-4 食品原料永续盘存卡

| 食品原料永续盘存卡　编号：3300 | | | | |
|---|---|---|---|---|
| 品名：三文鱼罐头 规格：单价： | | 最高储备量：300听 订货点量：150听 | | |
| 日　期 | 订单号 | 进货量（听） | 发货量（听） | 结存量（听） |
| 26/5 | | | | 145（承前） |
| 27/5 | 324657 | | 18 | 127 |
| 28/5 | | | 15 | 112 |
| 29/5 | | | 15 | 97 |
| 30/5 | | | 16 | 81 |
| 01/6 | | | 17 | 64 |
| 02/6 | | 220 | 15 | 269 |
| … | | … | … | … |

## 任务二　验收控制技术

验收是原材料控制的重要环节。忽视这个环节往往会使对采购的各种控制前功尽弃。因为对于原料控制的几个环节都是环环相扣的。餐饮企业在采购原料时对原料的质量、数量、价格进行了严格的控制,但这并不能保证实际发送的货物也是一样的。如果不严格加以控制,供应单位发送的原料物资会有意无意地将并未采购的原料发来,或超出定量、或缺斤短两、或在价格上与原先商定的价格大有出入。验收就是要核实这些标准是否与订购的一致。

### 一、验收体系

#### (一) 验收部门的设置与归属

验收部门的设置与归属因餐厅规模大小而异。大型饭店有独立的验收部,而中型饭店和社会餐饮则不必设置专门的验收部,只设验收员就可以了。无论怎样,餐厅应根据自身的规模和特点,建立自己有效的验收体系,只要能真正发挥作用,控制好成本和原料质量,减少舞弊行为,就不失为好的验收体系。

#### (二) 验收员的配备和职责

1. 验收员的配备

食品原料的验收人员应该是受过专业培训的,或从厨师中挑选责任心较强,有较丰富的专业知识的人来担任。

2. 验收员的职责

(1) 检查送货的数量是否符合订购的数量,原料的质量是否符合采购规格,价格是否符合商定的价格。

(2) 控制退出的包装箱、饮料瓶、罐头中是否混入未用的原料。

(3) 对有关食品的商标、厂家和"三期"(出厂日期、保质期、存放日期)应严格查验。

(4) 必须每日填写验收日报表。

---

**知识拓展**

### 验收人员应具备的素质

食品原料的验收人员应该是受过专业培训的,或从厨师中挑选责任心较强,有较丰富的专业知识的人来担任。验收人员应具备以下素质。

(1) 身体健康,讲究清洁卫生。

(2) 熟悉验收所使用的各种设备和工具。

(3) 熟知本企业物品的采购规格和标准。

(4) 具有鉴别原料品质的能力。

> （5）熟悉企业的财务制度，懂得各种票据处理的方法和程序，能加以正确处理。
> （6）具有保护企业利益的意愿，有良好的职业道德，有坚持原则的公心。
> （7）做到验收后的物品项目与供货发票和订购单项目相符，供货发票上开列的重量和数量要与实际验收的物品重量、数量相符，物品的质量要与采购规格相符，物品的价格与企业所规定的限价相符。
> （8）忠于职守，秉公验收。

### （三）验收室与验收设备

大型饭店应设验收办公室，位置应接近后门和储藏室。有些饭店验收室的正面墙壁由玻璃制成，这样可以确保验收员方便地看到每一样货物的进出。

验收处应有一块宽敞的装卸货物以及车辆掉头的空间，并且设一块高度与卡车车厢相等（约1 m左右）的卸货台，这样可以使货物顺畅进出。验收处应有足够数量和多种型号的精准称量工具，如：磅秤、天平秤、电子秤等。此外，验收办公室还应有温度计、暗箱、起钉器、纸板箱切割工具、榔头、尖刀等工具以及验收单、验收标签、送货发票、验收工作手册、采购食品原料的质量标准等单据及材料。

**小资料**

> **验收场地的要求**
>
> 验收场地的大小、验收的位置好坏直接影响货物交接验收的工作效率。理想的验收位置应该设在靠近储藏室至货物进出较方便的通道位置，最好也能靠近厨房的加工场所。这样便于货物的搬运，缩短货物搬运的距离，也可减少工作失误。

## 二、验收控制程序

### （一）验收控制总体要求

1. 核对原料订购单

供应单位在给餐饮企业发送原料的时候，有时会有意无意地将未在采购之列的原料发来，如不认真核对订购单，会使餐厅不需要的食品和饮料流入库房，造成成本的浪费。所以在验收时，验收员应该按照订购单逐一核对送验原料是否与订购单上列明的品种和规格一致，凡未办理订购手续的食品和饮料不予受理。如果实际发货的原料数量与订购单数量不一致，多出来的货物要退回去并重新开账单；数量不足的，可要求补齐货物或重开发票。如果进货的原料质量不符合标准采购规格，要坚决予以退回并填写退料通知单。

2. 核对送货单和发票

供应单位的送货单（见表8-5）是随同交验的食品饮料原料一起交付的，送货单位向采购单位结账时就是以送货单上所显示的信息为依据的。因此,送货单及发票是财务部付款的凭证,它注明了餐厅要支付的货款金额。验收员必须认真核查送货单和发票上原料数量、规格、金额是否与实际发来的货物相符。另外,在验货时,要求供应单位的送货员在场,对数量、规格、金额等不准确的,可得到对方认可,退料通知单和数量、规格不准通知单要让送货员签字。验收员要将通知单连同发票副本退回供应商。

**表8-5 食品饮料送货单**

订货单位:

| 名 称 | 规格单位 | 数 量 | 单 价 | 合 计 |
|---|---|---|---|---|
|  |  |  |  |  |
|  |  |  |  |  |
|  |  |  |  |  |
|  |  |  |  |  |
|  |  |  |  |  |
|  |  |  |  |  |

送货单位:　　　　　　送货员:　　　　　　日期:

**表8-6 食品饮料验收章**

```
验收章
       收货日期
验收员签字:
采购员签字:
管理员签字:
单价及小计审核:
同意付款签字:
```

验收合格后,验收员应在送货单及发票上签字并接受货物。有些餐饮企业为方便控制,要求在送货单上加盖验收章(见表8-6)。国内一些餐厅所使用的验收章只有"收讫"两字,而国外很多餐饮企业在验收时加盖的验收章不仅可以反映货物已经验收,而且还可以更好地进行采购货物与资金支出的控制。

原料验收合格后,干货直接入库,鲜货直接进入厨房。一切货物的验收都要迅速,以免日晒雨淋,原料加速变质。

**(二)验收程序**

尽管不同的餐饮企业验收的方法不太相同,但无外乎都是对数量、质量、价格进行核实。具体程序如下。

1. 验收数量

验收员在进行数量验收时,应先检查实物与订购单和发票上的是否相符。通常供货发票是随同货物一起交付的,发票是付款的重要凭证,验收时一定要逐一检查,要先核对价格再检验质量,最后检验数量。对未办理过订购手续的物品不予受理,以防止盲目进货或有意多进货的现象。

> **小资料**
>
> 在清点货物数量时应注意:
> (1) 凡是以重量计算的食品原料,一定要逐一过秤,记录正确的重量。
> (2) 凡以件数或个数计量的食品原料,要逐一清点。
> (3) 带外包装和商标的,由于商标上已注明重量,要仔细点数。必要时抽样称重。
> (4) 无包装的要过秤。
> (5) 以箱或匣包装的要开箱检查下层是否装满。

2. 质量验收

质量验收往往是最容易引起争议的一个环节,因此验收员要不断丰富自己的食品原料知识,验收时严格对照标准采购规格和订购单,检查实物是否与之相符。

3. 价格验收

认真检查账单上的价格与订购单上的价格是否相符,有时供货商在订货时谈妥了一个价格,但在开账单时又私自提价,如不仔细检查会让企业利益受损。

4. 办理验收手续

当送货的发票、物品都经过验收后,验收人员要在供货发票上签字,并填写验收单,以表示已经收到了这批货物。验收单一式三联,第一联交给财务部,第二联交给仓库,第三联企业留存。

5. 分流物品,妥善处理

原料验收完毕,需要进库进行保藏的原料,要使用双联标签注明进货日期、名称、重量、单价等,并及时送仓库保藏。一部分鲜活原料直接进入厨房,由厨房开领料单。其成本记入当天食品成本的原料。

6. 填写验收日报表和其他报表

验收日报表是验收员按日期填写的,记载餐厅每日所进的食品饮料原料所有信息的报表。验收人员填写验收日报表的目的是保证购货发票不会发生重复付款的差错。可以作为进货的控制依据和计算每日经营成本的依据。区分当日进货中,哪些是直接进货,哪些是仓库进货,哪些是杂项进货。

餐饮企业所采购的原料分为两类:一是直接采购原料,实物直接发送至厨房马上使用,其费用计入餐饮成本;二是库房采购原料,实物经验收后被发送至库房,费用计入流动资金的原材料库存项目,领料时计入餐饮成本。

在验收饮料时,要对照订购单检查数量、价格、商标,单独填写饮料验收日报表,验收日报表上要填写收到饮料的品名、瓶数、箱数、成本单价、金额。

## 任务三 贮存控制技术

原料的库存与领发控制,能有效地控制食品成本,如果控制不当,就会造成原材料变质、腐败、账目混乱、库存积压,甚至还会导致贪污、盗窃等严重事故的发生。因此,储存和领发的管理应当明确职责,尤其重要的是制定切合实际的管理制度。而关于库存这一问题,世界各国持不同的看法。美国认为库存是生产和销售的救世主,而日本则认为库存是资金运作的坟墓。对于餐饮运作来说,不可能做到"零储存",但过多的库存不仅是资金的一种积压,而且损耗的机会也大。基于此,餐饮企业更有必要对贮存进行有效的控制。

## 一、库房的设计要求

饭店或餐厅每个区域都需要科学合理的规划和布局,无论是前台或后台,无论是生产区还是辅助区,都同样重要,因为它们都关乎餐饮企业生产经营的正常运行。为此,仓库设计时必须综合考虑以下几个因素。

### (一)仓库面积和容积

除了位置外,还必须注意仓库的面积,以保证餐饮经营需要为准则,不能过小,否则就难以保证一定的库存以满足餐饮业务经营的需要。不能过大,以免增加资金占用,增加能源费用和维修保养费用。仓库面积一般为餐厅总面积的10%—12%。从目前的实际情况看,一方面客人对菜品的新鲜度要求越来越高,另一方面市场上的商品越来越丰富,所以仓库的面积有缩小的趋势。

### (二)仓库的位置

从理论上看,仓库应尽可能位于验收处与厨房之间,以便将食品原料从验收处运入仓库及从仓库送至厨房。如果一家饭店有多个厨房,且位于不同的楼层,则应当将仓库安排在验收处附近,以方便、及时地将已经验收的食品原料送至仓库。一般而言,仓库被设计在一楼或地下室内。

### (三)仓库的温度、湿度、通风和照明

几乎所有食品饮料对温度、湿度和光线的变化都十分敏感,不同的食品饮料在同一种温度、湿度、光线条件下的敏感程度又不一样。因此在进行仓库设计时,必须充分考虑与食品饮料原料贮存质量关系密切的温度、湿度、通风、光照,相关参考标准见表8-7所示。

(1)温度是保证食品贮存质量的最关键因素。干货贮存和低温冷藏、冷冻贮存的温度有较大区别。

(2)湿度是影响食品贮存质量的另一个重要因素。湿度过大会引起食品霉变,不仅影响食品的外观效果,还会大大降低食品的食用价值。

**表8-7 各种类型仓库温度、湿度、光线和照明的参考标准**

| 仓库的类型 | | 温 度 | 相对湿度 | 光 线 | 照 明 |
|---|---|---|---|---|---|
| 干货库 | | 10℃ | 50%—60% | 避免光线直射 | 采用冷光源 |
| 冷藏库 | 蔬菜、水果类 | 低于10℃ | 85%—95% | | |
| | 肉类、乳制品类 | | 75%—80% | | |
| 冷冻库 | | −24℃—−18℃ | 85%—90% | | |

(3) 通风有利于保持适宜的温湿度。同时,还可以排除异味,保证空气清新。

(4) 许多食品饮料原料的贮存都是要求避光的。例如酒水在贮存时一定要避免自然光线的直接照射,因为自然光线的直接照射容易引起酒品变质,加剧酒液挥发过程,造成酒味寡淡,酒液浑浊、变色。故而,仓库的照明一般用灯光而不用自然光,即使有窗户,也要尽量使用毛玻璃进行隔离。

另外,仓库应保持空气流通。干货库最好每小时换一次空气。冷藏库和冷冻库,食品不可靠墙存放,也不能直接放在地板上或堆放到天棚,以利于空气流通。

## 二、库房的种类及其贮存要求

库房按贮存条件来划分主要有干货库、冷藏库、冷冻库、酒水库。

### (一) 干货库

干货库存放的食品类别比较复杂。干货原材料可以有两种理解。狭义的干货原材料是指不含水分或含水分很少的食品原料,如木耳、干黄花、干蘑菇、香料以及鱼干、腊肉等基本脱水的动植物性原料;广义的干货原材料是指不易腐败、不需低温贮存的食品原料,主要包括面粉、糖、盐、谷物类、干豆类、饼干类、食用油类、罐装和瓶装食品等。

干货贮存的要求有:

1. 合理分类、合理堆放

按各种干货原材料的不同属性对原材料进行分类并存放在固定的位置,可以根据各种原材料的使用频繁程度存放。如使用频率高的物品存放在库房门口容易取的地方,反之则放在距离门口较远的地方。

2. 干货仓库一般多使用货架储藏食品原材料

货架最低层应距离地面至少10 cm,以便空气流通,避免箱装、袋装原材料受地面湿气的影响,同时也便于清扫。

3. 对虫害和鼠害的防范

所有干货食品都应当包装严密,已经启封的食品要储藏在密封容器里。要定期清扫地面、货架,保持干净卫生,不留卫生死角,防止虫害。

4. 所有干货食品要注明日期

先存先取,可以避免因原材料过期而造成的浪费。

---

**小资料**

**干货库贮存的原料**

(1) 面粉、谷物、豆类食品。
(2) 木耳、干黄花、干蘑菇等各种脱水蔬菜。
(3) 各种食用油、调料、香料。
(4) 罐装瓶装食品。
(5) 饼干、糕点、糖果,包括蜜饯、果仁、巧克力和其他可可制品。
(6) 粉条、土豆、洋葱等。

### （二）冷藏库

冷藏是利用低温抑制细菌繁殖来延长食品保质期和提高贮存质量的一种有效方法。由于微生物耐低温能力很强，这种方法也只是抑制其繁殖。新鲜原材料一般需要使用冷藏设备。鲜货原材料包括新鲜食品原材料和已加工过的食品原材料。新鲜食品原材料指蔬菜、水果、鸡蛋、奶制品以及新鲜的肉、鱼、禽类等。加工过的食品原材料是指切配好的肉、鱼、禽类原材料，冷荤菜品，蔬菜与水果沙拉，各种易发酵的调味汁，剩余食品。

冷藏贮存的要求有：

（1）将生、熟食品分开储藏，最好每种食品都有单独的包装。
（2）冷藏库内的食物之间要留有空隙，以利于空气流通。
（3）保持冷藏库内部的清洁，要定期做好冷藏库的卫生工作。
（4）需要经常检查冷藏库的温度，避免由于疏忽或机器故障而使温度升高，导致食品在冷藏库内变质。

**小资料**

**冷藏库贮存的原料**

（1）各类肉、禽、鱼、虾。
（2）蛋、乳制品。
（3）新鲜蔬菜、水果。
（4）已经加工的成品或半成品，如各种甜点、卤制品、冷菜、剩菜。
（5）饮料、啤酒等。

### （三）冷冻库

冷冻是指在极低温度下贮存食品原料的贮存方法。食品原材料的冷冻分为冷藏、速冻、冷冻储藏3个步骤。食品冷冻的速度越快越好。因为在速冻条件下，食品内部的冰冻结晶颗粒细小，不易损坏食品的结构组织。因此，餐饮企业最好还应配备速冻机。食品原材料的冷冻储藏温度一般控制在$-24℃$—$-18℃$为宜。

**1. 冷冻储藏期**

食品冷冻后可以储藏较长时间，但并不等于可以无限期的储存。一般食品的冷冻储藏期在3—6个月。

**知识拓展**

许多食品在0℃以下已经结冰，但是微生物并没有死亡。有资料证明，食品在$-18℃$—$-1℃$，质量下降的速度增加5倍。食物冷冻贮藏的一般温度宜在$-18℃$以下。食品冷冻可贮藏时间较长，但这并不等于食品可无限制贮藏。一般食品的冷冻贮藏不要超过三个月。

2. 冷冻贮存的要求

（1）冷冻库的温度一般控制在-24℃—-18℃之间，这种温度有利于原料长时间贮存。

（2）原料冷冻的速度愈快愈好，为此有必要使用速冻设备，速冻设备能使温度迅速降低至-30℃以下，因为速冻之下，原料内部的冰结晶颗粒细小，不易损坏结构组织。

> **良好的冷冻贮藏管理涉及的四个因素**
>
> （1）掌握贮藏食品的性质。
> （2）冷冻速度要迅速。食品冷冻贮藏可以分为三个步骤：降温——冷冻——贮藏。
> （3）冷冻贮藏温度要低。
> （4）食品解冻处理要适当。鱼、肉、禽类食品应解冻后使用。冷冻的蔬菜、春卷、饺子等食品不用经过解冻便可以直接烹煮。这些食品不经过解冻使用反而能保持色泽和外形。

**知识拓展**

（3）解冻要适当。

① 各类食品应分别解冻；

② 切忌在室温下隔夜解冻，一般应在冷藏室解冻；

③ 时间紧时，用塑料袋装好置于冷水中解冻。

3. 需要注意的问题

食品原材料在冷冻储藏过程中要注意冷冻的原材料入库时必须处在冷冻状态，已经解冻或部分解冻的食品原材料应立即放置在-18℃或-18℃以下。温度越低，温差越小，则食品原材料的储藏期及其质量就越能得到保证。冷冻储藏的食品原材料，特别是鱼、肉、禽类，应用抗挥发性材料紧密包装，以免原材料丢失水分。坚持先进先出原则，所有原材料必须标明入库日期及价格，并经常挪动储藏的食品原料，防止储藏时间过长造成的损失。不允许将食品原材料堆放在地面上或者紧靠在库房墙壁放置，以免妨碍库内空气循环，影响原材料的冷冻质量。

**（四）酒水库**

酒水库中存放各种酒水和软饮料，不同的酒水需要不同的贮存条件。

1. 烈酒贮存条件

（1）通风良好，室温控制在18℃左右。

（2）注意防止金属瓶盖生锈而使酒液发生变化。

（3）酒架要牢固。

（4）优质名贵的酒水应予以特殊保管，以防被盗和碰碎。

2. 葡萄酒贮存条件

（1）一般的葡萄酒可在室温下贮存，名贵的红葡萄酒在12℃—15℃贮存，名贵的白葡萄酒在10℃—12℃贮存。

（2）葡萄酒应平置于货架上，使软木塞浸泡在酒液中而不致干缩，软木塞干缩会使空气进入瓶内与里面酒液发生化学反应，使酒液变质。

3. 香槟酒贮存条件

（1）香槟酒内含有大量二氧化碳气体，贮存时要避免震动。

（2）香槟酒应平置于货架上。

（3）香槟酒应在温度较凉快的条件下贮存，温度太高会使酒液老化，湿度太大会使软木塞和酒标霉变。

4. 啤酒贮存条件

（1）啤酒是酒水家族中唯一越新鲜越好的酒类，不宜较长时间贮存。罐装啤酒一般较瓶装啤酒保质期长些，瓶装最佳保质期在三个月之内，罐装最好不超过六个月。

（2）温度太高啤酒会变质，温度太低酒液会浑浊，最好在8℃—11℃之间贮存。避免温差巨大变化。

（3）避免震动。

### （五）有效的存货控制程序

1. 货物的合理安排

库房内部原材料的存放要有固定的位置，同一原材料应放在同一位置，否则容易被遗忘而导致原材料变质，或容易引起采购过量，且给每月盘点库存带来麻烦。在使用时要确保原材料的循环使用，保证先进的原材料先用。另外，在原材料上要贴上进货日期的标签。为了取货时方便，要按使用频繁程度排列货物，要注意将最常用的货物放在尽可能接近出入口且方便拿取之处，较重的、体积大的货物应放在低处并接近通道和出入口。

2. 实行货物库存卡制度

为了方便货物的保管、盘存、补充，有必要对库房中储存的每种货物建立库存卡。货物库存卡制度要求对每种货物的入库和发料正确地做好数量、金额的记录，并记载各种货物的结存量。

> **小资料**
>
> 货物库存卡上一般包括以下内容：
> （1）原材料进货信息，即原材料进货的日期、数量、单价、金额及账单号。
> （2）原材料发货信息，即有原材料发货的数量、单价和金额。
> （3）结存量信息，即原材料结存的数量、单价和金额。
> （4）采购新货物时，库存卡上还应记录各原材料的标准储存量、订货点储存量、订货量和订货日。
> （5）原材料位置信息，就是该原材料的货号。货号标明了原材料的货架号和货位号，两者结合就是该原材料的货号。

3. 使用货物标签

货物标签是挂在或贴在储存原材料上的一种库房管理工具。货物标签上提供了原材料和品名、进货日期、货物的数量和重量、货物的单价和金额。这些信息由验收员在原材料进货时填写。实行货物标签制度有利于迅速进行存货清点。可以简化原材料清点的手续,有利于按先进先出的原则使用原材料,并简化发料计价手续。

### 三、货物的存放

#### （一）货架和盛器

货架底层离地面应为15—20 cm,货物应离墙5 cm。干货仓库宜用结实的钢架和铁架,冷藏库的货架应选择不易导热的木架。散装原料必须由相应的密封防虫的不锈钢容器盛装。

原料科学合理地存放,可以保持较高的工作效率,便于原料的入库上架、清仓盘点和领用发放。

#### （二）货物摆放方法

为保证库房管理有序和按先进先出原则发料,货物摆放应以如下方式进行。

1. 存放位置固定

所有货物都应始终放在固定的位置上,否则容易被遗忘,也给盘点带来麻烦,甚至可能引起采购过量。

2."四号定位"法

"四号定位"就是用四个号码来表示某种物资在仓库中的存放位置。这四个号码依次是库号、架号、层号和位号。例如,干香菇在账页上的编号是3—4—4—3,即可知它存放于3号库、4号架、第4层的第3号货位上。

"四号定位"法便于存料发料、盘点清仓,也便于仓库保管员更换时尽快熟悉情况。

3."五五摆放"法

"五五摆放"是根据分类后的物资形状,以五为计算单位进行摆放。即做到"五五成堆、五五成行、五五成排、五五成串、五五成捆、五五成层",适用于包装较为规范的罐、瓶、盒、箱装的原料。

## 任务四　发料与库存盘点控制

科学的食品原材料发放管理可以保证厨房和酒吧能及时得到足够的原材料,控制厨房和酒吧的用料数量,并能正确地统计食品饮料的成本和库存额。发料就是将符合需要的食品原料发到使用部门,保证餐厅生产的顺利进行。发料管理的目标是保证各厨房和酒吧能得到及时的原料供应,控制用料数量。

### 一、发料的要求

为了搞好库存管理和餐饮成本的核算,库房原材料的发放要符合下列要求。

#### （一）定时发放

为了使库管人员有充分的时间整理仓库,检查各种原材料的库存情况,不致因忙于发料而耽误了其他工作,餐饮企业应规定每天固定的领料时间。一般酒店规定8:30—10:30和14:30—16:00为仓库发料时间,其他时间除紧急情况外一般不予领料。还有的企业规定,领料部门应提前一天交领料单,使库管人员有充分的时间提前准备,以避免和减少差错。这样既节省了领料人员的时间,也使厨房管理人员对次日的顾客流量能做出预测,计划好次日的生产。

### (二)凭领料单发货

领料单是仓库发料的原始凭证(见表8-8),它准确地记录了仓库向厨房发放的原材料的数量和金额。领料单具有控制仓库的库存量、核算厨房的食品成本、控制领料量的作用。无领料单,任何人都不得从仓库取走原材料。即使有领料单,也只能领取领料单上规定的原材料种类和数量。餐饮部经理或厨师长指定的领料人根据需要填写领料单。领料人持单请餐饮部经理或厨师长核准签字,没有审批者签名,任何原料都不得从仓库发出。

**表8-8 食品原材料领料单**

领用部门:　　　日期:　年　月　日　No.

| 原材料名称 | 货　号 | 单　价 | 金额(元) | 申领数量 | 实发数量 | 备　注 |
|---|---|---|---|---|---|---|
| 番茄酱 | AI-3 | 15.5元/瓶 | 310 | 20瓶 | 20瓶 | |
| …… | …… | …… | …… | …… | …… | |

领用部门主管_____　领料人_____　发料人_____

凭领料单发放原材料的具体程序如下。

1. 填写领料单

领料人根据厨房生产的需要,在领料单上填写原材料名称、规格、单位及申请数量。领料数量一般按消耗量估计,并参考宴会预定单情况加以修正。

2. 审批

领料人填好领料单,签上自己的姓名,持单请行政总厨或餐饮经理审批签字。没有审批人员签字,任何食品原材料都不可从库房发出。审批人员应在领料单的最后一项原材料名称下画一条斜线,防止领料者在审批人员签字后再填写并领取其他原材料。

3. 凭单发料

库管人员拿到领料单之后,按单上的数量进行组配。如因包装原因引起的实际发料数量和申请数量产生差异,应在"实发数量"一栏中如实填写。原材料准备好后签上库管人员的姓名,并将原材料交领料人。

领料单应一式三联,一联随原材料交回领料部门,另一联由库管人员交成本控制员,还有一联由仓库留存作为进货的依据。

### (三)正确、如实记录原材料的使用情况

由于厨房生产的特殊性,厨房人员经常需要提前数日准备生产所需的原材料。例如,一些大型宴会的菜品通常需要数天甚至更长的准备时间。因此,如果有的原材料不在原材料领取日使用,则必须在领料单上注明该原材料的消耗日期,以便把该原材料的价值计入其使用日的食品成本中。

## 二、原料的发放统计

### （一）直接采购原料的发放统计

直接采购原料是指经验收后，直接进入厨房用于生产的食品原料。直接采购原料大多数是鲜活货，而且在进货后当天基本上就被消耗掉，其价值按进货价格直接计入当日的餐饮成本。

### （二）库房采购原料的发放统计

库房采购原料包括干货、冷冻食品，经验收直接进入库房，同时其价值计入流动资产的原材料库存，而不计入当日的食品成本，待原料从库房发出后，再计入当日的餐饮成本。因此，发料要做记录。

## 三、饮品的发放

由于饮料容易丢失，再加上一些名酒价值很高，所以饮料的发放除遵循食品原料发放的原则外，还有一些特殊的要求，领料时不仅要凭领料单，还要凭酒吧和餐厅退回的空瓶或整瓶销售报告单。为此，饭店需要对每个餐厅（酒吧）规定一个标准储量（一般为日消耗量的2—3倍）。

## 四、食品饮料的内部调拨处理

大型餐饮企业和饭店往往设有多个餐厅、酒吧，因此通常会有多个厨房。有时厨房之间、酒吧和厨房之间会发生食品与饮料的相互调拨。为了使各部门的成本核算尽可能准确，企业可以使用食品饮料调拨单记录所有调拨往来。在统计各餐厅和酒吧的成本时，要减去各部门调出的原材料金额，加上调入的原材料金额，这样可使各部门的经营情况得到正确反映。食品饮料调拨单应一式三联或四联，调入与调出部门各留存一联，另一联及时送交财务部。有的企业要另送一联给仓库记账。食品饮料调拨单的具体格式如表8-9所示。

表8-9 食品饮料调拨单

日期_____

| 原材料名称 | 数量 | 单价 | 金额（元） |
|---|---|---|---|
| 柠檬 | 1 kg | 46元/kg | 46 |
| …… | …… | …… | …… |
| 金额合计 | | | |

调出部门<u>西餐厨房</u>调出部门主管_____发货人_____
调入部门<u>酒吧</u>调入部门主管_____收货人_____

## 五、库存盘点及计价方法

对库存原材料定期进行盘点是餐饮企业进行原材料管理的一项重要措施，其目的是全面清点库房及厨房的库存物资，检查原材料账面记录数与实际储存数是否相符，从而使餐饮企业能核算当期期末库存额和餐饮成本消耗，为编制财物报表提供依据。盘点工作一般每月进行一次，通常是月末由财务部工作人员与库房管理人员一起进行。在实际工作中，进行库存盘点工作时可以使用存货清单，对实际盘点数量进行记录，如表8-10所示。

盘点结束后，要计算出库存原料的价值。原料的库存总值等于实物数量乘以原料的单价。但实际上，同种原料往往以不同的价格购进，所以计算原料的库存就不那么简单了。

**表8-10 存货清单**

时间：____年____月____日____库房：____

| 货号 | 原材料名称 | 单位 | 数量 | 单价 | 金额（元） | 备注 |
|------|----------|------|------|------|----------|------|
| AI-3 | 番茄酱 | 瓶 | 30 | 15.5元/瓶 | 465 | |
| AI-6 | 黑胡椒 | 袋 | 30 | 3.5元/袋 | 105 | |
| …… | …… | …… | …… | …… | …… | |
| 合计 | | | | | | |

企业要根据财务制度和库存管理制度确定一种计价方法，不得随意改动。

【例】 某饭店6月购进芦笋罐头，各项货物的购进单价和价值如下：

| | | | |
|---|---|---|---|
| 6月1日 | 月初结存 | 100（听）×4.5（元/听）=450（元） | |
| 6月7日 | 购进 | 150（听）×4.6（元/听）=690（元） | |
| 6月17日 | 购进 | 150（听）×4.8（元/听）=720（元） | |
| 6月27日 | 购进 | 110（听）×4.9（元/听）=539（元） | |
| 合计 | | 510（听） | 2 399（元） |

下面介绍实际进价法、先进先出法、后进先出法、平均价格法、最后进价法五种计价方法。

### （一）实际进价法

如果企业在库存的原料上挂有货物标牌，标牌上写有进货价格，这样采用实际进价法来计算库存原料的价值就较为容易，也最为客观。

【例】 假如上述饭店6月底结存芦笋罐头120听，根据货物标牌，它们的进价分别是：

| | | |
|---|---|---|
| 6月7日 | 进货剩余 | 20（听）×4.6（元/听）=92（元） |
| 6月17日 | 进货剩余 | 30（听）×4.8（元/听）=144（元） |
| 6月27日 | 进货剩余 | 70（听）×4.9（元/听）=343（元） |
| 合计 | | 579（元） |

### （二）先进先出法

如果仓库内不用货物标牌注明单价，可按照进料日期的先后，采用先进先出法计价。先购进的原料价格,在发料时计入成本,月末盘点得到的库存额,则以最近价格计算。

【例】 上例月末库存额以先进先出法计算为:

$$110(听) \times 4.9(元/听) = 539(元)$$
$$10(听) \times 4.8(元/听) = 48(元)$$
$$合\quad 计 \qquad\qquad 587(元)$$

### (三)后进先出法

由于市场价格呈上升趋势,采用后进先出法计价可使计入成本的原料价格较高,而计入库存的价值较低,这样体现在经营情况表上的利润会偏低,可少交所得税。

【例】 按照后进先出法,月末库存额为:

$$100(听) \times 4.5(元/听) = 450(元)$$
$$20(听) \times 4.6(元/听) = 92(元)$$
$$合\quad 计 \qquad\qquad 542(元)$$

注意:后进先出法只是一种财务处理方法,实际发料时,还应坚持先进先出原则,即先购进的原料先发出,以使原料循环利用,保证原料质量。

### (四)最后进价法

即采用最后一次进货的价格来计算月末库存额。

【例】 按最后进价法,库存额为:

$$120(听) \times 4.80(元/听) = 576(元)$$

### (五)平均价格法

如果企业贮存的原料数量较大,市场波动也较大,采用以上几种方法太复杂时,可采用平均价格法。即先用全月可动用原料的总价值除以总数量得出平均价格。

【例】 按平均价格法,具体计算如下:

$$单价 = \frac{2\,399(元)}{510(听)} = 4.7(元/听)$$

$$月末库存额 = 120(听) \times 4.7(元/听) = 564(元)$$

## 六、评估库存管理效率的指标

评估库存管理效率的指标有库存短缺率和库存周转率。

### (一)库存短缺率

在进行完盘点以后,为控制实际库存额有无短缺及短缺的程度,需要将实际库存额与账面库存额作比较。

$$库存短缺额 = 账面库存额 - 实际库存额$$
$$账面库存额 = 月初库房库存额 + 本月库房采购额 - 本月库房发料额$$

$$库存短缺率 = \frac{库存短缺额}{发料总额} \times 100\%$$

上述公式中各项目的数据来源是：
① 月初库房库存额：来自上月末的实际库存额结转。
② 本月库房采购额：来自本月验收日报表中库房采购原料金额的汇总。
③ 本月库房发料总额：来自本月领料单上的领料金额的汇总。

【例】 某餐厅7月底经月末库存实物盘点，实际库存额为16 400元，该月库存相关数据如下：月初库房库存额为14 900元，本月库房采购额为53 000元，本月库房发料额为51 000元。

则：月末账面库存额 = 14 900元 + 53 000元 – 51 000元 = 16 900（元）

库房库存短缺额：16 900元 – 16 400元 = 500（元）

库房库存短缺率：500元 ÷ 51 000元 × 100% = 0.98%

根据国际惯例，库存短缺率不应超过1%，否则为不正常短缺，应查明原因。

理论上讲，实际库存额与账面库存额应该相同，然而多数情况下两者都有差异，造成这种差异的原因有合理的也有不合理的。

合理的原因有：
① 领料单统计的发料额与月末盘点的实际库存额不是完全按实际进价计算的，带来人为的金额差异。
② 原料发放时，重量的衡量有允许范围内的误差。
③ 有时原料会自然干燥失重。

不合理的原因有：
① 发料时，不凭或不计入领料单，或者实际发放的原料量与领料单上记录的不一致。
② 食品腐败变质，饮料瓶破碎。
③ 食品饮料丢失、被盗、私自挪用。

### （二）库存周转率

库存周转率反映企业原料的贮存量是否合适，为保证供应，原料的贮存量要充足，过量则有可能变质、丢失。

用公式表示为：

$$库存周转率 = \frac{原料消耗额}{平均库存额} = \frac{月初库存额 + 本月采购额 - 月末库存额}{(月初库存额 + 月末库存额) \div 2}$$

【例】 上例中，该餐厅7月份库存周转率为：

$$库存周转率 = \frac{14\,900 + 53\,000 - 16\,400}{(14\,900 + 16\,400) \div 2} = 3.29$$

库存周转率大，说明每月库存周转次数多，相对库存的消耗量来说库存量较少。库存周转率应为多大,取决于多种因素,如饭店所处的地理位置,采购的方便程度,企业需要贮存的原料量,等等。一般来讲,食品的库存周转率以每月2—4次为好,饮料为每月0.5—1次为好,高档洋酒也许一年才采购一次,啤酒则可采用长期订货法每天采购。

## 任务五　餐饮成本核算与控制

餐饮经营的最终目的是取得预期的利润。利润是指收入减去支出的余额,所以餐厅要获得更多的利润,在尽可能提高营业收入的同时还要最大限度控制各项支出,将损耗降到最低点。进行餐饮成本的核算与控制能使餐厅及时掌握食品饮料原料的消耗情况,及时发现问题并分析其原因所在,以便作出相应的调整,使餐厅的生产和经营正常有序地进行。

### 一、餐饮产品成本的构成及特点

**（一）餐饮产品成本的构成**

餐饮成本一般来说由食品饮料的原材料成本和营业费用这两大项构成,如表8-11所示。

表8-11　餐饮成本构成表

| 原材料成本 | | | | 营业费用 | | | | | | | |
|---|---|---|---|---|---|---|---|---|---|---|---|
| 主料 | 配料 | 调料 | 饮料 | 工资福利费用 | 水电燃料费用 | 固定资产折旧 | 维修费用 | 餐具茶具消耗 | 其他物资用品消耗 | 管理费用 | 销售费用 | 其他费用 |

**（二）餐饮产品成本构成的特点**

1. 变动成本比例大

餐饮部门的成本费用中,除食品饮料的成本外,在营业费用中还有物资消耗等一部分变动成本。这些成本和费用随着销售量的增加而成正比增加。这个特点意味着餐饮价格的折扣幅度不可能像以固定成本为主的客房价格一样大。

2. 可控成本比例大

除营业费用中的固定资产折旧、维修费用等是不可控制的费用以外,其他大部分费用以及原材料成本都是能控制的费用。这些成本和费用的多少是成本控制程度的体现。

3. 成本泄露点多

餐饮成本和费用的大小与经营管理状况直接相关。餐饮经营管理涉及许多环节,从菜单计划→采购、验收、贮存、发放→生产→餐厅服务→餐饮推销→销售控制→成本核算,其中的任何一个环节都有可能造成成本的泄露。

(1) 采购、验收、贮存、发放。采购员如果采购了数量过大、价格过高、质量不合格的原料,验收环节又没有能够严格把关,就会造成成本提高。贮存和发放控制不好会引起原料变质、被盗、或被私自挪用,这些都会导致成本的增加。

(2) 生产过程中如果对折损率控制不严,也有可能导致成本提高。

(3) 餐饮服务和推销对成本率也有很大的影响。如果服务员的服务让客人获得了超值享受,势必会提高客人对高价菜的点叫率,最终使营业收入提高、成本率下降。

(4) 销售控制不严,售出的食品和饮料得不到应有的收益也会使成本比例增加。

(5) 成本的核算和分析不及时,不利于发现存在的问题和做相应的调整。

了解有可能造成成本泄露的每一个环节,便于餐饮管理者防患于未然,提高餐厅利润。

### 二、餐饮成本的核算

食品饮料的成本核算,能及时帮助管理人员掌握食品饮料的成本消耗额,核实仓库存货额,杜绝食品饮料成本的泄露点。现代的大型饭店,除了每月进行一次食品饮料成本核算外,还要每天都进行一次成本核算。

#### (一) 月食品成本核算

只要饭店每天对营业收入和各种原料进货、发料备有记录,按时进行仓库原料盘点,就可计算出每月月终食品成本。

【例】 祥云宾馆餐饮部9月份有以下营业记录:

当月餐饮营业收入:183 600元;

原料期初(8月末)余额:27 400元;

本期内进货额:82 440元;

原料期末余额即账面库存额:37 000元;

经盘点,实际库存额:36 400元;

库外存货月初额:3 595元;

月终额:3 263元。

根据上述记录,祥云宾馆当月月终食品成本应作以下计算和调整:

(1) 计算领用原料成本。

原料期初余额+本期内原料进货额(库房采购原料、直接采购原料)=本期原料总额

本期领用原料成本额=本期内原料总额−原料期末余额(每月最后一天仓库存货额)

根据上述公式,该宾馆当月从仓库领用的原料及直接进料的食品成本为:

食品成本=27 400+82 440−37 000=72 840(元)

(2) 物账差额月终调整。

根据仓库盘存结果,祥云宾馆当月食品原料实际库存额小于账面库存额,差额600

元,应加入食品成本;库外存货月终额小于月初额,差额332元,同样应加入食品成本。经过此二次调查,得出食品成本为:

$$食品成本 = 72\,840 + 600 + 332 = 73\,772（元）$$

（3）专项调整。

注意:经过物账差额月终调整所得的食品成本仍然是当月所有直接采购原料和从库房领发的原料成本,而不都是当月实际消耗的原料成本。其中可能包括已经转出给宾馆其他非食品部门的原料成本,也可能未包括从非食品部门转入的原料成本。为能正确如实反映食品成本,应对上述食品成本进行专项调整,才能得出月终食品成本额。

加上从酒吧转入的作为厨房烹调用酒的成本。

减去厨房为酒吧准备点心和食品所消耗原料的成本。

多余的下脚料、肉骨等出售所得收入应从食品成本中减去。

本宾馆职工从厨房购买的原料收入应从食品成本中减去。

招待费用增加了食品成本,但不直接增加营业收入,因此必须把这些成本从食品成本中减去,另设账目。

考虑以上因素进行调整后得到的食品成本,一般可以看作是已经消耗的原料成本。

经过专项调整后所得的食品成本为当月的月终食品成本:

| | |
|---|---|
| 食品成本 | 73 772元 |
| 转入烹调用酒 | 1 946元 |
| 小　计 | 75 718元 |
| 转出酒吧用原料 | 916元 |
| 下脚料销售收入 | 286元 |
| 为酒吧准备食品用料 | 1 236元 |
| 职工购买原料收入 | 1 099元 |
| 宴请餐用料 | 1 992元 |
| 小　计 | 5 529元 |

那么,祥云宾馆月终食品成本为:

月终食品成本 = 75 718 − 5 529 = 70 189（元）

$$食品成本率（公式）= \frac{成本}{销售额} \times 100\%$$

那么,祥云宾馆今年9月份的食品成本率为:

$$食品成本率 = \frac{70\,189}{183\,600} \times 100\% = 38.2\%$$

## （二）日食品成本核算

与月食品成本核算相比，日食品成本核算就要容易多了。食品的日成本主要由直接采购原料和库房发料的成本组成。此外，还需考虑部门之间的转料及职工购买原料、余料出售、招待费和职工用餐等因素，并作出相应的调整。因此，饭店日食品成本及成本率应以下面公式算得：

直接采购原料成本
+库房发料成本
+从酒吧转入原料成本
−转出给酒吧或其他部门消耗的原料成本
−为酒吧准备食物的成本
−职工购买原料收入
−余料出售收入
−招待费成本
−其他杂项扣除额
=当日食品成本

根据当日的营业收入，计算当日的食品成本率：

$$当日食品成本率 = \frac{当日食品成本}{当日营业收入} \times 100\%$$

注意：这种日食品成本的计算并不十分精确。因为饭店厨房的直接采购可能是每天进行，也可能是隔一天或两天采购一次，库房发出的原料也未必能在当日用完，这样就会造成计算的日成本额比实际的消耗额高。同样，由于使用昨天的剩余原材料，今日的直接采购原料数量或领料数量就会少于实际发生额。

为减少由于人为原因使日成本额的计算出现高低波动的情况，有必要记录每天食品营业收入、食品成本以及食品成本率的累计数据，即从本月1日到当日的累计数据。这样，数日后的累计数据就较精确了。积累的天数越多，数据的精确度就越高。

### 三、食品成本控制的途径

餐饮企业已进入微利时代，不实行低成本运营就难以生存，成本决定一个企业的竞争力。企业管理者要转变传统狭隘的成本观念，结合企业的实际情况，充分运用先进的成本控制方法以增强企业的竞争力，应对挑战。

#### （一）采购控制

（1）原料的质量要保证符合标准采购规格，杜绝以次充好。
（2）保证原料价位合理。
（3）采购数量要符合生产需要和储存条件。
（4）对采购人员进行职业道德教育，避免私拿回扣。
（5）制定采购审批程序。
申购单一式三联，第一、二联送采购部，第三联由申购部门负责人保存，供以后核对使用。

## （二）验收控制

（1）按原料的标准采购规格验收质量。

（2）检查原料的实际数量与订购单是否相同。

（3）核实原料的价格与订货时的价格是否一致。

（4）验收合格后，验收员应在送货单及发票上签字并接收货物。

## （三）贮存控制

（1）原料的贮存保管工作必须由专人负责。

（2）原料一旦购进应迅速根据其类别和性能放到适当的仓库，在适当的温度中贮存。

（3）所有库存的原料都应注明进货日期，以便搞好存货的周转工作。发放原料时要遵循"先进先出"原则，即先存原料早提用，后存原料晚使用。

（4）保管人员还必须经常检查冷藏、冷冻设备的运转情况及各仓库的温度，搞好仓库的清洁卫生，以防虫、鼠对库存菜品原料的危害和破坏。

（5）每月月末，保管员必须对仓库的原料进行盘库并填写盘存表。

## （四）发放控制

（1）凭领料单发放。

（2）定时发放。

（3）正确计价。

（4）工具类物品在使用期限范围内的不许再领用。

## （五）生产的控制

（1）严格控制加工切配过程中的折损。

（2）严格控制烹调过程中的折损。

（3）严格控制烹调后切割过程中的折损。

## （六）销售控制

销售环节的控制一方面是如何有效促进销售，另一方面是确保售出产品全部有销售回收。这一阶段控制重点是通过销售分析，及时处理销量低和滞销的菜品。为此，首先需要对菜品销售排行榜进行分析。通过分析，不仅能发现宾客的有效需求，更能促进餐饮的销售。管理人员应善于利用这一分析结果，对那些利润高、受欢迎程度高的"明星菜肴"大力包装和推销，如：开发成"总厨推荐菜"；对利润高、受欢迎程度低的菜要查找原因；要策划如何销售利润低但受欢迎程度高的菜，研究如何提高利润；而对利润低且受欢迎程度低的品种则应进行调整和置换，以提高销售效率和利润率。

## （七）服务控制

（1）服务员在填写菜单时没有复述、核实宾客所点菜品，以至于上菜时宾客说没有点过此菜。

（2）服务人员偷吃菜品而造成数量不足，引起宾客投诉。

（3）服务人员在传菜或上菜时打翻菜盘、汤盆。

（4）传菜差错。如传菜员将1号桌宾客所点菜品错上至2号桌，而2号桌宾客又没说明。

## （八）收款控制

（1）防止漏记或少记菜品价格和数量。

(2) 在账单上准确填写每个菜品的价格。
(3) 结账时核算正确。
(4) 防止漏账或逃账。
(5) 严防收款员或其他工作人员的贪污、舞弊行为。

## 项目小结

本项目主要阐述了对餐饮原料进行控制的几个环节,即采购、验收、贮存、发料与库存盘点、成本核算与控制。通过本项目的学习,可以了解验收体系、掌握验收控制的程序;了解库房的设计要求,应重点掌握原料的采购数量控制、质量控制、价格控制的方法;掌握各类库房的贮存条件和货物的存放方法;掌握库房原料的发放、库房盘点及计价方法,掌握库存管理效率的评估指标;掌握餐饮成本的核算及控制方法。

## 项目习题

### 一、案例分析

#### 食物中毒引发的思考

某日晚上,浙江省绍兴市某五星级大酒店内,有三对新人分别在1、2、3楼举办婚宴,共计90桌,就餐人数860人左右。婚宴结束后,许多参加婚礼的宾客感到身体不适,出现呕吐、腹痛、腹泻等胃肠道症状。人们纷纷去医院就诊,约计有200多人,一时间医院急诊室人满为患,经确诊94人为食物中毒,其中一些重症患者住院治疗。后经检验证实,导致多人食物中毒的原因是该酒店提供给婚宴的凉菜被"副溶血性弧菌"污染。

事件发生后,引起社会广泛关注,成为人们热议的焦点话题。绍兴市卫生监督部门进行了取样化验,明确了事故责任方,并对该酒店进行了处罚。酒店向患者公开致歉,将三对新人的婚宴费用做了免单处理,并向每位患者依病情情况,赔付800—2 500元不等的医药费。然而,部分患者并不满意该酒店的赔偿方案,表示希望酒店方以更积极的态度促成事情的早日解决,给消费者一个满意的答复。

思考题:
1. 作为一家五星级酒店,为什么会发生大规模食品中毒的恶性事件?
2. 餐饮企业应如何从中吸取教训?如何有效进行厨房卫生管理?

### 二、任务设计

1. 通过学校的组织,到当地一家三星级以上饭店的库房见习一天,观察食品原材料验收的操作规程,写出观察报告。
2. 任意选择一种或几种餐饮原料进行市场调查,制定相应的餐厅采购方案。

## 项目九 餐饮服务质量管理

### 项目指南

餐饮消费是以食物为基本依托，追求整洁、轻松、优雅、愉悦的就餐环境及周到、细致的服务。餐饮企业之间的竞争，本质上是服务质量的竞争，服务质量是餐饮企业生存与发展的基础，是餐饮工作的生命线。任何餐饮企业要想在激烈的餐饮市场竞争中占得一席之地，就要不断提高餐饮服务质量，靠质量求生存，靠质量求信誉，靠质量求效益。随着餐饮业竞争的日趋激烈，宾客对餐饮服务质量的要求也越来越高。因此，餐饮企业必须不断探索提高与完善自身服务质量的途径及方法，以取得良好的经济效益和社会效益。加强餐饮服务质量管理，首先要对服务质量的内涵有清晰的认识。

### 项目目标

#### 知识目标

1. 掌握餐饮服务质量的概念及内容；
2. 熟悉餐饮服务质量控制的基础；
3. 掌握餐饮服务质量管理的主要内容；
4. 掌握餐饮服务质量控制方法。

#### 能力目标

1. 能够对餐饮服务质量进行分析、监督和控制；
2. 能够正确运用投诉技巧灵活处理宾客投诉。

#### 素质目标

1. 培养系统思考问题的工作方法；
2. 培养宾客至上的服务理念及树立正确的投诉理念。

### 案例导入

#### 没有蛋黄的煎鸡蛋

北京的一家酒店餐厅早餐时间，餐厅服务员注意到一位年岁较大的来自欧洲国家的客人先用餐巾纸将煎鸡蛋上的油小心擦掉，又把蛋黄和蛋白用餐刀切开，再就着面包把蛋清吃掉，而且在吃鸡蛋时没有像其他客人那样在鸡蛋上撒盐。服务员揣摩客人可能是患有某种疾病，才会有这样特殊的饮食习惯。

于是,第二天早晨……

第二天早晨,当这位客人又来到餐桌落座后,未等其开口,服务员便主动上前询问您是否还是用和昨天一样的早餐。待客人应允后,服务员便将与昨天一样的早餐摆放在餐桌上。与昨天不同的是,煎鸡蛋只有蛋白而没有蛋黄。客人见状非常高兴,边用餐边与服务员谈起,之所以有这样的饮食习惯,是因为他患有顽固的高血压症,遵从医嘱的结果。以前在别的饭店用餐,他的要求往往被服务员忽视,而这次在这家酒店住宿用餐,他感到非常满意,为服务员的细致观察、主动服务精神所叹服。

**分析:**

1. 服务人员为客人提供服务时应注意什么?
2. 针对本案例中出现的情况,服务人员应如何应对客人提出的个性化需求?

## 任务一　餐饮服务质量认知

饭店出售的商品有别于一般商品,它是通过固定的有形设施、实物产品和服务员热情周到的无形服务相结合来体现其价值的。饭店商品更重于满足宾客的心理需求,更重视环境氛围和精神产品的价值作用。

### 一、餐饮服务质量的含义

服务质量按国际化标准组织(International Organization, ISO)的定义,是指服务所具有、能够满足宾客明确或隐含需求能力的特征与特性的总和。这里所讲的"明确需求"是指行业规定的质量要求或宾客提出的明确的要求,如宾客在预订宴会时提出的台形设计要求及环境布置要求就是明确的需求。而"隐含的需求"则指宾客对服务的期望或宾客潜在的、尚未明确意识到的需要,如一位患感冒的客人到餐厅用餐,服务人员为客人端来一碗热姜汤,客人会深表感谢,这便是宾客隐含的需求。

餐饮服务是指餐饮部工作人员为就餐宾客提供食品、酒水饮料和一系列劳务服务行为的总和。对于餐饮部门来说,服务就是指为宾客做的一切工作。

服务质量是指服务满足宾客服务需求的特性的总和。这里所指的"服务"包含为顾客所提供的有形产品和无形产品,而"服务需求"是指被服务者——顾客的需求。

对于餐饮服务质量的理解通常有两种:一种是广义上的餐饮服务质量,它包含着组成餐饮服务的三要素,即设施设备、实物产品和劳务服务的质量,是一个完整的服务质量的概念;另一种是狭义上的餐饮服务质量,指的是餐饮劳务服务质量,纯粹指由餐厅服务员的服务劳动所提供的,不包括实物形态部分所提供的价值。

因此,餐饮服务质量实际上包括了有形产品质量和无形产品质量。

### 二、餐饮服务质量的内容

餐饮服务是有形产品和无形劳务的有机结合,餐饮服务质量则是有形产品质量和无形劳务质量的完美统一,有形产品质量是无形产品质量的凭借和依托,无形产品质量是有形产品质量的完美和体现,两者相辅相成,共同构成完成的餐饮服务质量内容。

#### (一)有形产品质量

有形产品质量是指餐饮部提供的设施设备、实物产品和服务环境的质量,主要用于满足客人在生理上、物质上的需求。

1.餐饮设备设施

餐饮设备设施须齐全、先进、方便、舒适,能够满足客人物质享受和精神享受的需要,这是提高餐饮服务质量的物质基础和硬件要求,也是其基础条件。主要包括以下几项内容。

(1)餐厅容量

酒店须配有各种类型的餐厅,提供各种风味服务,以满足客人多类型、多层次的消费需求。为满足宾客的消费需求，餐厅总座位数最低不少于客房数×2×80%，若餐饮经营状况良好，流动客人多，则可减少一定的餐位数。同时要求餐厅空间宽敞，色调柔和，家具舒适，功能齐全。另外，餐厅温度适宜，空气要清新。

（2）餐饮环境布局

设备配置要齐全、舒适、安全、方便，各种设备的摆放地点和通道尺度要适当，运用对称和自由、分散和集中、高低错落对比和映衬以及借景、延伸、渗透等装饰布置手法，形成美好的空间构图形象。同时，要做好环境美化，主要包括装饰布局的色彩选择运用，窗帘、天花板、墙壁的装饰，盆栽、盆景的选择和运用。

（3）照明

光线柔和，分布均匀。照明装置和控制器要符合国家质量要求，灯光亮度要能适应工作需要，适合客人阅读菜单。高档餐厅灯光照明度应可以调节。

（4）音响

音量要适中，曲目要合适。餐厅内噪音不应超过50分贝，最好控制住45分贝以内。

（5）家具

家具的选用应考虑客人舒适、服务方便、空间合理。餐厅家具摆放要合理，便于客人进餐、行走和服务员操作服务。家具选择和室内装饰要协调，桌椅必须牢固、光滑，式样、高度和色彩、质地必须协调一致，桌椅配套，同时应备有儿童座椅。

（6）餐具、用品

各种餐具要配套齐全，种类、规格、型号须统一，质地优良，与餐厅营业性质、等级规格和接待对象相适应，新配餐具和原配餐具规格、型号一致，无拼凑现象。餐巾、台布、小毛巾、牙签、开瓶器、打火机、火柴等各种服务用品配备齐全，酒精、固体燃料、鲜花、调味用品要能适应营业需要。筷子要清洁卫生，不能掉漆、变形，不能有明显磨损的痕迹。

（7）其他

① 热水温度。餐厅厨房洗碗处水温一般为70℃—80℃。

② 电梯速度适宜。至3—4层楼，电梯上速为26 m/min，下速为38 m/min；至5—7层楼，电梯上速为38 m/min，下速为53 m/min；至8—15层楼，电梯上速为52 m/min，下速为91 m/min。

2. 菜肴花色品种

① 合理安排菜肴品种，能适合客人多类型、多层次的消费需求。

② 根据餐厅的营业性质、档次高低、接待对象的消费需求，选择产品风味和花色品种。

③ 花色品种应与厨房烹调技术、原料供应、生产能力相适应。

④ 通常情况下，零点餐厅花色品种应不少于50种，自助餐厅应不少于30种。咖啡厅应不少于35种，套餐服务应不少于5—10种。

⑤ 产品类型多样，冷菜、热菜、面点、汤类、甜食齐全，各产品结构高中低档应做到比例合理，餐厅产品数量要能适应多方面的消费需求。

3. 餐饮价格

价格合理包括两方面含义：一方面指一定的产品和服务，按市场价值规律制定相应的价格；另一方面指客人有一定数量的花费，就应该享受与其相称的一定数量和质量的产品或服务。如果使客人感到"物有所值"，经营的经济效益和社会效益都能实现。

> **小资料**
>
> **制定合理的价格应考虑的因素**
>
> （1）餐厅各种类型的产品毛利有明显的区别，产品的价格要充分体现质价相符的原则，能够调节市场供求关系。
> （2）产品定价以毛利为基础。
> （3）中西餐、食品、饮料等分类测算毛利率。
> （4）服务等级与服务价格相吻合。
> （5）顾客的反应和接受程度。

### （二）无形服务产品质量

无形服务产品质量是指餐饮部所提供的劳务服务的质量，主要是指其适合和满足客人在心理上、精神上的需求程度。它具体体现在服务人员的仪容仪表、礼节礼貌、服务态度、服务技能、服务效率和清洁卫生等方面。

#### 1. 仪表仪容

餐厅服务员必须着装整洁规范，举止优雅大方，面带笑容。根据规定，餐厅服务员上班前须洗头、吹风，剪指甲，保证无胡须，头发梳洗整洁，不留长发，牙齿清洁，口腔清新，胸章位置统一，女性化妆淡雅，不戴饰物。

餐饮服务的全体从业人员要注重仪容仪表，讲究体态语言，举止合乎规范。要时时刻刻表现出彬彬有礼、和蔼可亲、友善好客的态度，为宾客创造一种宾至如归的亲切之感。

#### 2. 礼貌礼节

餐饮服务中的礼貌礼节通过服务员的语言、行动或仪表等形式向对方表示尊重、谦虚、欢迎、友好等态度的一种方式，餐饮礼节礼貌主要要求服务人员具有端庄的仪表仪容、文雅的语言谈吐、得体的举止等。餐饮服务员直接面对客人进行服务的特点使礼节礼貌在餐饮服务质量管理中备受重视，因为它直接关系着宾客满意度，是餐饮企业提供优质服务的基本点。

#### 3. 服务态度

服务态度是指餐饮服务人员在为顾客提供服务的过程中所体现出来的主观意向和心理状态，其好坏是由员工的主动性、创造性、积极性、责任感和素质高低决定的，要求服务人员应具有"宾客至上"的服务意识并能够主动、热情、耐心、周到地为宾客提供服务。从迎宾、就餐到送客，整个餐饮的销售过程自始自终伴随着服务员的服务性劳动。因此服务人员要用良好的服务态度去获得客人的信任与好感，从双方一开始接触就建立起友好的关系。良好的服务态度是进一步做好服务工作的基础，是贯彻"宾客至上"和员工有无"服务意识"的具体表现。

**小资料**

良好服务态度主要表现：
(1) 面带微笑，向客人问好，最好能称呼客人的姓氏。
(2) 主动接近客人，但要保持适当距离。
(3) 含蓄、冷静，在任何情况下都不急躁。
(4) 遇到客人投诉，按处理程序进行，注意态度和蔼，并以理解和谅解的心理接受和处理各类投诉。
(5) 在服务时间、服务方式上，处处方便客人，并在细节上下功夫，让客人体会到服务的周到和效率。

4. 服务技能

服务技能是餐饮部提高服务质量的技术保证，是指餐饮服务人员在不同的场合、不同时间，为不同宾客提供服务时，能适应具体情况而灵活运用其操作方法和作业技能以取得最佳的服务效果，从而显示出技巧和能力。服务技能的高低取决于服务人员的专业知识和操作技能，要求其掌握丰富的专业知识，具备娴熟的操作技能，并能根据具体情况灵活运用，从而达到具有艺术性、给客人以美感的服务效果。也只有掌握好服务技能，才能使餐饮服务达到标准，保证餐饮服务质量。所以说服务技能的掌握，是一个由简单到复杂，经过长期磨炼、逐步完善的过程。

5. 服务效率

服务效率是服务工作的时间概念，是服务员为客人提供某种服务的时限。它不但反映了服务水平，而且反映了管理的水平和服务员的素质。为了保证服务效率，必须对菜点烹制时间、规程，翻台作业时间，客人候餐时间等作出明确的规定并将其纳入服务规程之中，作为员工培训的指南和操作的标准。

**知识拓展**

餐饮服务效率有三类：
其一，使用工时定额来表示固定服务效率，如摆台用五分钟等；
其二，使用时限来表示服务效率，如办理结账手续不超过三分钟，电话响不超过三声要接起等；
其三，是指有时间概念，但没有明确的时限规定，是靠宾客的感觉来衡量的服务效率，如点菜后多长时间上菜等。

6. 安全卫生

餐饮安全状况是宾客外出旅游时考虑的首要问题，因此，餐饮部门要在环境气氛上营造出一种安全的气氛，给宾客以心理上的安全感。

餐饮清洁卫生主要包括餐饮部各区域的清洁卫生、食品饮料卫生、用品卫生、个人卫生等。餐饮清洁卫生直接影响宾客身心健康，是优质服务的基本要求，所以必须加强管理。

有形产品质量和无形劳务质量的最终结果是宾客满意程度。宾客满意程度是指宾客享受餐饮服务后的道德感受、印象和评价。它是餐饮服务质量的最终体现,因而也是餐饮服务质量管理努力的目标。宾客满意程度主要取决于餐饮服务的内容是否适合和满足宾客的需要,是否为宾客带来享受感,餐饮管理者重视宾客满意度自然也就必须重视餐饮服务质量构成的所有内容。

### 三、餐饮服务质量的特点

**(一)综合性**

餐厅服务是一个复杂的过程,环节众多。从服务计划的制定到服务产品提供,服务所依赖的设施设备维修与保养、食物与物品供应、服务得以实现的主体——服务人员的素质与状态,任何一个环节出现问题,都会导致服务链条的断裂,影响服务质量的整体水平。

**(二)短暂性**

餐厅服务的时间非常短暂,相应的餐饮服务质量的形成过程也非常短暂。对于餐饮企业来说,要在非常短暂的时间内争取给客人提供一次完美的就餐经历。时间紧迫,要求餐饮企业必须提高工作效率和服务的准确性。另外,餐厅服务的生产提供与宾客的消费几乎是同时进行的,不存在检验或退换的可能性,这对每一个餐厅服务人员都是严峻的考验。

**(三)协调性**

餐饮服务质量是由众多因素构成的,任何一个因素的缺陷都可能使整个服务成为残品、次品。良好的服务质量是以每个环节之间的协调衔接为基础的,特别应该强调"二线保一线,全员创优质"的企业文化,形成以宾客为中心的工作协调机制。

**(四)一致性**

管理学中的"木桶理论"认为,木桶的盛水量取决于那根最短的木条的长度。餐饮服务质量构成中的环境氛围、产品质量、服务水平等应保持一致的标准,相辅相成。餐饮服务质量可以有自己的强项和特色,但不能有明显的弱项和不足,否则就会影响服务质量的整体水平。

**(五)餐饮服务质量认定的主观性和一次性**

虽然餐饮服务质量水平是客观存在的,但由于宾客对服务质量的认定存在较大的主观性,而且宾客会传播对餐饮服务质量的评价,影响餐厅的声誉与客源的增减。服务中应有意识地引导宾客,将宾客吸引到餐厅的整个经营活动中来,与宾客建立融洽的客我关系,强化宾客对服务的优质感受,弱化某些"偏见"。

客人对餐饮服务质量的认定同时具有一次性的特点。如果客人经历了一次不愉快的用餐,餐厅就可能失去了再次提供服务的机会。因此,要重视客人的投诉,把它看作是改进服务、补救与客人关系的良机,尽可能让客人对处理结果满意,以不断提高餐厅的服务质量。

> **小资料**
>
> ### 餐饮服务质量的"黄金标准"
>
> （1）凡是客人看到的必须是整洁美观的。
> （2）凡是提供给客人使用的必须是有效的。
> （3）凡是提供给客人使用的必须是安全的。
> （4）凡是企业员工，对待客人必须亲切礼貌。

## 任务二　餐饮服务质量分析

进行餐饮服务质量分析可以帮助餐饮管理者找出存在的质量问题及其产生的原因，从而找到针对性的解决问题的措施和方法，以保证同类的质量问题不再出现，进而提高餐饮服务质量。

### 一、餐饮服务质量分析的内容

餐饮服务质量的构成因素是服务质量分析的主要对象，如服务态度、礼节、礼貌、语言动作、安全卫生、食品菜点质量、饭店服务质量的稳定程度和产生的质量问题，这就构成了服务质量分析的主要内容。

1. 餐饮服务质量水平分析

以各种信息反馈的资料、检查和考核资料、日常统计数据为依据，正确分析本饭店餐饮服务质量的水平，本饭店与本市、本地区、国内餐饮服务水平相比所处的位置，本饭店餐饮服务质量的绝对水平所处的档次，本饭店餐饮服务质量提高的潜力有多大，有什么不足之处等。

2. 餐饮服务质量的稳定性分析

服务质量的稳定性包括餐饮服务各环节、各工序协调的稳定，相互之间质量水平的稳定，服务水平在时间上的持续性（未发生明显波动）。稳定性分析一般选定一些对质量影响较大的项目，通过图表或数字进行比较作出分析。

3. 餐饮服务质量的问题分析

针对餐饮服务质量，主要分析几个问题：服务质量上出现的问题、产生问题的原因、用什么方法去解决问题等。

> **知识拓展**
>
> ### 质量管理百年历程
>
> 工业革命前，产品质量由各个工匠或手艺人自己控制。1875年，泰勒制诞

生——科学管理的开端。最初的质量管理——检验活动与其他职能分离,出现了专职的检验员和独立的检验部门。

1925年,休哈特提出统计过程控制(SPC)理论——应用统计技术对生产过程进行监控,以减少对检验的依赖。

1930年,道奇和罗明提出统计抽样检验方法。

1940年代,美国贝尔电话公司应用统计质量控制技术取得成效;美国军方物资供应商在军需物中推进统计质量控制技术的应用。

1958年,美国军方制定了MIL-Q-8958A等系列军用质量管理标准——在MIL-Q-9858A中提出了"质量保证"的概念,并在西方工业社会产生影响。

1970年代,TQC使日本企业的竞争力极大地提高,日本企业的成功,使全面质量管理的理论在世界范围内产生巨大影响。

1979年,英国制定了国家质量管理标准BS5750——将军方合同环境下使用的质量保证方法引入市场环境。这标志着质量保证标准不仅针对军用物资装备的生产,而且对整个工业界都产生了影响。

1980年代,菲利浦·克罗斯比提出"零缺陷"的概念。他指出,"质量是免费的"。突破了传统上认为高质量是以低成本为代价的观念。他提出高质量将给企业带来高的经济回报。

于是质量运动在许多国家展开。包括中国、美国、欧洲等许多国家设立了国家质量管理奖,以激励企业通过质量管理提高生产力和竞争力。质量管理不仅被引入生产企业,而且被引入服务业,甚至医院、机关和学校。许多企业的高层领导开始关注质量管理。全面质量管理作为一种战略管理模式进入企业。

1987年,ISO9000系列国际质量管理标准问世——质量管理和质量保证对全世界1987年版的ISO9000标准很大程度上基于BS5750。

1994年,ISO9000系列标准改版——新的ISO9000标准更加完善,为世界绝大多数国家所采用。

1990年代末,全面质量管理(TQM)成为许多"世界级"企业的成功经验证明是一种使企业获得核心竞争力的管理战略。

2000年代,随着知识经济的到来,知识创新与管理创新必将极大地促进质量的迅速提高——包括生产和服务的质量、工作质量、学习质量,直至人们的生活质量。质量管理的理论和方法将更加丰富,并将不断突破旧的范畴而获得极大的发展。

## 二、餐饮服务质量分析的主要方法

餐饮服务质量管理分析的目的是找出存在的问题,并采取有效措施解决问题,以提高餐饮服务质量。餐饮管理者在对服务质量进行分析时,通常采用ABC分析法、圆形分析图法、因果分析图法以及PDCA管理循环的方法。

### (一) ABC分析法

ABC分析法以"关键是少数,次要的是多数"这一原理为基本思想,通过对影响餐饮质量的诸方面的分析,以质量问题的个数和数量发生的频率为两个相关的标志,进行定量分析。

ABC分析法的步骤：

（1）确定分析对象，如原始记录中的服务员工作记录、顾客意见记录、质量检查记录、顾客投诉记录等能如实反映质量问题的数据。

（2）根据质量问题分类画出排列图。

（3）通过各类问题所占比例找出主要问题。

（4）将分析结果总结出的问题分别采取措施并加以解决。

**小资料**

某饭店利用调查表向宾客进行服务质量问题的意见征询，共发出150张表，收回120张。其中，反映服务态度较差的55张，服务员外语水平差的36张，餐饮菜肴质量差的24张，饭店设备差的4张，有失窃经历的1张。

### （二）圆形百分比分析图法

圆形百分比分析图法采用圆形图，把所有问题按照百分比画到一个圆里面进行观察分析。例如，某餐厅在一个星期内随机调查了100位顾客对餐饮服务的意见，根据数据统计得出了百分比分析图（图9-1）。

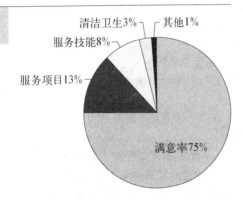

图9-1 圆形百分比分析图

由图9-1的分析可知，本餐厅当前需要重点解决的服务质量问题是增加服务项目和提高服务技能。

### （三）因果分析图法

这是利用因果分析图对质量问题产生的原因进行分析的方法。

影响服务质量的原因较多，有五大类，这就是人（Man）、设施（Machine）、材料（Material）、方法（Method）和环境（Environment），称为4M1E因素。

#### 1. 人

首先，餐饮服务工作与顾客的健康、心理等密切相关，这是顾客十分关心的。其次，餐饮服务工作是面向人的工作，面对面的服务是它的主要形式，即使不是面对面的服务，也与顾客需求质量相联系并有很大影响。作为服务者——员工，其服务工作的质量高低对整个餐厅服务质量的好坏起着关键性的作用，因此，要特别重视人的因素。

#### 2. 设施

设施是饭店向顾客提供优质服务的物质基础，设施的完备和完好程度直接影响到顾客的需求满意程度。

#### 3. 材料

这里所说的材料是指用于餐饮服务工作的所有材料，包括有形的物质材料（如食品材料)和无形的材料(如各种信息),这些材料对宾客需求满意程度的影响是显而易见的。

4. 方法

服务方法既是规律的又是灵活的,它包括服务技能、服务方式、服务程序、服务技巧以及管理方法等,服务方法是影响餐饮质量的一个重要因素。

5. 环境

服务环境直接影响到顾客的需求满意程度,这种影响是综合性的。环境差,会使功能性、经济性、文明性等不能正常发挥,使安全性、时间性不易获得保障,使舒适性大为逊色。

因果分析图法是整理分析影响服务质量的各因素之间关系的一种方法,它通过带箭头的直线,将质量问题与原因之间的关系表现出来(图9-2)。

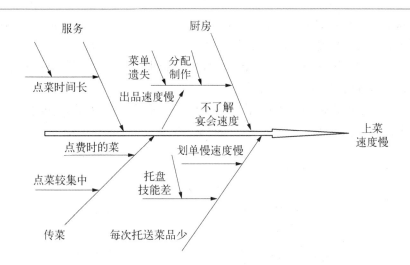

图 9-2

因果分析图

分析步骤:

(1)找出质量问题,确定分析的内容。

(2)发动员工共同寻找产生质量问题的原因。

(3)将找出的原因进行整理后,按原因大小画在图上。

在进行分析时,要深入调查,请各方面人员参加,以听取不同意见。对原因的分析应详细到能采取具体解决措施为止。

**(四) PDCA 循环法**

提高餐饮的服务质量和工作质量需要不断地认识、实践和总结,这个管理过程可以按照计划(Plan)、实施(Do)、检查(Check)和处理(Act)4个阶段来展开。"计划—实施—检查—处理"4个阶段组成一个循环,称为PDCA分析法(图9-3)。

1. 实施PDCA循环的8个步骤

(1)计划阶段

步骤一:对餐饮服务质量或工作质量的现状进行分析,找出存在的质量问题。运用ABC分析法分析存在的质量问题,从中找出对餐饮质量问题影响最大的主要问题。

步骤二：运用因果分析图法分析产生质量问题的原因。

步骤三：从分析出的原因中找到关键的原因。

步骤四：提出要解决的质量问题，确定解决质量问题要达到的目标和计划。提出解决质量问题的具体措施、方法以及责任者。

（2）实施阶段

步骤五：按已定的目标、计划和措施执行。

（3）检查阶段

步骤六：在执行步骤五以后，再运用ABC分析法对餐饮的质量情况进行分析，并将分析结果与步骤一发现的质量问题进行对比，以检查在步骤四中提到的提高和改进质量的各种措施与方法的效果。同时，要检查在完成步骤五的过程中是否还存在其他问题。

（4）处理阶段

步骤七：对已解决的质量问题提出巩固措施、给予肯定，并使之标准化，以防止同一问题再次出现。制定标准即制定或修改标准或工作标准、制定或修改检查和考核标准以及各种相关的规程与规范。对已完成的步骤五取得成效的质量问题，也要总结经验教训，提出防止这类问题发生的意见。

步骤八：提出步骤一所发现而尚未解决的其他质量问题，并将这些问题转入下一个循环中去求得解决，从而与下一个循环的步骤衔接起来。

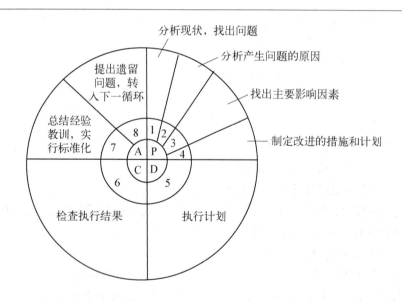

图 9-3　PDCA循环的8个步骤

2. 在运用PDCA循环工作法时应注意的问题

（1）PDCA循环作为一种工作程序是周而复始不断进行的，这种循环逐步提高，呈螺旋式上升。

（2）PDCA循环在各级都可运用，即饭店大环套部门环，部门环套班组环。大环套小（套）环，小环运动组成大环运动，大环运动又推动小环运动，大环与小环相互促进，彼此协调。

（3）PDCA 循环质量的关键是 A 阶段，即做好总结处理工作是推动质量提高的保证。

（4）运用 PDCA 方法时要排除枝节问题，选准目标，并在制定措施计划时进行时间控制，以提高管理效率。

（5）在运用 PDCA 循环的过程中，要做好各个步骤环节的原始记录，以便作为兑现奖惩的依据，从而使整个运动过程和循环系统充满生气。

> **小资料**
>
> **餐厅服务质量顾客问卷调查的一般步骤**
>
> 步骤一：界定顾客人群。
> 步骤二：选择被调查人选。
> 步骤三：收集现有资料。
> 步骤四：设计问题。
> 步骤五：模拟、反馈、修改。
> 步骤六：正式实施。
> 步骤七：分析结果。
> 步骤八：通报改善。

## 任务三　餐饮服务质量控制

优质的餐饮服务是以一流的餐饮管理为基础的，而餐饮服务质量管理是餐饮管理体系的重要组成部分，它是搞好酒店餐饮管理的重要内容，对其控制和监督的目的是为宾客提供优质满意的服务，创造酒店良好的社会效益和经济效益。

### 一、餐饮服务质量控制的基础

促使餐厅的每一项工作都围绕着给宾客提供满意的服务是进行餐饮服务质量控制的目的。要进行有效的餐饮服务质量控制，必须具备以下三个基本条件。

#### （一）必须建立服务规程

餐饮服务质量的标准就是服务过程的标准。服务规程即是餐饮服务所应达到的规格、程序和标准。为了提高和保证服务质量，服务员应把服务规程视作工作人员应该遵守的准则，视作内部服务工作的法规。

餐饮服务质量标准制定时，首先要针对客户群进行多方面的了解和分析，掌握宾客的消费水平和服务需求等；其次，不应照搬照抄别家的标准，应结合本餐厅的产品及服务特点，制定适合自己的有特色的服务规程和标准；另外，服务质量标准的制定要全面、细致，对每一个服务环节都要细细推敲、琢磨，服务顺序、服务时机、服务用语、服务姿态以及对特殊客人的服务和突发事件的处理都要做详细规定。同时，每一项服务质量标准的开始和结尾处都要有与上一道工序和下一道工序的衔接规定，使各个环节相互协调又责任明确。

管理人员的任务主要是执行和控制规程，特别要注意抓好各套规程即各个服务过程之间的薄弱环节。一定要用服务规程来统一各项服务工作，从而达到服务质量标准化、服务过程的程序化和服务方式的规范化。

### （二）必须收集质量信息

餐厅管理人员应该知道服务的结果如何，即宾客是否满意，从而采取改进服务、提高质量的措施。质量信息的收集主要来自于三个方面。

第一方面：管理人员依据餐饮服务质量标准，在走动管理的过程中发现问题，并通过与宾客交流等方式收集到的服务质量信息。

第二方面：质量信息来源于一线服务人员。许多餐厅要求服务人员做每餐的工作总结，将当餐客人的消费情况、对产品及服务的评价如实反映到部门，分析整理出有价值的服务质量信息。另外，定期召开前后台沟通会也是获取服务质量信息的有效途径。餐饮服务质量问题往往出现在各环节的衔接处，前台服务与后台生产的沟通可以帮助我们发现问题、解决问题，不断提高服务质量。

第三方面：质量信息来源于宾客。由于餐饮服务质量的认定有很强的主观性，因此宾客对服务质量的反馈信息尤为重要。可以采用调查问卷、反馈卡、电话调查、网上调查等多种方法进行，调查内容一般有以下方面：服务态度是否令宾客满意；服务速度如何；服务是否规范、标准；菜肴质量是否达到宾客期望；接到投诉时，处理是否及时，结果是否令宾客满意；服务还应做哪些改进等。

有效的服务质量信息有助于餐饮企业采取针对性的措施，更好地提高餐饮服务质量水平。顾客的反馈意见可以通过各种途径得到，顾客意见反馈表是常用的手段之一。如表9-1所示为顾客意见反馈表。

**表9-1 某餐厅顾客意见反馈表**

感谢光临\*\*餐厅！我们非常重视您的就餐感受。为了给您提供更好的服务，请您留下宝贵的意见，作为我们改善的依据。

请在对应的"□"里打"√"。

| 项目 | 非常好 | 很好 | 一般 | 差 |
|---|---|---|---|---|
| 1. 员工礼节 | □ | □ | □ | □ |
| 2. 服务质量 | □ | □ | □ | □ |
| 3. 环境氛围 | □ | □ | □ | □ |
| 4. 菜品味道 | □ | □ | □ | □ |
| 5. 菜品质量 | □ | □ | □ | □ |
| 6. 菜品分量 | □ | □ | □ | □ |
| 7. 菜品价格 | □ | □ | □ | □ |
| 8. 上菜速度 | □ | □ | □ | □ |

今天您最喜欢的菜品：_____

今天您最不喜欢的菜品：_____

您是通过什么途径来到本店：
☐网络宣传　☐朋友介绍　☐宣传单　☐广告　☐其他
您的建议：_____
_____
您的姓名：_____　您的联系方式：_____
谢谢您的配合与支持！祝您用餐愉快！
_____

### （三）必须抓好员工培训

餐饮服务质量的竞争说到底是人才的竞争，是员工素质的竞争，没有高素质的员工就没有优质的服务。向宾客提供优质服务要求员工选择一种利他的价值观念，为了宾客的利益而约束自己的行为。服务中付出的不仅是辛劳，更要有真诚、热情和智慧。现代餐饮企业的管理人员应该树立以人为本的理念，为员工服务，造就愉快的员工去争取愉快的宾客。

随着餐饮业的不断发展，高素质人才短缺问题越来越严重，特别是一线的部分关键岗位缺少优秀的服务人员。人员素质严重影响了餐饮服务质量的提高，这就要求管理人员必须重视员工培训，通过培训强化员工的服务技能，改变员工的心智模式，激发员工的自身潜能，充分调动员工的积极性和创造性，不断提高员工素质。

实施培训的同时，还要通过建立有效的激励机制，使员工的个人发展与组织目标相结合。通过引导和激发员工的内在需要，促使员工自觉地学习和实践，爱岗敬业，不断提高服务意识和技能，把为宾客提供高质量的服务作为自己的人生追求之一。

## 案例分析 9-1

### 4万元赔偿的教训

北京一家四星级饭店的韩国烧烤餐厅，一对丹麦夫妇带着一个一岁大的婴儿正在进餐，不料婴儿突然从螺丝松动的椅子上摔下来，划破了头皮，引起了客人的强烈愤慨。饭店经理建议马上将婴儿送到附近的一家中外合资医院医治，客人不同意，坚决要求速送北京亚洲急救中心，饭店只好派人将其送去。亚洲急救中心仅床位费每天就高达4 700元人民币，婴儿住了一个月后出院，客人提出要求饭店赔偿7万美元，并将此事告知了中央电视台、中国消费者协会、《人民日报》等数家新闻单位。后经多次协商，双方达成一致意见：饭店赔偿4万人民币。

分析：
1. 此案例的教训是什么？
2. 饭店如何做好质量服务的预先控制？

## 二、餐饮服务质量控制的方法

根据餐饮服务的三个阶段（准备阶段、执行阶段和结果阶段），餐饮服务质量可相应地分为预先控制、现场控制和反馈控制。

### （一）餐饮服务质量的预先控制

所谓预先控制是指为使服务结果达到预定的目标，在开餐前所做的一切管理上的努力。预先控制的目的是防止开餐服务中所使用的各种资源在质和量上产生偏差。预先控制的主要内容如下：

1. 人力资源的预先控制

餐厅应根据自己的特点，灵活安排人员班次、数量与岗位，以保证有足够的人力资源。那种"闲时无事干，忙时疲劳战"，或者餐厅中宾客多而服务员少、宾客少而服务员多的现象，都是人力资源调剂不当的非正常现象。人员安排时要考虑工作量负荷的相对平衡，同时从人性化管理的角度，充分考虑员工的服务技能技巧及个人特点，人尽其才地安排到适合的岗位上。

2. 物资资源的预先控制

服务过程是否顺利、高效，餐前准备是基础。根据所掌握的宾客信息和菜单内容准备相应的布件、餐具、服务用具和调味品，并按规定整齐地摆放在固定位置以备用。

3. 卫生质量的预先控制

根据餐厅卫生质量标准，开餐前要进行全面检查，其内容包括环境卫生、设施设备卫生、餐用具卫生等，发现问题，马上催改。

4. 事故的预先控制

开餐前，餐厅主管必须与厨师长联系，核对前后台所接到的客情预报或宴会通知单是否一致，以避免因信息的传递失误而引起事故。另外，还要了解当天的菜肴供应情况，如个别菜肴缺货，应让全体服务员知道。这样，一旦宾客点到该菜，服务员就可以及时向宾客道歉，避免事后引起宾客不满。

### （二）餐饮服务质量的现场控制

所谓现场控制是指监督现场正在进行的餐饮服务，使其规范化、程序化，并迅速妥善地处理意外事件。这是餐厅主管的主要职责之一，餐饮部经理也应将现场控制作为管理工作的重要内容。现场控制的主要内容如下：

1. 服务程序的控制

开餐期间，餐厅主管应始终站在第一线，通过亲身观察、判断、监督、指挥服务员按标准服务程序服务，发现偏差，并及时纠正。

2. 上菜时机的控制

掌握上菜时间要根据宾客用餐的速度、菜肴的烹制时间等，做到恰到好处，既不要让宾客等待太久，也不应将所有菜肴一下子全部摆上餐桌。餐厅主管应时常注意并提醒掌握好上菜时间，尤其是大型宴会，上菜的时机应由餐厅主管掌握。

3. 意外事件的控制

餐饮服务是面对面的直接服务，容易引起宾客的投诉。一旦引起投诉，主管一定要迅速采取弥补措施，以防止事态扩大，影响其他宾客的用餐情绪。如果是由服务态度引起的投诉，主管除向宾客道歉外还应替宾客换一道菜。发现有醉酒或将要醉酒的宾客，应告诫服务员停止添加酒精性饮料。对已经醉酒的宾客，要设法让其早点离开，以维护餐厅的氛围。

4. 人力控制

开餐期间，服务员虽然实行分区看台负责制，在固定区域服务（一般可按照每个服务员每小时能接待20名散客的工作量来安排服务区域），但是，主管应根据客情变化，进行第二次分工、第三次分工……如果某一个区域的宾客突然来得太多，就应从另外区域抽调员工支援，等情况正常后再将其调回原服务区域。当用餐高潮已经过去，则应让一部分员工先去休息一下，留下一部分人工作到了一定的时间再交换，以提高工作效率。这种方法对于营业时间长的餐厅（如咖啡厅等）来说特别必要。

### （三）服务质量的反馈控制

所谓反馈控制是指通过质量信息的反馈，找出服务工作在准备阶段和执行阶段的不足，采取措施加强预先控制和现场控制，提高服务质量，使宾客更加满意。

信息反馈系统由内部系统和外部系统构成。内部系统是指信息来自服务员和经理等有关人员。因此，每餐结束后，应召开简短的总结会，以不断改进服务质量。信息反馈的外部系统是指信息来自宾客。为了及时得到宾客的意见，餐桌上可放置"宾客意见表"，在宾客用餐后，也可主动征求客人意见。宾客通过大堂、旅行社等反馈回来的投诉，属于强反馈，应予以高度重视，保证以后不再发生类似的质量偏差。建立和健全两个信息反馈系统，才能不断提高餐厅服务质量，更好地满足宾客的需求。

---

**知识拓展**

## 全面质量管理的含义

全面质量管理（Total Quality Managemant，TQM）的理论在20世纪50年代由美国的戴明（Deming）博士提出，而日本人则把这种观念广泛地应用于制造业，成就了其"质量大国"的美誉。

1. 全面质量管理的核心是"三全"

（1）全方位，指餐饮企业的每一个岗位（包括前后台所有岗位）都要参与质量管理。

（2）全过程，指餐饮企业的每一项工作从开始到结束都要进行质量管理。

（3）全体员工，指餐饮企业的每一个岗位从事每一项工作的员工都要参与质量管理。

2. 实施全面质量管理要做好的工作

（1）标准化工作：餐饮企业应制定严格的产品质量标准，包括标准菜谱与酒水单及标准业务程序。

（2）质量培训工作：对员工灌输质量意识并进行本企业的产品质量知识教育。

（3）质量信息工作：餐饮企业应及时掌握本行业的质量动态与本企业的产品质量情况，以此作为不断改进服务质量的依据。

(4) 质量责任制度：建立质量责任制度，落实质量责任人。

(5) 质量检验：根据餐饮产品的各生产及服务阶段与其中的各环节确定餐饮产品的质量检查点，对产品质量实行严格检查。

### 三、服务质量的监督检查

服务质量的监督检查是质量管理工作中的重要内容之一。在餐厅服务质量系统中，各部门和班组是执行系统的支柱，岗位责任制和各项操作程序是保证，提供优质服务是最终目的。上级对下级逐级形成工作指令系统，下级对上级逐级形成反馈系统，将部门所制定的具体质量目标分解到班组和个人，由质量管理办公室或部门质量管理员协助部门经理负责实施监督检查。

1. 餐厅服务质量监督的内容

(1) 制定并负责执行各项管理制度和岗位规范，抓好礼貌待客、优质服务教育，实现服务质量标准化、规范化。

(2) 通过反馈系统了解服务质量情况，及时总结工作中的正反典型事例并及时处理宾客投诉。

(3) 组织调查研究，提出改进和提高服务质量的方案、措施和建议，促进餐厅服务质量和餐饮经营管理水平的提高。

(4) 分析管理工作中的薄弱环节，改革规章制度，整顿工作纪律，纠正不正之风。

(5) 组织定期或不定期的现场检查，开展评比和组织优质服务竞赛活动。

2. 餐厅服务质量检查方法

根据餐厅服务质量内容中对服务员礼仪礼貌、仪容仪表、服务态度、清洁卫生、服务技能和服务效率等方面的要求，将其归纳为服务规格、就餐环境（表9-2）、仪容仪表（表9-3）、工作纪律（表9-4）4个方面。这个服务质量检查表既可以作为餐厅常规管理的细则，又可以将其量化，作为餐厅与餐厅之间、班组与班组之间、个人与个人之间竞赛评比或作为餐厅服务员考核的标准。

表9-2 就餐环境检查表

| 序号 | 检查细则 | 等级 | | | |
|---|---|---|---|---|---|
| | | 优 | 良 | 中 | 差 |
| 1 | 玻璃门窗及镜面是否清洁、无灰尘、无裂痕 | | | | |
| 2 | 窗框、工作台、桌椅是否无灰尘和污渍 | | | | |
| 3 | 地板有无碎屑和污痕 | | | | |
| 4 | 墙面有无污痕或破损处 | | | | |
| 5 | 盆景花卉有无枯萎、带灰尘现象 | | | | |
| 6 | 墙面装饰品有无破损、污痕 | | | | |

续表

| 序号 | 检 查 细 则 | 等级 | | | |
|---|---|---|---|---|---|
| | | 优 | 良 | 中 | 差 |
| 7 | 天花板是否清洁、无污痕 | | | | |
| 8 | 天花板有无破损、漏水痕迹 | | | | |
| 9 | 通风口是否清洁,通风是否正常 | | | | |
| 10 | 灯泡、灯管、灯罩有无脱落、破损、污痕 | | | | |
| 11 | 吊灯照明是否正常,吊灯是否完整 | | | | |
| 12 | 餐厅内温度和通风是否正常 | | | | |
| 13 | 餐厅通道有无障碍物 | | | | |
| 14 | 用餐桌椅是否无破损、无灰尘、无污痕 | | | | |
| 15 | 广告宣传品有无破损、灰尘、污痕 | | | | |
| 16 | 菜单是否清洁,是否有缺页破损 | | | | |
| 17 | 台布是否清洁卫生 | | | | |
| 18 | 背景音乐是否适合就餐气氛 | | | | |
| 19 | 背景音乐音量是否过大或过小 | | | | |
| 20 | 总体环境是否能吸引宾客 | | | | |

表9-3 员工仪容仪表

| 序号 | 检 查 细 则 | 等级 | | | |
|---|---|---|---|---|---|
| | | 优 | 良 | 中 | 差 |
| 1 | 服务员是否按规定着装并穿戴整齐 | | | | |
| 2 | 制服是否合体、清洁,有无破损、油污 | | | | |
| 3 | 胸牌是否端正地挂于左胸前 | | | | |
| 4 | 服务员的打扮是否过分 | | | | |
| 5 | 服务员是否留有怪异发型 | | | | |
| 6 | 男服务员是否蓄胡须、留大鬓角 | | | | |
| 7 | 女服务员仪容是否清洁、利落 | | | | |
| 8 | 外衣是否烫平挺括、无污边、无皱褶 | | | | |
| 9 | 指甲是否修剪整齐 | | | | |
| 10 | 牙齿是否清洁 | | | | |
| 11 | 口中是否发出异味 | | | | |
| 12 | 衣裤口袋中是否放有杂物 | | | | |

续 表

| 序号 | 检查细则 | 等级 | | | |
|---|---|---|---|---|---|
| | | 优 | 良 | 中 | 差 |
| 13 | 女服务员是否涂有彩色指甲油 | | | | |
| 14 | 女服务员发夹式样是否过于花哨 | | | | |
| 15 | 除手表戒指外,是否还戴有其他的饰物 | | | | |
| 16 | 是否有浓妆艳抹现象 | | | | |
| 17 | 使用香水是否过分 | | | | |
| 18 | 衬衫领口是否清洁,纽扣是否扣好 | | | | |
| 19 | 男服务员是否穿深色鞋袜 | | | | |
| 20 | 女服务员着裙装是否穿肉色长袜 | | | | |

表9-4 工作纪律检查表

| 序号 | 检查细则 | 等级 | | | |
|---|---|---|---|---|---|
| | | 优 | 良 | 中 | 差 |
| 1 | 工作时间是否相聚交谈或窃窃私语 | | | | |
| 2 | 工作时间是否大声喧哗 | | | | |
| 3 | 是否有人放下手中的工作 | | | | |
| 4 | 是否有人上班时间接打私人电话 | | | | |
| 5 | 有无在柜台内或值班区域内随意走动 | | | | |
| 6 | 有无交叉抱臂或将手插入衣袋的现象 | | | | |
| 7 | 有无到前台区域吸烟、喝水、吃东西的现象 | | | | |
| 8 | 上班时间有无看书、干私事行为 | | | | |
| 9 | 有无在宾客面前打哈欠、伸懒腰的行为 | | | | |
| 10 | 值班有无倚、靠、趴在柜台上的现象 | | | | |
| 11 | 有无随背景音乐哼唱的现象 | | | | |
| 12 | 有无对宾客指指点点的动作 | | | | |
| 13 | 有无嘲笑宾客失慎的现象 | | | | |
| 14 | 有无在宾客投诉时辩解的现象 | | | | |
| 15 | 有无不理会宾客询问的现象 | | | | |
| 16 | 有无在态度、动作上向宾客撒气的现象 | | | | |
| 17 | 有无对宾客过分亲热的现象 | | | | |
| 18 | 有无对熟悉过分随便的现象 | | | | |

续表

| 序号 | 检查细则 | 等级 | | | |
|---|---|---|---|---|---|
| | | 优 | 良 | 中 | 差 |
| 19 | 对所有宾客能否做到一视同仁,又有个别服务 | | | | |
| 20 | 有没有对老、幼、残疾宾客提供了方便服务,是否对特殊情况提供了针对性服务 | | | | |

## 任务四  餐饮服务投诉处理

### 一、正确看待投诉

目前,世界各地的现代化酒店都极为重视客人的投诉工作,把它作为收集客人意见的重要来源。通常在每个餐厅、每个房间都会摆上顾客意见书,酒店的管理人员可以通过处理投诉,了解投诉,了解客人的需要和整个服务质量的趋向。

1."客人总是对的"

(1)从经济角度上去考虑,客人是我们的老板,是"上帝",只有客人才能给酒店带来财富,只有客人才能使酒店得以生存。

(2)酒店应给予客人"宾至如归"之感,使客人觉得他在这里就像在自己家中一样,他所花费的时间和金钱是值得的。

(3)客人总是对的,并不表示我们肯定就是错的,而是在客人错的时候,我们要为客人留有情面,即使有委屈也要留给自己,以达到客人的满足感。

(4)所谓"当局者迷",任何人都会以为自己的工作是十全十美的,但是如果没有旁人提醒,他很难发现自己工作上的缺点,酒店无论在服务素质上下了多少功夫,总不免会遭到客人的投诉。

> **知识拓展**
>
> **餐饮部客人投诉的主要方面**
>
> (1)餐厅服务员将客人所点菜的菜单与客人所在桌席号搞错,最后出现在桌上的菜点与客人所点菜品不符,引起客人极大的不快。
>
> (2)宾客订餐或宴会预定,没有存档记录客人的订餐,更没有按时按日提供客人的订餐需求,从而造成客人的极大不满和投诉。
>
> (3)在客人所点菜点佳肴中发现外来脏物。
>
> (4)客人只是被告知所点菜品由于某些原材料暂时短缺,一时无法供应,但并没有再次被服务,也没有被问明或被建议再改点其他什么菜点,被置于无人服务的境地。

（5）由于服务不细致，向客人提供不干净的酒杯、饮料杯、餐具和用品，从而引起客人的不快和投诉。

（6）餐厅服务员没有按客人所点菜品上菜，最后客人拒付费用以示不满。

（7）餐厅服务员忘记问明客人是否需要酒水饮料，使宾客感到自己被轻视，引起客人极大的不满，造成客人投诉。

（8）服务员或清洁员没有认真、仔细地清桌，餐桌上仍然留有菜点脏物、水渍、面包碎屑等。

（9）餐厅服务效率低，不能为宾客提供快速敏捷的服务，如厨师不能按时出菜或餐厅服务员较少而客人较多，客人所点菜品久等不能上桌，因而引起客人的投诉。

（10）送餐服务怠慢。从客人电话点菜开始，送餐服务效率标准限定时间为早餐30分钟，午餐35分钟，晚餐35分钟。超出此限定时间者，被列为冷遇客人或低劣服务。

（11）厨房备菜员没有及时通报当班主厨或厨师长有关食品原料变化情况或出现短缺问题，从而造成不能及时提供某些菜点，前后台脱节，使客人的点菜不断更换，客人久候菜点不能到桌，引起客人的情绪低落，最后导致不满、抱怨、烦躁和投诉。

（12）在宾客视线之内清理餐桌时，操作粗野，弄出很大声响，不按清桌规程工作，客人对这种杂乱无章的所谓服务也会进行投诉。

2. 正确认识投诉

（1）有投诉证明酒店存在有待改进的地方。从管理的角度来看，客人的投诉恰好说明了管理上有漏洞，如各部门工作不协调、筹划不周、计划不全面等，也就反映出酒店的管理是处于一个怎样的水平。投诉的目的是：表面上是客人表达不快，而实际上是酒店受益。

（2）处理投诉是树立良好形象的机会，及宣传完美酒店的过程。处理投诉的过程，也是酒店宣传推销完善酒店的过程，从广义角度讲，处理客人的投诉也是推销工作的一部分，让每一个客人把良好的"口碑"传送给他们的亲友，使公众对酒店产生好感，这种影响是长久、深远的，任何广告都不可比拟的。我们应认识到酒店的每个员工都是推销员，推销员必须明确他要推销产品，作为管理人员，这样的职业意识更为重要。

（3）处理好投诉可以争取回头客。酒店的宗旨是"顾客至上，服务第一"。客人来自世界各地，属于不同阶层，有各自的文化背景和不同的要求，对客人的要求我们应尽力去满足，使客人感到酒店员工良好的工作作风，我们要帮助客人解决困难，妥善处理客人的投诉。只有这样，才能真正服务好客人，以争取回头客。

## 二、投诉处理的程序和技巧

### （一）客人投诉的类型

1. 对设备的投诉

客人对设备的投诉主要包括：空调、灯光照明、音响设备、家具等。在投诉发生之前应做好检查、维修、保养工作,把投诉影响降到尽可能低的程度,才是招客生财之道。

2. 对服务态度的投诉

在客人的潜意识中,他们普遍有一种要享受特权的愿望,这种特权表现在"我是客人,我需要你为我提供服务"等。在服务过程中服务员用友好、热忱的态度对待客人,客人的这种特权愿望就得到了满足。

3. 对服务质量的投诉

任何客人对服务质量都会有一定的要求,无论是单独就餐的客人还是款待亲朋的主人,都不愿长时间地等待,食品或饮料服务不及时或者上菜过快,都可能引起客人的不满。同样,客人既不愿长时间等待,也不愿被催迫用餐,特别是西餐的宴会服务。酒和饮料的质量不佳也会引起投诉。

4. 对异常事件的投诉

对这类投诉,餐厅难以预见。如生意没有谈成、比赛输了等,顾客心情不好,在服务中稍有不慎就可引发投诉。遇到这类问题,只要服务员的态度好,大部分客人都是能谅解的。

### (二)宾客投诉心理

1. 求发泄的心理

客人在碰到令他们烦恼、恼怒的事情之后,或者被讽刺挖苦甚至被无礼对待、辱骂之后,心中充满怒气、怒火,要利用投诉的机会发泄出来,以维持他们的心理平衡。

2. 求尊重的心理

客人希望他的投诉是对的,应得到同情、尊重,希望有关人员重视他的意见,向他表示歉意,并立即采取行动。

3. 求补偿的心理

客人在蒙受了一定的损失后向有关部门投诉时,希望能补偿他们的损失,这是一种普遍的心理,如食物不洁希望退换或打折等。许多情况下,客人投诉的目的是综合性的,既有经济上的需求,又有心理上的需要。

### (三)处理客人投诉的主要程序

1. 承认客人投诉的事实

为了很好地了解客人所提出的问题,必须认真听取客人的叙述,使客人感到他提出的问题受到了重视。倾听时应注视客人,不时点头示意表示理解,并表达歉意。为了使客人能逐渐消气息怒,还应对事件做好笔录,以示对客人的尊重。

2. 表示同情和歉意

应设身处地考虑分析问题,对客人的感受要表示理解,用适当的语言给客人以安慰,如"谢谢您告诉我这件事"、"对于发生这类事件,我感到很遗憾"、"我完全理解您的心情",等等。假如餐厅对客人提出的抱怨或投诉事宜负责,或者将给予一定赔偿,这时餐厅应向客人表示歉意,并说:"我们感到十分抱歉,××先生。我们将对此事负责,感谢您对我们餐厅提出的宝贵意见。"在与客人交谈的过程中,注意用正确的姓氏来称呼客人。

**3. 同意客人要求并决定采取措施**

当我们接到投诉时，应理解客人的心情，明白投诉事件的经过。当我们采取补救措施时，应征得客人的同意，将要采取的措施内容或行动计划有礼貌地通知客人，这样才会有机会使客人的抱怨变为满意，并使客人产生感激的心情。我们可采用问询的方式以征求客人对即将采取改正措施的认可和同意，如"王先生，我们这样处理，您看是否合适？""李小姐，假如我这样去做，您意下如何？"等。

---

**案例分析 9-2**

### 漏上的菜肴

2016年10月4日，某酒店宴会厅接待了一场5桌的寿宴，宴会结束后，顾客朱先生结了账。次日，寿宴顾客朱先生到酒店餐饮部门投诉，说10月4日宴会上没有上鱼，而且非常不吉利，并要讨个说法。经餐饮部门调查后证实，顾客确实在预订时点了"黄椒酱蒸鲈鱼"，但在营业部下单时，因工作人员粗心，漏开了分单，导致厨房无单无出品，引起顾客投诉。查明原因后，管理人员当即向顾客赔礼道歉，并再三承认了错误，征询顾客意见后，将5桌"黄椒酱蒸鲈鱼"的费用退还给顾客，而且还送了朱先生一张VIP卡，朱先生对处理结果比较满意。

事后酒店对当事人进行了严厉地批评与处罚。

此案例说明，遇有顾客投诉，要真诚道歉，及时妥善处理，给予顾客应有的补偿，会赢得顾客满意。

分析：该案例中的酒店管理者应该如何杜绝此类事件的再次发生？

---

**4. 对客人的批评指教要充满感激之情**

我们经常会看到许多餐厅有这样两句广告词："如果满意，请告诉您的朋友，如果不满意，请你告诉我。"如果客人遇到不满意的服务，他不告诉餐厅服务人员，也不提出投诉，但他把自己的不满告诉他的家人和朋友，这样就会极大地影响餐厅的未来客源市场，影响餐厅的声誉。为此，当餐厅遇到客人的批评、抱怨甚至投诉的时候，不仅要欢迎，而且要表示感谢，感谢客人给餐厅重新改正的机会，例如"谢谢您，刘先生，您及时让我们知道服务中的疏漏，太感谢您了！"

**5. 要认真落实解决客人投诉的具体措施**

处理客人投诉并获得良好效果，其中重要的一环便是落实、监督、检查自己采取的纠正措施。其一，要使改进措施顺利进行；其二，要使服务设施及服务水准均处于最佳工作状态；其三，要了解客人对处理结果的满意度。许多对餐厅怀有感激的客人，往往是那些因投诉问题得到妥善处理而感到满意的客人。

### （四）处理客人投诉的技巧

**1. 耐心倾听**

耐心倾听客人的抱怨，不要轻易打断客人的抱怨和牢骚，更不要批评客人的不足，要鼓励客人倾诉下去。当他把牢骚发完了，就没有怨气了。

### 2. 态度诚恳

客人有抱怨或投诉就是表现出客人对酒店的产品不满意,他们觉得酒店亏待了他,如果在处理过程中态度不友好,会加重他们的不满意,造成关系的进一步恶化。若态度诚恳,礼貌热情,会降低客人的抵触情绪,俗话说"怒者不打笑脸人"。

### 3. 迅速受理

处理投诉和抱怨的动作快,可以有四方面的好处:一是让客人感觉到尊重,二是表示酒店解决问题的诚意,三是可以防止客人的负面渲染对酒店造成更大的伤害,四是可以把损失降低到最小。建议收到投诉当天给客人一个初步的答复。

**案例分析 9-3**

**请您稍等一下**

中午,正值酒店繁忙的时候,一位顾客在用餐时,让服务员给小孩上一杯温水,服务员答应了。过了一会儿,顾客见温水没拿来,又叫了另外一位服务员,等了一会儿,水还是没有拿来,于是顾客很生气地大声叫了起来"服务员——"顿时,整个嘈杂的餐厅都听到了,忙碌中的服务员突然想起来了,立刻端来了一杯温水。还没等服务员开口,顾客就要找餐厅主管,要求投诉。餐厅主管此时正在招呼另外一位顾客,于是过来说:"对不起,先生,请您稍等一下,我马上过来。"顾客一听,更加生气了,抱起小孩就准备离去。餐厅主管见势,马上进行道歉,后来餐厅经理过来之后,才把这件事平息了下来。

在酒店管理过程中,不能及时为顾客服务,不能及时处理顾客投诉,会使服务陷入尴尬之中。

### 4. 语言得体

客人对酒店不满,发泄时在言语方面可能会过激,如果与客人针锋相对,势必恶化彼此关系。在解释问题过程中,措词要十分注意,要合情合理,得体大方。即使客人不对,也不要直接指出,尽量用婉转的语言和客人沟通。

### 5. 合理补偿

宾客抱怨或投诉,很大程度是因为他们的利益受到了损失。因此,客人希望获得安慰和经济补偿是十分正常的。这种补偿可以是物质上的,如换菜、打折、赠送水果等;也可以是精神上的,如道歉等。让客人心满意足是补偿的原则,但也不是大送特送礼物,重点是要让客人感受酒店的诚意。

### 6. 经理接待

客人提出投诉和抱怨后都希望自己的问题受到重视,处理该问题的人员层次会影响客人的期待以及解决问题的情绪。如果高层次的管理人员能亲自为客人处理或打电话慰问,就更容易化解客人的怨气和不满。

**案例分析 9-4**

## 上不来的菜

这天是李小姐的生日,她请几个朋友一起在餐厅聚餐,点了10道菜。10分钟后,仍不见上菜,就催促服务员快点上菜,说吃完饭还要去KTV唱歌。服务员回答说:"好的,我去帮您看一下,请稍等。"

转眼又过去了10分钟,李小姐又问服务员:"刚才你帮我问了没有?还要多长时间啊?"服务员回答说:"应该快了,您再等一会儿吧。"李小姐说:"那你再帮忙催一下。"

不一会儿,服务员端了几盘菜进来,李小姐数了一下,只有8道菜,于是,她对服务员说:"还有两个菜啊,我们边吃边等,麻烦再催一下。""好的,我去帮您问问。"服务员回答说。

一会儿,李小姐一帮朋友已经吃得差不多了,但是那两个菜还是没有上,李小姐这时终于沉不住气了,找服务员理论:"已经催了你们好几遍了,每次都说快了快了,到现在还没有上全,你们今天是存心让我这个生日过得不愉快,是吧?"服务员十分委屈地说道:"对不起,小姐,我们今天客人有点儿多,让您久等了,我马上再去催一下。""还催什么催,菜不用上了,饭也不吃了。"李小姐十分生气地说着。

这时,正在一旁的餐厅经理马上走了过来,当地了解了整个过程之后,低声吩咐了另外一个服务员,然后转身对李小姐说:"小姐,对不起,今天客人有点儿多,是我们的问题,让你久等了,您今天生日,我代表酒店祝您生日快乐,也请您千万不要生气啊,未上的两盘菜马上免费让您和朋友品尝,这个果盘和鲜花算是我们酒店的一点儿心意。"说着拿起服务员递上的一束鲜花送给李小姐。

李小姐听完餐厅经理的一番话,捧着餐厅经理送上的鲜花,气也消了,露出了笑容。

分析:你对该案例中的服务员和餐厅经理的做法有何评价?

### (五)投诉后的内部管理

在处理投诉的过程中,切不可认为过了顾客这一关后即可刀枪入库、马放南山了。造成投诉的当事人是否承担了相当的责任,其他员工是否从中吸取了教训,错误的程序和制度是否得到了修正,有关措施是否得以制定,所有这些都应认真思考,严肃对待。

接到投诉后如何进行有效的内部管理,是衡量一家餐饮企业的管理水平,检验领导权威和员工队伍素质的重要标志之一。

**1. 投诉后内部管理的误区**

很多员工一而再、再而三地犯错误,很多被投诉的事件一而再、再而三地重演,究其原因,都是事后处理不当造成的。

(1)文过饰非、不了了之

这种结果的形成很大程度上都是由于针对投诉的内部管理不当造成的,对待投诉文过饰非、不了了之的做法广泛地存在于餐饮业的管理中。这种做法看似求得了一时的太平、和气,但它同时给员工的过失开了数张"通行证"。凭着这张"通行证",所有的员工都有权要求在他们出现过失的时候得到宽恕。这是"管理无力后遗症"的表现。

真正有效的管理原则应该是,不论当事人怎么解释,管理者都应该追查造成顾客投诉的相关人员的责任,予以相应的惩罚。当然,对惩罚的尺度的把握可参考具体情况,分析具体问题,力争灵活有效,以取得最佳效果。但无论如何,作出处理应当是无可争议的。

(2) 简单粗暴、意气用事

在处理投诉的过程中,有些管理者为了表现出管理的力度和魄力,从而从一个极端走向另一个极端,似乎惩罚越重就越能体现出严格。他们把本应作为手段的惩罚当做目的,或者为了交差,或者为了出一口恶气,对投诉的教育和举一反三等都被所谓的力度和魄力所掩盖,更不用说去考虑"亡羊补牢"的措施了。

**案例分析 9-5**

**留不住员工**

某酒店的员工正在不断地流失,工作时间平均只有3—6个月,导致酒店服务水平不断下降,经营效益日益下滑。

后来,企业请来一位专家对酒店进行"会诊",专家经过调查发现,酒店的硬性条件不错,但在管理员工方面存在较大问题,特别是酒店动辄对员工处以罚款:迟到罚款、打碎餐具罚款、收到投诉罚款(不管投诉是不是无理取闹),等等,而且处罚力度非常大,导致员工工资经常被扣发,所剩无几,员工工作不满意,服务质量自然下降,投诉不减反增,酒店生意自然也就好不起来。

分析:对于该案例中的酒店管理者在处理被投诉员工的方式上所存在的问题,你觉得应该如何处理?

(3) 羊亡而牢不补

古人曾经用"亡羊补牢"的故事告诉人们,对待出现的错误和过失除了痛心疾首、深刻反省外,还应有能够杜绝此类问题再度发生的具体措施。羊丢了,是因为羊圈出了问题,如果丢羊人或嚎啕大哭,或破口大骂,或怨天尤人,或萎靡不振,而唯独不去修补他那破烂的羊圈,那么所有人都会说他是天下第一大傻瓜。然而,在现实工作中,类似的傻瓜却依然存在,只是表现形式不同而已。

2. 投诉后的内部管理

(1) 分析原因,采取措施

① 进一步查清原因,分清责任。

② 当事人必须承担责任,其形式可以为批评、罚款、开过失单、或警告记过、留店察看、除名直至开除。

③ 当事人的上级必须承担领导责任,其形式可以为批评、罚款、开过失单、降级、撤职等。

④ 其他有关人员应及时了解到事件发生经过和对上述人员的处理情况。

⑤ 认真分析造成投诉的原因，有针对性地采取措施，并及时组织培训。
⑥ 对被投诉部门的工作，在得到改善的初期应作经常性的检查。
⑦ 处理和整改结果应及时上报。

（2）落实与复查

投诉问题处理后，应着手提出内部整改措施，检查所定措施的可行程度，减少管理中的薄弱环节。

（3）建立顾客投诉档案

通过对顾客投诉档案的统计分析，建立顾客投诉档案，这样有利于提供优质服务，有利于对各级餐饮管理人员及其工作的评估，有利于对餐饮企业管理状态的把握。

① 顾客投诉档案的内容。主要包括投诉人姓名和性别、投诉时间和地点、投诉人国籍、投诉部门、投诉事由、相关内容和要求、受诉人姓名等。附件包括调查结果、处理情况、整改措施、部门经理签字等。

② 顾客投诉档案的建立方式。按顾客姓名和发生部门编辑，按发生的时间顺序保存。

## 案例分析 9-6

### 珍贵的记录

某天，刘先生携家人到某酒店吃饭，在用餐的过程中，由于员工疏忽，导致员工托盘上的开水洒落下来，烫到了刘先生10岁大女儿的手臂。虽然只是一点小小的烫伤，但是刘先生非常生气，在处理完伤口之后，就找经理投诉，处理完投诉离开后他再也没来过这家酒店。

分析：
1. 在服务工作中如何杜绝此类事件的发生。
2. 事情发生后，如何补救才能使客人满意。

## 项目小结

本项目元主要阐述了餐饮服务质量的含义、内容和特点，餐饮服务质量分析的内容和方法，餐饮服务质量控制的内容和方法以及餐饮投诉的处理程序。通过学习掌握餐饮服务质量控制的相关内容，尤其掌握餐饮服务质量的内涵以及处理客人投诉的相关方法。

## 项目习题

### 一、案例分析

#### 衣服掉进鱼缸里

正值夏季，有一位顾客在就餐的时候，出了很多汗，他就把外衣脱掉，挂在了衣服架上。但是到就餐结束的时候,他发现衣服已经从衣服架上滑落了,衣服架底下有一个装饰用的鱼缸,衣服刚好掉进了鱼缸里面,弄得很湿、很脏,他非常不高兴。这位顾客就把店方的管理人员找来了,他和店方的管理人员提出:"衣服之所以滑落,我相信它是自然滑落,不是员工弄的。但是如果你们的鱼缸不放在衣服架底下的话,我的衣服是不可能掉进鱼缸里边的。现在我的衣服弄脏了,我心里非常不舒服,我要求你们全额赔偿,我这件衣服是桑蚕丝制品,价值1 380元,某某商厦买的,不信你们可以去看。"

餐厅经理与这位顾客经过长时间沟通,提出两个处理意见:

(1) 餐费打个较大的折扣。

(2) 店方负责给顾客干洗衣服。

顾客接受了处理意见,并把衣服留下了。

接下来,服务员随便找了一家干洗店把衣服干洗了并取回来交给顾客,顾客发现衣服已经严重变形,不能穿了,就又去找店方管理者,要求全额赔偿这件衣服。

双方再次协商,最后是按这件衣服的原价打了一点儿折扣给顾客赔偿了结。顾客接受了处理意见,但却带着遗憾离开了酒店。

思考题:

1. 分析顾客投诉的原因?

2. 分析顾客投诉的心理及投诉处理的不当之处?

3. 分析如何正确处理投诉?

## 二、任务设计

1. 选择两家三星级以上的酒店开展调研,分析其餐饮服务质量管理的成功之处。

2. 选择在暑假或寒假,到一家三星级以上酒店的餐厅实习一段时间,实地观察其服务质量管理现况,并写出调研报告。

# 项目十 餐饮营销策划

## 项目指南

餐饮经营者的利益与宾客利益是对立而统一的。餐饮营销正是这两者利益的协调者,即餐饮营销是依靠餐厅一整套营销活动,不断地跟踪顾客需求的变化及时调整餐厅整体经营活动,努力满足顾客需要,以获得顾客信赖,通过顾客的满意来实现餐饮经营目标,达到消费者利益与经营者利益的一致。

## 项目目标

### 知识目标

1. 了解餐饮产品定价目标、定价方法与定价策略;
2. 掌握餐饮的内部营销策略;
3. 掌握餐饮外部促销策略;
4. 熟悉主题餐饮促销程序;
5. 熟悉餐饮网络营销的概念及运用。

### 能力目标

1. 能够综合运用各种餐饮营销技巧进行餐饮产品的营销活动;
2. 能够完成一份主题餐饮促销策划方案的撰写。

### 素质目标

1. 培养开拓创新的能力;
2. 培养团队合作的能力。

## 案例导入

### 伦敦尼日尔餐馆的4P营销组合

玛丽在布雷克顿大学得到了全国承认的食品管理学位,在不同公司工作了大约十年之后,萌生了开餐馆的想法。玛丽看到快餐店在伦敦迅速兴起,而且伦敦的西非人数目剧增,这部分市场还是一片处女地,玛丽决定建立一家非洲餐馆。玛丽在伦敦北部的托特纳姆,用自己的3 500英镑储蓄开了家餐馆。地方政务委员会为她装修翻新,还免了一年的租金。开业时提及制定营销策略,玛丽会皱眉头的,但对于如何开发产品以及如何一炮打响,她还是有清楚的认识。虽然没有诉诸文字,但她采取了以下行动以实现自己的目标:

1. 目标市场

开业时玛丽就知道这家餐馆只会吸引非洲人,特别是尼日尔人。作为其中一员,玛丽意识到很多非洲人很在乎吃什么,他们喜欢在有家庭氛围的地方吃。而且,很多尼日尔人不愿尝试其他食物,认为自己国家的就是最好的。西印度与非洲人又有很大的文化差异,这使后者到周围的西印度餐馆去。玛丽根据自己在这个国家的经验,认识到很多非洲人也和她相似,喜欢到宾至如归的地方去吃饭。她的餐馆正是要服务这些人。

2. 产品

一开始,玛丽就把餐馆定位于"非洲菜馆",特别是供应尼日尔食品。名字的选择以及几种上佳鱼制品的供应,也体现这个特色。为了保持地道的非洲风味,玛丽决定要直接从尼日尔购买大部分鱼类及其他食品,还要严格遵循原来的烹调配方和手艺。玛丽把餐馆装饰成典型的非洲式样:用竹制弓箭,棕榈树叶以及非洲物品来装饰房屋。就连一些餐具也是非洲原产,如盛汤用的小加拉巴木餐具。为了增强餐馆的非洲风味,玛丽为2个兼职的女招待设计了典型的非洲裙装。玛丽自己负责烹饪。为了确保高质量和新鲜,每位顾客在进门时都被告知所有的东西是现做,因此,可能要等会儿。为了保持非洲传统,还推荐顾客们用"辣椒汤"开胃。

3. 地点

玛丽想把餐馆开在大量非洲后裔聚居的地方。托特纳姆,位于伦敦的哈里恩盖镇,正是这样一个地方。虽然租金高些,玛丽还是选了这个在大街上的铺面。位置挨着居民区和主要商业中心,坐车、开车来回都比较方便。而且,这地方的停车位充足,不会因车位缺少而将顾客拒之门外。

4. 价格

对于价格,玛丽认为应当让潜在顾客群有能力承担。用自己和好友的收入为基础计算一番,她决定要让食品物有所值。对于其餐馆的定价政策,玛丽并未作研究。她根据从尼日尔推进原料的成本,粗略地制定了价格,她只是计算了总体成本,再加上预期收益,并没有一项一项地单独计算成本,然后再定出单价。这种方法最初很管用,因为她可以很方便地从尼日尔得到大部分原料。后来,由于有些原料很难得到,玛丽不得不找其他供应商,只得支付"浮动价格"。玛丽只是微调了价格,因为她怕多收费会吓跑顾客,特别是在这条大街上麦当劳和肯德基都已驻足,进行着直接的竞争。

5. 促销

尽管玛丽受过食品管理的培训,她还是很相信口头推荐的效用。在她的非洲顾客请她推荐合适的餐馆时,她已有了这方面的亲身经验。她知道一旦是在传播"好消息",这种促销方法的乘数效应是很大的。在餐馆要开业时,玛丽尽可能多地给朋友们打电话,让他们告诉朋友们她的餐馆和开业日期。尽管开业时罕有客至,玛丽却并未灰心。接下来的一周,她匆忙做了传单,并在餐馆附近四个分发。传单写得很亲切,邀请人们去玛丽的餐馆"尝尝非洲佳肴"。一有机会,玛丽就分发名片,上面有她的名字,餐馆地址,并注明这是家非洲餐馆。她给大学的朋友一人一张,还发给她碰到的其他非洲人。

6. 定价和促销的进一步发展

玛丽的战略获得了成功。开业4个月还不到,她不得不接受带走食物的定单。这使她要预做些食物以实现更快周转,能够让顾客满意。另外,周末还要另雇2个帮手,因为70%的销售额都是在周末实现的。盈利收入使她可多配些桌椅,直到餐馆被占满为止。为了营造"家"的气氛,柜台仅作为厨房的延伸,因为这是女主人直接向顾客供应饮料的地方。在生意蒸蒸日上的时候,有人建议玛丽提高定价。玛丽不愿意改变定价,因为从去年她就注意到竞争在加剧。即便在伦敦北部,就有四五家非洲餐馆陆续开业。她调查了一两家,相信她的价格非常有竞争力,而且食品质量没得说。因此她不愿大幅变动价格。因而尽管去年餐馆平均花费是每位顾客10.50英镑,玛丽的餐馆的平均消费是每位(堂食)4.50英镑左右。今年,玛丽开始在当地媒体登广告,并设计更好的宣传画广泛地散发。果然,业务因此翻了一番,到今年底,每周收入已达4 250英镑。食物还是老样,但通过单独地成本计价,价格已更接近行业价格,竞争也更激烈了。通过努力工作并与顾客融洽相处,到明年,餐馆空前繁荣,收入已达到每周6 000英镑,玛丽也雇了大约10个全日制或临时职员。

**分析:**
1. 通过案例分析,谈谈玛丽成功的关键是什么。
2. 玛丽经营餐馆的经历对你有什么启发?
3. 对尼日尔餐馆的过程管理提出自己的建议。
4. 玛丽在餐馆开业之初为餐馆制定的营销组合策略是怎样的?

## 任务一 价格促销策略

餐饮产品的价格是否合理，对产品的销售、企业在市场中的竞争力及市场占有率、企业的营业收入和利润都会产生极大的影响。因此，价格制定历来是企业经营管理中最重要也是最敏感的问题。

### 一、餐饮产品价格策略

#### （一）影响餐饮产品定价的因素

影响餐饮企业确定产品价格的因素很多，一般来说可分为两大类，即内部因素和外部因素。

1. 影响餐饮产品定价的内部因素

影响餐饮产品定价的内部因素是指餐饮企业在定价时自己有能力控制的因素，如成本和费用、餐饮产品、档次、原材料、工艺、人力资源、经营水平等。

（1）成本和费用

任何餐饮企业经营的最基本要求就是餐饮产品的价格必须高于其成本，只有这样，餐饮企业才有利可图，因此，成本是影响餐饮产品定价的最基本因素。从餐饮企业的实际经营活动看，餐饮企业总的成本占较大比例的是固定成本和变动成本，不同的成本结构对企业的营业收入和利润的影响较大。

（2）餐饮产品

产品是企业定价的基础，只有优质的产品才能吸引消费者前来购买，只要当一些产品成为品牌时，定价就变得很容易。一般情况下，无论是星级饭店餐厅，还是社会餐馆和酒楼，只要餐饮产品丰富多彩，具有设施新、服务好、环境优美、文化氛围吸引人的特点，产品定价工作就会比较得心应手，价格也会具有很强的竞争力，企业的经济效益也会得到充分的保证。

（3）档次

餐厅的档次是消费者身份和地位的象征，其档次的高低直接影响餐饮产品的定价水平。如"香菇菜心"在一家普通的社会餐馆的定价为10元，而在高星级酒店的餐厅，其定价可高达38元，这充分说明餐厅档次对定价的影响。

（4）原材料

餐饮原材料对价格的影响显而易见。原材料成本不同，其定价必然不同，比如有机蔬菜就要比普通蔬菜原材料成本高许多。

（5）工艺

餐饮产品的制作工艺对定价水平的影响也非常大。一般说来，工艺复杂的产品，其销售价格较高，而工艺相对简单的菜肴，其销售价格则较低。如在一家餐厅中，其松鼠鳜鱼的销售价格为150元，而清蒸鳜鱼的销售价格只为120元。

(6) 人力资源

餐饮企业人力资源数量的多少和质量的高低势必会影响餐饮产品其定价水平。因为涉及餐饮企业的经营费用。如果餐饮企业用工数量较多,为了保证其正常的营业水平,其定价水平必然较高。如果餐饮企业招用较多的名厨,其定价水平也必然较高。

(7) 经营水平

餐饮企业经营水平的高低,同样影响餐饮产品价格的高低。比如一个餐饮企业集团在某地经营5家餐厅,其生产原材料实行招标采购,因其进货量大而使原材料的采购成本大大低于当地同类餐饮企业,所以其菜肴的定价也低于同类餐厅。再如,某星级饭店的餐饮部为了在激烈的市场竞争中生存并发展,每月举办一次主题各异的美食节,并在美食节期间进行累计消费优惠促销活动,结果使该饭店餐饮部在当地知名度很高,生意一直红红火火。

2. 影响餐饮产品定价的外部因素

影响餐饮产品定价的外部因素是指餐饮企业无法控制、但对企业定价有较大影响的因素,如市场需求、竞争因素、市场的发展情况、市场环境、地区生活水平、气候和消费者的心理价位等。

(1) 市场需求

按照现代市场营销学的观点,企业必须在满足市场需求的基础上得到收入,因此,餐饮企业在进行产品定价时,必须充分了解市场需求,才能使企业实现自己的经营目标。但餐饮企业面对的市场需求不稳定而且比较复杂,因此,餐饮企业应加强对市场的调查研究,进行经常性的销售分析,以发现市场需求的动态变化及其规律,并采取相应的措施,以灵活的价格策略来吸引消费者。

(2) 竞争因素

餐饮企业间的竞争是客观存在的事实。这种竞争对餐饮产品价格的影响也是比较直接的,特别是档次相近的餐饮企业间的价格,相互制约和影响更大。如一个企业的价格高于竞争对手,则无法吸引消费者。但若价格低于竞争对手,则很快便会引发一场降价大战,对任何企业都不利。同时,餐饮业的竞争的激烈程度也在很大程度上影响着餐饮企业的定价水平,因此,餐饮企业在制定价格策略时,必须考虑竞争因素。

(3) 市场的发展情况

市场发展过程一般包括初期缓慢增长阶段、腾飞阶段、高峰稳定阶段和下降阶段。不同的市场发展阶段要求制定不同的价格策略。如一家餐饮企业在处于初期缓慢增长阶段的市场中开业,则该企业首先应对竞争对手的产品质量和价格等进行调查研究,并进行比较分析,然后制定相对比较低的价格策略,以便在这样的市场阶段赢得更多的消费者,确立一定的竞争优势。

(4) 市场环境

餐饮企业在制定价格策略时,必须考虑到企业所处的外部环境因素。如当前饭店及餐饮行业的经营业态和发展趋势,餐饮原材料的通货膨胀,国家有关价格、竞争、行业结构等方面的政策法规,社会公众及消费者的需求等。餐饮企业应认真分析这些环境因素,从而制定出既适合环境,又具有一定竞争力的价格策略,以保证企业的经济效益。

（5）地区生活水平

餐饮企业的价格水平在很大程度上受到当地居民的平均生活水平的影响。一般来说，当地居民的生活水平越高，餐饮企业的定价水平就会越高；反之则低。

（6）气候

气候对餐饮消费者的消费也有一定的影响，如在炎热的夏季，某些清热降火类菜肴的销售量大增，其销售价格必然比寒冷的冬季要高。而冬季时火锅、砂锅类菜肴旺销，此时该类菜肴的价格也必然比平时有所上扬。

（7）消费者的心理价位

餐饮企业的价格水平必然受到目标市场客源消费水平的影响。企业目标市场中顾客的心理价位较高，其产品的定价水平也较高；反之亦然。

**知识拓展**

### 6 个 P

1980年，美国著名酒店营销学家C·杜威特·考夫曼（C.Dewitt Coffman）在《酒店销售学》一书中，将营销因素组合概括为6个P。

1. 人（People），主要指顾客或需求市场。
2. 产品（Product），不仅指酒店或餐饮企业所提供的有形的食物产品，还包括无形的服务。
3. 价格（Price），一方面要适应顾客的需要，另一方面要满足酒店对利润的要求。
4. 促销（Promotion），促销的任务是使顾客深信本酒店的产品就是他们的需要，并促使他们来消费。
5. 绩效（Performance），它是指产品的传递。这是使顾客重复购买和大量购买酒店产品的方法，并使顾客在离店后为本酒店进行宣传。
6. 包装（Package），酒店的"包装"与商品的包装不同。酒店的"包装"是指把产品和服务结合起来，在顾客心目中形成本酒店的独特印象。酒店的"包装"包括外观、外景、内部装修布置、维修保养、清洁卫生、服务人员的态度和仪表、广告和促销印刷品的设计以及分销渠道等。

### （二）新开业餐厅的价格策略

对新开张的餐厅或新开发的菜系、菜品，往往要决定是采取市场高价策略、市场渗透价格还是短期优惠价格。

1. 市场高价策略

当餐厅开发新产品时，将价格定得高高的，以牟取暴利。当别的餐厅也推出同样产品而顾客开始拒绝高价时再降价。市场高价策略往往在经历一段时间后要逐步降价，这项策略适合用于企业开发新产品需要的投资量大、产品独特性大、竞争者难以模仿、产品的目标顾客对价格敏感度小的场合。采取这种策略能在短期内获取尽可能大的利润，尽快回收投资资本。但是，由于这种价格策略能使企业获取暴利，因而会很快吸引竞争者,会很快产生激烈的竞争,从而导致价格下降。另外,在采取这种高价策略时,一定要考虑到政府对价格的监管程度。

2. 市场渗透价格策略

这项政策是自新产品一开发就将产品从低定价,目的是为了使新产品迅速地被消费者接受,企业能迅速打开和扩大市场,尽早在市场上取得领先地位。企业由于获利低而能有效地防止竞争者挤入市场,使自己长期占领市场。市场渗透政策用于产品竞争性大且容易模仿、而且目标顾客需求的价格弹性大的新产品。

3. 短期优惠价格政策

许多餐厅在新开张或开发新产品时,暂时降低价格使餐厅或新产品迅速投入市场,为顾客所了解。短期优惠价格与上述市场渗透价格政策不同,该政策是在产品的引进阶段完成后就提高价格。

### (三) 心理定价策略

心理定价策略,是针对顾客心理而采用的一类定价策略,通过定价刺激客人消费,获得优良经济效益。

餐饮产品心理定价策略,主要有三种表现:一是对追求餐饮享受的客人,他们往往认为,价格反映产品质量和服务质量,不计较花钱多少,价格越高,越能反映产品质量,提高自己的声望,因而餐饮价格应尽量从高。二是多数客人对产品价格比较敏感,可采用奇数定价法,以适合客人的消费心理。三是对一定声望的企业和一些高质量的产品,可采用偶数定价法。心理定价策略有以下几种:

1. 尾数定价策略

这是指保留价格尾数,采用零头标价,满足消费者廉价消费心理,又由于尾数标价精确给人以信赖感,对于需求价格弹性较强的商品,尾数定价策略可大大增加销售感。餐厅中一般菜肴可采用尾数定价策略。

2. 整数定价策略

餐厅在定价时,采用合零凑数的方法,制定整数价格,这是针对消费者心态对高档消费品的定价策略。消费者往往是通过价格来辨别产品质量,而整数价格又能提高"身价",使消费者产生"一分钱一分货"的想法,因此,名贵菜肴一般多采用整数定价策略。

---

**小资料**

### 休布雷公司的定价策略

美国休布雷公司所生产的史密诺夫酒,在整个美国伏特加酒市场的占有率高达23%。但此时,另一家公司退出了一种新型伏特加酒,其质量比休布雷公司的好,每瓶酒的价格却比它低1美元。按照惯例,休布雷公司有三种对策可以采用:① 降低1美元,以保住市场占有率;② 维持此价,通过增加广告费和推销支出与对手竞争;③ 维持原价,听任其市场占有率下降。

> 无论采用上述哪一种策略，休布雷公司似乎都占不了上风。于是，该公司的市场营销人员经过深思熟虑后，采取了对手意想不到的第四种策略，即将史密诺夫酒的价格提高，同时推出一种与竞争对手新型伏特加酒价格一样的瑞色加酒和另一种价格更低的波波酒。这一定价策略，一方面提高了史密诺夫酒的地位，同时也使竞争对手的新产品沦为一种普通的品牌。结果，休布雷公司不仅渡过了难关，而且利润大增。实际上，休布雷公司的上述三种产品的味道和成本几乎相同，而他们的成功之处在于懂得如何运用不同的价格来销售相同的产品。

3. 招徕定价策略

利用消费者廉价消费心理，对产品以低价或降价的办法吸引消费者，借机扩大销售，打开销路。这种定价策略以餐厅的整体利益为目标，而不是以个别产品的收益为目标。如有的餐厅对某个菜肴定价采取招徕定价策略，牺牲部分餐饮产品利益而确保其他一些产品的高收益，最终实现整个餐厅的总收益。

4. 分级定价策略

把同类产品的价格有意识地分档，形成价格系列。针对消费者比较价格的心理，使消费者明显感到这是产品高低档次的差别，便于消费者按自己习惯的档次选择购买。

**小资料**

### 离谱的满汉全席

> 据《大连晚报》的转载报道了西安某酒店为12名客人精心准备了一桌价值36.6万元的满汉全席，创下西安宴席之最。一时间各大媒体、报刊竞相报道，西安的这家酒店成为焦点。但3天后的报道却出人意料，《大连晚报》以"一桌饭36万出恶名——酒店营业额跌到最低"为标题进行了后续报道，文章分析了生意下滑的原因：由于消费者误认为该酒店属于那种"没有数万元甭想进"的酒店，那些想花几百元吃饭的顾客不敢进门。老板因架不住媒体的采访要求而藏身他处，而税务部门也特别留意那天的36.6万元的营业款。可见，一种定价策略有可能会出现预料不到的结果，离谱的定价会导致适得其反的效果。

### （四）诱饵定价策略

有些餐厅为吸引顾客光顾，将一些菜品的价格定得很低，甚至低于这些菜品的成本价格。其目的是为了把顾客吸引到餐厅来，而顾客来到餐厅后一定还会点别的菜，这些菜品就起到诱饵作用。

诱饵菜品的选择十分重要，通常选择一些顾客熟悉并选用较多的菜品，选择做工简单的菜品，选择其他竞争餐厅也有的菜品作诱饵，这样能吸引较多的顾客，他们会与其他餐厅作价格比较而选择价格便宜的餐厅。价格便宜符合顾客追求实惠的心理,并且这类菜品做工简单,企业不易赔本。

### (五)差别定价策略

根据不同市场或同一市场不同消费者群的具体情况,对同类餐饮产品制定不同的价格。相同的旅游产品以不同价格出售的策略,其目的是通过形成若干局部市场以扩大销售,增加利润。

1. 地理差价策略

餐饮企业应根据所处地区的不同,采用地理差别价格以吸引消费者,保证客源市场。

2. 时间差价策略

即对相同的产品,按需求的时间不同而制定不同的价格。餐饮企业周末消费者较多,平时相对较少,则对同一种餐饮产品可以指定周末和平时两种不同的时间差价,有利于调节消费者的流量,降低饭店经济损失。差价一般可控制在20%—30%之间,幅度大小也可视产品特点和市场需求情况而定。

3. 批零差价策略

即同种旅游产品,由于销售方式不同所引起的价格差别。批零差价有利于吸引婚宴、会议等团队客人就餐。

4. 竞争价格策略

该策略以开展市场竞争、扩大产品销售、增强竞争能力为主要定价目标。如果自己的产品和服务明显高于竞争对手,深受客人欢迎,应立即采用较高价格,树立产品名贵形象;如果自己的产品和同行竞争对手没有太大区别,则应以竞争对手同类产品价格作为参考,价格略低,形成竞争优势;如果同类产品竞争激烈,企业则应尽快开发新产品,吸引对方顾客,加速市场分化,形成局部优势。正确运用这种策略,关键在于及时掌握餐饮产品价格的调价时期和价格水平,竞争价格既不能过高又不能过低,否则,必然影响企业经济效益,反而削弱了竞争实力。

---

**小资料**

#### "幸福鱼"的分时段消费

"幸福鱼"是隶属于云南天天集团的一家以经营风味快餐为主的连锁餐饮公司,该公司在昆明首次推出"分时段价格消费",在当地的餐饮届引起了一场不小的震动。

"幸福鱼"餐饮超市"分时段价格消费"的具体做法是:餐饮超市分4个时段分别定价,每个时段的价格固定,周一至周四上午10:30—下午3:30为一个时段,这期间,每位顾客只需要花10元钱即可品尝到200多种美味风味小吃;下午4:30—晚8:30为一个时段,每位顾客只需要花19元即可以尽情享受到各种风味小吃、自助火锅和酒水;而每周六和星期日及其他国家法定假日的上午10:30—下午3:30又为一个时段,每位顾客只需要花19元就可享受到各类小吃、火锅、酒水、饮料、海鲜、扎啤等。

## 二、价格折扣与优惠政策

运用价格折扣是餐馆推销的一种手段。对公开牌价打一定折扣的优惠政策在餐饮行业运用甚广。

### （一）团体用餐优惠

为促进销售，餐饮企业常常对大批量就餐的客人进行价格折扣，比如会议就餐、旅游团队就餐等，其价格往往比较优惠。会议和团队就餐通常以每人包价收费，在这个包价中提供各色菜肴。

### （二）累积数量折扣

有的饭店为鼓励常住户和常客经常在店内就餐，以折扣价格鼓励客人在店内就餐。一般饭店中的常住户，其在店内就餐的需求只是一种日常生理性需求，而不是享受性需求，因此他们不愿在餐厅中花费很多的钱和时间。饭店如能提供价格折扣，就能有效地吸引他们在店内就餐。南京一家饭店以每天15元的折扣包价向常住户提供做工简单、经济价格给予折扣。折扣率的大小通常取决于客户光顾餐厅的次数和消费的金额。

如有的餐厅对于常客发放银卡、金卡或白金卡，持有不同的优惠卡，可享受不同程度的折扣。如银卡九五折，金卡九折，白金卡八五折或八折等。

### （三）清淡时段价格优惠

餐厅通常在人们习惯的就餐时间达到营业高峰。为鼓励清淡时段客人前来光顾，管理人员常在清淡时段给予价格优惠，这种推销手段特别对经营时间长的咖啡厅和快餐店十分有效。许多这样的餐厅在下午2：00以后对就餐的客人给予价格折扣。也有的餐厅其午餐营业时间在中午1：00—2：00达最高峰，为使客人提前就餐以减少高峰时段的压力和增加总客源，对先结账的就餐客人进行价格折扣。

# 任务二　餐饮内部促销

餐饮促销分为两大类，即对外促销和对内促销。对外促销指为招徕宾客所做的一切工作。对内促销指采取措施使来到餐厅的宾客最大限度地消费。具体来说，内部促销是采取措施使前来就餐的宾客最大限度的消费。行之有效的内部营销可以产生多种良性效果：节省外部营销宣传的费用；从现有的客人身上获取更高的收入；提高利润率；提高相关产品和服务的销售额。

## 一、菜单推销

菜单的作为餐厅最重要的"名片"，是餐厅一项十分有效的推销工具。一份精心编制、内容得体、实际动人、洁净闪亮的菜单不仅能使顾客赏心悦目、心情舒畅，还能增加顾客对餐厅经营和烹调产生好感，并引导顾客消费餐厅高利润的菜品，增加餐厅收入。因此，要十分重视菜单的推销作用。一份好的菜单应该令人读后增加食欲，起到促销作用。（有关内容详见项目七）

> **小资料**
>
> ### 卡片式菜单
>
> 大凡去过饭馆、酒店的人都有一种共同的体会：菜单总是日复一日一成不变的。但是某些菜常常因没有原料或已经卖完，结果出现顾客点好菜后，服务员又说"对不起"的尴尬局面。有时候缺少的某道菜恰恰是顾客爱吃的，令顾客内心大为不悦，甚至因此失望而去。菜单上的这种小小缺陷，反映出了服务上的大大不周，可是餐饮业的经营者却普遍长久失察。对此，广州一家酒店见微知著，打破菜单"终身制"，实行了一种"卡片式菜单"，每道菜"能上能下"，可随时根据"菜情"作调整，故而从根本上避免了"点菜的尴尬"。现今餐饮业竞争越演越烈，许多商家斗在打出自己与众不同的"特色牌"。"卡片式菜单"的启示是，特色特在细微处。明显的地方谁都会注意并努力去做好，相反，越是细小的地方就越容易被人们忽视，而越是细小的地方做得尽善尽美，就越能显示出自己的优势，越能收到"细节最感人"的艺术效果。

## 二、人员推销

餐厅的每一个员工都是推销员，他们的外表、服务质量和工作态度都是对餐饮产品的无形推销。餐厅服务人员应按照饭店有关规定规范操作。员工的素质和魅力对吸引客源、餐饮推销起着很重要的作用。

（1）制服。员工制服会给人以清洁感、统一感；同时还可以起到广告的作用。

（2）个人卫生。员工良好的个人习惯和清新的精神外表，能感染客人使其乐意接受服务并经常光临。

（3）举止和言谈。主要包括员工的走姿、站姿、手势、目光、言谈、微笑6个方面。

（4）服务质量。主要体现在员工服务技巧和服务态度等方面，以优质服务吸引更多的客源。

## 三、餐厅推销

餐厅服务人员要做好推销工作，就必须对服务工作感兴趣，乐于为顾客服务，具有敬业爱岗、乐于奉献的精神。在做好服务工作的同时，适时推销，寓推销于服务中。这是餐厅推销最有效的方法。

### （一）根据不同对象、不同宾客适时推销

针对宾客就餐方式帮助顾客点菜，如顾客请客吃便宴，则可较全面地介绍各类菜肴；如顾客慕名而来，则应重点介绍风味菜肴，如顾客有用餐标准，可推荐一些味道可口而价格合适的菜肴。对那些经常来餐厅用餐的常客，应主动介绍当天的特色菜或者套餐，使顾客有一种新鲜感。

对带着孩子来用餐的顾客，可推荐适合儿童心理和生理特征的菜肴。如颜色艳丽、味道可口的菜肴会吸引孩子们的兴趣。

## （二）及时向顾客提出合理建议

在顾客点菜时及时提示漏点的菜。如在西餐厅，顾客点了主菜而没有要配菜，这时服务员应及时建议点几种配菜，供顾客选择。在中餐厅顾客点了荤菜，可以建议增加几种素菜，顾客点了冷菜可建议点用酒水等。

## （三）根据不同顾客推荐菜肴、饮品

来自江南的顾客喜欢油少清淡生鲜的菜肴，主食喜欢食用大米饭；来自北方的顾客一般喜欢吃油多色深的菜肴，主食以面食为主；欧美顾客一般喜欢吃肉类、禽类等菜肴；信仰伊斯兰教的顾客在饮食上禁忌较多。凡此种种，在介绍菜肴时要充分考虑到，从而进行有针对性的推销。

## （四）结合菜肴加强酒类饮品的推销

在西餐厅，当顾客点要海鲜类菜肴时，可不失时机地介绍一两种白葡萄酒供其选择；顾客点要甜品时，可征求其是否要白兰地或其他利口酒类。在中餐厅，可以针对顾客的不同国籍而相应地提供一些品种的酒。

## （五）主动询问

在进餐过程中，服务员应根据顾客用餐情况主动询问，增加推销机会。当顾客的菜已经吃完，但酒水还有许多时，应及时提出添加几样菜，如顾客同意则尽快端上餐桌。当顾客在西餐厅用餐时，主菜过后要向顾客递上甜品菜单。主动询问一方面使顾客感到受尊重，服务效率高，另一方面也为餐厅带来了效益。

## （六）现场演示吸引顾客

许多餐厅每天都有特菜现场演示。一般由厨师在餐厅制作菜肴，顾客在欣赏厨师烹饪技艺的同时会被吸引而主动消费。当顾客用过主菜后，服务员应马上推来带甜品的餐车向顾客推销。一般情况下，顾客会点数种甜品。现场推销时应注意菜肴的制作必须精致美观，做到为顾客送上的菜肴与向客人所展示的样品相一致。

## （七）适时向宾客推荐饭店的其他服务项目

在服务过程中，经常会遇到用餐顾客问及有关饭店服务设施等方面的情况，服务员可以因势利导，向顾客介绍饭店的健身房、游泳池和卡拉OK厅等，建议顾客在闲暇时去这些地方活动。如饭店正举办大型演出话动、时装展示会或餐饮部门正在推出某种美食展卖活动，服务员应利用各种服务机会向顾客多作宣传。

## （八）推销工作注意事项

### 1. 严禁强迫推销

顾客来餐厅用餐，向服务员了解菜肴情况时，服务员决不可以因顾客不懂菜肴而仅推销价高的菜。对请客的主人，不得利用其爱面子的心理推销其并不喜欢的高档菜肴。强迫推销的做法有损餐厅形象，违背职业道德，会引起客人强烈不满，并对餐厅乃至整个饭店产生极为不良的影响。

### 2. 推销要有针对性

在为顾客服务时，注意使用恰当的服务语言，既有礼貌又有针对性。例如，当顾客问及什么样的菜肴味道好时，应针对顾客的身份、国籍相应地提出几种菜肴供其选择，而不能只推荐高档菜或漫无边际地回答:"这里做的都不错。"这样的回答会令人不快,达不到应有的效果。在为顾客推销菜肴时,要注意语言技巧的运用,如你想为顾客订一份"今日特选菜",可这样讲:"您是否有兴趣尝尝我们今天的特菜,今天的特菜是××,非常新鲜,与您订的酒水搭配非常合适。"使用"您是否喜欢"或"您是否有兴趣"等措辞在餐厅推销中较为合适。

### 四、特殊促销活动

"特殊活动"在餐饮促销中被称为"Event"。餐厅出于销售上的需要,根据目标顾客的特点和爱好,在不同的场合下,举办多种类型的特殊促销活动。

#### (一)特殊促销活动的时机

1. 节日特殊推销

节假日人们时间充裕,喜欢和亲朋好友聚会或者外出度假,是餐饮经营举办特殊推销活动的大好时机。在节日搞餐饮促销,需要将餐厅装饰起来,烘托节日的气氛。并且,餐饮管理人员要结合各地区民族风俗的节庆传统组织促销活动,使活动多姿多彩,让顾客感到新鲜。

在一年的各种节日里,如春节、圣诞节、国庆节、情人节、中秋节、复活节等都可以举办各种主题的促销活动,以吸引新老顾客群体。

> **小资料**
>
> 北京丽都假日酒店,在各国的国庆节推出各国的风味餐和庆祝活动,将驻京的各国外交人员和商务人员吸引到丽都来就餐。新加坡皇冠太子酒店,在圣诞节与元旦期间,各餐厅都组织丰富多彩的特殊推销活动,其龙江川菜馆利用节日在推出特别节日套餐的同时,举办迪斯科舞会并赠送节日礼品。皇太子咖啡座推出自助餐并有"圣诞老人"光临助兴。酒廊中备有风味别致的"圣诞鸡尾酒",并请来歌星演唱为客人助兴。

2. 生意清淡时段推销活动

餐厅为增加生意清淡时段的客源和提高座位周转率,可在这段时间举办各种推销活动。有些餐厅将清淡时段的推销活动称作"快活时光(Happy Hour)"活动,在这段时间中对饮料进行"买一送一"的销售,进行各种演出,等等。有一个酒廊在这段时间中让客人以转盘抽取幸运吧座,坐在这个吧座上的客人可免费喝一杯饮料。

3. 季节性推销活动

餐厅可以在不同的季节中进行多种推销。这种推销可根据顾客在不同季节中的就餐习惯和在不同季节上市的新鲜原料来计划。最常见的季节性推销是时令菜的推销。同时,许多餐厅根据人们在不同季节的气候条件下产生的不同就餐偏好和习惯,在酷热的夏天推出清凉菜、清淡菜,在严寒的冬天推出砂锅系列菜、火锅系列菜以及味浓的辛辣菜等。

## （二）特殊促销活动的类别

特殊推销活动的类别要多样化、要能吸引人。常见的有以下几种：

### 1. 演出型

为给用餐宾客助兴，餐厅往往会聘请专业文艺团体和艺员来演出。演出的内容有多种，如卡拉OK、爵士乐、轻音乐、钢琴演奏、民族歌舞等。

> **小资料**
>
> 天津吉利大厦的食为天海鲜美食城在每晚7:00—9:00有音乐演出、歌舞表演、模特表演，顾客可一边享受美食，一边欣赏演出。昆明金龙饭店的团队餐厅原先营业很不理想，餐厅精心组织了一组以展示十四个少数民族绚丽多彩的民族服装为主线的歌舞节目，节目中穿插着让客人参与洒香水、送荷包、猜谜等活动，把就餐气氛推向高潮。这项活动使餐厅的营业额迅速上升，餐厅扭亏为盈。

### 2. 艺术型

餐厅中搞些书法表演、国画展览、古董陈列等也能吸引客人。例如，天津邦尼炸鸡店曾举办儿童画画竞赛，以吸引以家庭为单位的客人来店就餐。

### 3. 娱乐型

为活跃餐饮气氛吸引客人，餐厅常举办一些娱乐活动，例如猜谜、抽奖、游戏等。有的餐厅还配备一台游乐器械，例如，以儿童为目标对象的天津三毛餐厅备有儿童游乐器械、木马等；新加坡文华酒店配备多种有趣的游乐器械，举行魔术表演，放映卡通片并进行抽奖等节目，吸引带家庭的客人光临享用自助午餐。

### 4. 实惠型

餐厅利用顾客追求实惠的心理进行折价推销、奉送免费礼品等活动。例如，某餐厅在情人节的当周，向光临餐厅的情侣免费赠送巧克力。又有一餐厅提出，凡在本餐厅订一份乳猪的客人，下次来就餐可免费赠送一份乳猪。使客人得到实惠的推销措施通常都是很有吸引力的。

## 五、赠品推销

餐厅往往采用赠送礼品的方式来达到推销的目的。赠送礼品的内容和赠送方式应该有讲究。企业要寻求获取最大效益的赠品方式。

### （一）餐厅赠品的类别

#### 1. 商业赠品

餐厅推销人员为鼓励大主顾企业经常来光顾，赠送商业礼品给一些大主顾。

#### 2. 个人赠品

为鼓励顾客光顾餐厅，在就餐时可免费向客人赠送礼品，在节日和生日之际向客人和老主顾赠送庆祝的礼品或纪念卡。

> **小资料**
>
> ## 香积厨：把文化运用到极致
>
> 　　香积厨本来是称谓佛教寺院中的厨房。客人一进门就能看见花和尚鲁智深这样的僧人造型，"大块吃肉，大碗喝酒"的豪气扑面而来。碗是粗碗，杯是斗大的粗瓷杯，酒幌、对联，甚至餐巾纸杯上敞开肚皮吃的重庆"老汉"也在告诉顾客要"大块吃肉，大碗喝酒"。
>
> 　　入座之后，客人会发现桌上有一本小册子，不是菜谱，而是"香积厨纪事"，副标题是"关于吃喝拉撒"的现代玩本，封面常换，内容常新，时而是升斗小民的"吃事"，时而是和"香积厨"有"染"的名士的吃喝逸闻。共同特点都是在"论吃"，而且论调常常令人喷饭。
>
> 　　对于初次来此的朋友，还可以在纪事中了解香积厨的各个机构：厨房叫"创作室"，洗手间叫"欢喜间"，也叫"洒脱间"。
>
> 　　菜谱中有"水浒牛肉"、"花花肠子"这般奇妙的菜名。服务员还会告诉顾客，诸如"海魔烧冬瓜"这样的菜是食客的贡献。如果有兴趣，也可以贡献几道自己拿手菜。一旦被认可，就上牌推出，提供者可以终生免费享用这道菜。等到酒足饭饱的时候，香积厨的惊喜还没有完。食客还可以根据消费数目，到餐厅四周满墙的书中随意挑选一本带回家，作为到此一吃的留念。在香积厨吃饭从不打折，只送书。这个规矩在食客中间已经传的很响了。香积厨只是善用环境文化做出自己特色的一个例子而已。

3. 广告性赠品

这种赠品主要是起宣传餐厅，使更多人了解餐厅、提高餐厅知名度的作用。管理人员要选择价格便宜，可大量分发的物品作为这类赠品。礼品上要印上餐厅的推销性介绍。比如给客人分发一次性使用的打火机、火柴、菜单、购物袋等。广告赠品对过路的行人和惠顾餐厅的顾客均可赠送。

4. 奖励性赠品

广告性赠品主要是为了让公众和潜在顾客进一步了解餐厅。而奖励性赠品的主要目的则是刺激顾客在餐厅中多购买菜品和再次光临。这种礼品是有选择的赠送，例如，根据顾客光临餐厅的次数，顾客在餐厅中的消费额多少等分别赠送礼品，有的则根据抽奖结果给幸运者赠送礼品。管理人员要选价值较高的物品作为这种礼品。

**（二）赠品的要求**

1. 要符合不同年龄消费者的心理要求

为使礼品达到最佳效果，有必要针对不同赠送对象选择不同的礼品。

2. 礼品的质量要符合餐厅的形象

一家高级餐厅决不能送低档次的礼品，如果经费不足，宁可不送或只送一件高档次的小纪念品。与其购大量低价的礼品，不如用同等价钱买少量精致的礼品。例如，赠送一打劣质汤匙不如送一个质量上乘的杯子。赠品是沟通餐厅与顾客关系的重要渠道，餐饮推销员要注意赠送符合餐厅形象的独特的礼品来招徕顾客。

3. 赠礼品要附上卡片

赠品上一定要附卡片,以表示对赠送对象的尊重。尽量不要使用印刷文字,最好附上经理亲笔写的风趣的文句、贺词或致谢词。这样的卡片更能将餐厅赠送小礼品的诚意传送到顾客心里。

4. 包装要精致

包装漂亮能提高人们对商品价值的评价。原先包装只是为防止商品污染起保护商品的作用,现代社会更多则是利用包装点缀商品起到推销商品的作用。赠品的包装一定要精致、漂亮、独特。

5. 赠送气氛要热烈

为达到最佳赠品效果,在赠送时要尽可能创造热烈的气氛。例如,颁发抽奖奖品时与其在收银台上领取,不如在大众"恭喜中奖"的掌声、笑声中颁发。这样赠品能使顾客增加幸运感,并有感染其他顾客的作用。因而餐饮工作者要将赠品作为一项重要的推销活动加以周密的计划。

为了使礼品达到最佳的效果,有必要针对不同的赠送对象、不同的场合选择不同的礼品。具体要求如表10-1所示。

表10-1 不同年龄的消费者、不同场合对赠品的要求

| 年龄组 | 赠送组合 | 礼品特点 |
| --- | --- | --- |
| 1—14岁 | 祝贺出生、祝贺生日、祝贺入学、祝贺毕业 | 表现成长的东西、可以玩的东西、双亲也喜欢的东西 |
| 15—27岁 | 祝贺生日、祝贺毕业、祝贺新婚、祝贺就职 | 配合流行的东西、有情调的东西、新奇的东西、有用的东西 |
| 28—43岁 | 祝贺添子、祝贺高升、新婚纪念 | 实用的东西、小孩也喜欢的东西 |
| 44岁以上 | 祝贺生日、祝贺乔迁、祝贺退休 | 有趣味的东西、有纪念意义的东西、贵重的东西 |

### (三) 餐厅常用促销赠品

1. 定期活动节目单

餐厅将本周、本月的各种餐饮活动、文娱活动印刷后放在餐厅门口或电梯口,或由总台发送、传递信息。这种节目单要注意,一是印刷质量要与餐厅的等级相一致,不能太差;二是一旦确定了的活动,不能更改和变动。在节目单上一定要写明时间、地点、餐厅的电话号码,印上餐厅的标识,以强化推销效果。

2. 火柴

餐厅每张桌上都可放上印有餐厅名称、地址、标记、电话等信息的火柴,送给客人带出去做宣传。火柴可按各种规格、形状、档次定制,以供不同餐厅使用。

3. 小礼品

餐厅常常在一些特别的节日和活动时间,甚至在日常经营中送一些小礼品给用餐的客人,这些小礼品要精心设计,根据不同的对象分别赠送,其效果会更理想。常见的

小礼品有：生肖卡、特制餐巾、印有餐厅广告和菜单的折扇、小盒茶叶、卡通片、巧克力、鲜花、精致的筷子等。值得注意的是，小礼品要和餐厅的形象、档次相统一，要能起到好的、积极的推销和宣传效果。

### 六、展示推销

展示食品是一种有效的推销形式。这种方法是利用视觉效应，激发宾客的购买欲望，吸引宾客就餐，并且刺激宾客追加消费。

#### （一）原料展示推销

强调陈列原料的"鲜"、"活"、"贵"，一些餐厅在门口用水族箱养殖鲜鱼活虾，由宾客自由挑选。厨师按宾客的要求加工烹调。由于顾客亲自选择原料，容易对质量产生满足感。有的餐厅陈列鲍翅等八珍，显示餐厅档次，介绍传统珍贵原料的知识和营养价值，吸引消费。

#### （二）成品陈列推销

将烹调装点后十分美观的菜肴展示在陈列柜里，胜于很多文字的描绘。宾客对厨房产品直接观察，消费决策和点菜速度会加快。餐厅中陈列一些名酒，也会增加酒水的销售机会。

#### （三）餐车推销

由服务员推着菜肴车、点心车，巡回于座位之间向宾客推销。餐车推销的菜点多半是价格不太贵、且放置后质量不易下降的冷菜、糕点类。有时，客人点的菜不够充足，但又怕再点菜等待时间过久，推车服务就方便了客人。餐车推销是增加餐厅额外收入的有效措施。

#### （四）现场烹调推销

在宾客面前展示面案、烹炒等技艺绝活，会使宾客产生兴趣，诱导宾客消费。这种形式能减少菜点加工后的放置时间，使宾客当场品尝，味道更加鲜美，还能利用食品烹调过程中散发出的香味和声音来刺激宾客的食欲。

### 七、其他推销

#### （一）针对儿童推销

儿童是许多家庭外出就餐的决策者。因此，不失时机地针对儿童进行推销，往往效果较佳：

（1）提供儿童菜单。儿童菜单的设计要活泼多彩，多给儿童一些特别关照。

（2）提供为儿童服务的设施。例如专用座椅、餐具、围兜等。

（3）赠送儿童小礼物。尤其选送他们喜欢的与餐厅宣传密切联系的礼品。

（4）儿童生日推销。儿童生日宴的设计要有主题，要针对儿童的心理，在饰物、餐具方面进行美化等。从长远看，这些小朋友是餐厅的潜在宾客。

（5）赞助儿童事业，树立餐厅形象。

#### （二）试吃

在特别推销某一菜肴前，采用让顾客试吃的方法促销。用车将菜肴推到客人的桌边,让客人先品尝,如喜欢可现点,不合口味再点其他菜肴。这既是一种特别的推销,也体现了良好的服务。

### (三) 宾客参与推销

让宾客亲自参与食品原料的种植、养殖、采摘、捕捞、加工、烹调等,能起到良好的促销效果。

### (四) 酒瓶挂牌推销

对光顾酒吧的宾客,在他品用过的名酒酒瓶上挂上其"尊姓大名"的牌子,然后将余酒瓶陈列在酒柜里。高贵名酒与客人身份相映生辉。当客人再次光顾时,必定与新朋结伴而来,"故地重游"。各类名酒摆设越多越有名气,这是充分利用宾客的炫耀心理进行推销的方式之一。

### (五) 知识性服务

在餐厅里备些报纸、杂志、书籍等,以方便客人阅读。或者播放新闻、外语会话等节目,或者将餐厅布置成有图书馆意味的吧厅等,这些方式往往可以吸引文艺界、新闻界、学术界的宾客。

### (六) 附加服务

宾客在接受常规服务的同时可享受到的额外服务。如在下午茶服务时,给宾客赠送一份蛋糕,给用餐的每位女士送一支鲜花等。

### (七) "外带" 推销

宾客餐后剩下的菜肴较多时,应主动征询客人意见为其打包。一是不浪费,帮助宾客节约;二是刺激宾客再买一点,凑足下一顿所需,形成餐厅"外卖"食品;三是精心设计的打包袋或盒被宾客带走,是餐厅有效的广告。

### (八) 餐饮特色促销

许多餐厅因为菜点有特色、用餐形式有特色、服务方式超前、餐厅建筑装饰新奇,而成为促销的方式。

#### 1. 菜品特色鲜明

凡是经营成功的餐厅都有自己的当家菜品或独特菜品。随着时代的变化,人们的口味在变化,特别是年轻消费者,求新求变的心理非常强烈。因此,要求餐饮产品不断创新,变化出新口味或新品种来吸引宾客。

#### 2. 餐厅新奇

针对宾客的猎奇心理,在餐厅装饰、用餐形式上标新立异,以吸引客人。

---

**小资料**

#### 俏江南推出"健康奥运"创意菜品,喜迎北京奥运盛事

2008年3月22日,俏江南位于北京东方银座酒店的分店举行了奥运新菜媒体品鉴活动,首次推出了以"健康奥运"为主题概念的创意菜品。来

自京城的数十家媒体人士提前品尝了新品菜肴,并对这些菜品作出了专业评价。

俏江南此次活动以"品新味、感新意、奥运新菜品鉴"为主题,共推出了23款新品菜式供到场的媒体人士品尝。这些菜品均采用营养价值较高的优质材料精致而成,摆盘造型设计也独具匠心,分外精致美观。其中独具创意的三款"健康奥运"菜品更是吸引了众多到场媒体人士的关注。这三款新品分别被命名为"五环添彩"、"好运北京"以及"奥运串串香",菜品造型借鉴了北京奥运会会徽"中国印·舞动的北京"设计风格,新颖别致、色泽鲜艳,并与多种健康食材相辅相成,将"健康"与"奥运"完美融合在一起,极大地丰富了俏江南菜品的文化寓意。这些新推出的菜品不仅体现了俏江南对中华美食文化的发展创新,更展现了其对北京奥运的热切关注与大力支持。

3. 餐厅建筑新颖

新颖的建筑本身就是吸引宾客的资源之一。很多宾客就是因为想亲眼目睹某餐厅新颖的建筑而光顾某店的。如花园餐厅通常设在饭店的花园池畔。也有的设在屋顶的平台上,因为这些地方空气清新,视野开阔,景色宜人。旋转餐厅大多设在高层饭店顶层,沿窗即可俯瞰饭店周围景色。

4. 特色服务

在既定的餐饮服务规范和标准的基础上,开展特色服务。因其独特的服务方式,针对性强,使用餐者获得多方面的享受,因而特色也是餐饮促销的资源。

**(九)美食节推销**

美食节是一些有一定的餐饮企业为推销本企业的菜品而采取的具有一定规模的系列促销活动。也可以说美食节是企业精美食品的展示会。

美食节不同于其他的营销手段,它可以给餐饮经营者提供一个全面展示自己实力的机会。首先,美食节是企业经营菜系的整体推销,有助于改进现有菜品的质量,发展拳头产品和"拿手"菜。其次,有利于扩大餐饮企业的声誉和影响,使企业树立良好的社会形象。顾客可通过美食节了解企业、认识企业。企业可以由此争取新客户,巩固老主顾,获取竞争优势。

**(十)优惠推销**

1. 发放优惠券

发放优惠券是餐饮企业常用的促销方式之一。在举行特殊活动期间或新产品推广期间,餐厅事先通过一定的方式将优惠券发到顾客手中,顾客持优惠券消费时,可以得到一定的优惠。

优惠券的种类很多,常见的有普通优惠券、贵宾卡、特殊优惠券和回赠券等。

2. 抽奖销售

抽奖销售通常是餐厅对消费额达到一定标准的就餐客人给予抽奖的机会。通过设立不同等级的奖励,刺激顾客的即时消费行为。抽奖可采用逐级增加奖品的贵重程度,同时使抽奖力度增加的方式。

3. 其他优惠

为当天过生日的消费者免费在当地报纸上刊登生日贺词,就餐过程赠送生日礼品等,都属于其他优惠活动。

## 任务三　餐饮外部促销

所谓餐饮外部促销是相对于饭店内部促销而言的,是一种市场营销技术,主要是聘用销售人员在餐饮企业外部进行的一般性的推销。目的是为了引起广泛的社会关注,扩大知名度,增加餐饮产品的销售。

### 一、餐饮人员推销

餐饮销售人员推销指餐饮推销人员通过面对面与客户洽谈,向宾客提供信息,引导宾客光顾本餐厅。

**(一)餐饮人员推销的优势**

(1) 推销员可以直接接触宾客,给宾客留下较好的印象。

(2) 可以加深宾客对餐饮产品和服务的了解。

(3) 可以有机会纠正宾客对餐厅菜肴和服务的偏见,改善其印象。

(4) 可以及时回答宾客的询问。

(5) 可以从宾客那里得到明确的许诺和预订。

当然,人员推销也是成本费用较高、覆盖面较小的一种推销方法。

**(二)餐饮人员推销的程序**

1. 搜集信息

餐饮推销人员要建立各种资料信息簿,建立客史档案,注意当地市场的各种变化,了解当地活动开展情况,寻找推销的机会。特别是那些大公司和外商机构的庆祝活动、开幕式、周年纪念、产品获奖、年度会议等信息,都是极好的推销机会。

2. 计划准备

在上门推销或与潜在客户接触前,推销人员应做好销售访问前的准备工作,确定本次访问的对象和要达到的目的,并列出访问大纲;备齐推销用的各种有关餐饮资料,如菜单、宣传册、有关括动的图片等。

3. 上门推销

访问一定要守时,注意自己的仪容和礼貌,要作自我介绍;并直截了当地说明来意,尽量使自己的谈话吸引对方。

4. 介绍餐饮产品和服务

重点介绍本餐厅餐饮产品和服务的特点,引起宾客的兴趣。介绍时要突出本餐厅所能给予宾客的好处和额外利益,要设法让对方多谈,从而了解宾客的真实需求,借助各种资料、图片证明自己的菜肴和服务最能适应宾客的要求。

### 5. 处理异议和投诉

碰到客户提出异议时，餐饮推销人员要保持自信，设法让宾客塑确说出怀疑的理由，首先应表示歉意，然后要求对方给予改进的机会。再通过提问的方式，让宾客自我否定这些理由，重新树立对餐厅的信任。

### 6. 商定交易

要善于掌握时机，商定交易。要使用一些推销策略，如代客下决心，给予额外利益和优惠等，争取预订成功。

### 7. 跟踪推销

如果推销人员希望宾客满意，并与对方保持业务往来，需在销售访问后进一步保持联系，采取跟踪措施，逐步确认预订。假如不能成交，则要分析原因，总结经验，继续向对方推销。

## （三）餐饮销售人员推销技巧

人员推销具有较强的灵活性。它是推销人员与顾客面对面的交谈，需要根据推销对象的特点和餐饮产品及服务的特点巧妙运用推销策略。常用的推销策略有以下三种。

### 1. 试探性策略

试探性策略又称"刺激—反应"策略，即餐饮企业推销人员用试探性的问话等方式刺激顾客做出购买行为。推销人员在不很了解顾客需求的情况下，用事先设计好能刺激顾客购买欲望的推销语言，对其进行小心谨慎的试探，认真观察其反应，然后根据其反应采取相应具体的推销措施。

### 2. 针对性策略

针对性策略又称"配方—成交"策略，即推销人员用事先准备好的有针对性的话题与顾客交谈，说服顾客，达成交易。这种策略适用于推销人员事先已掌握顾客的基本需求。推销人员在与顾客接触前需要作大量的准备工作，收集相关有针对性的材料、信息，熟悉产品满足顾客要求的性能，设计好推销语言和措施。

### 3. 诱导性策略

诱导性策略又称"诱发—满足"策略，即顾客在与推销人员交谈之前并没感到或强烈意识到某种需求，推销人员运用刺激顾客需求的手段或方法激发其潜在的购买需求。这是一种"创造性推销"，需要推销人员有很高的推销技巧。采用这种策略，推销人员要设身处地的为顾客着想，这样才能更加有利于把产品"推"向顾客。

---

**小资料**

### 曼谷酒吧的经营妙招

泰国曼谷有一家酒吧的老板在门口放了一个巨型的酒桶，外面写着醒目的大字"不许偷看！"这引发了过往行人的好奇心，非看不可。哪知，不看不知道，一看不得了，原来酒桶里面是香醇的美酒。只要人们把头探进酒桶里，便可以问到一股醇香的酒味，桶底酒中隐隐显出"本店美酒与众不同，请享用"的字样，不少大喊"上当"的人却因酒的诱惑，也都进入酒吧痛饮几杯。

## 二、电话推销

电话推销包括餐饮推销人员打电话给宾客进行推销和推销人员接到宾客来电进行推销两种。电话推销能获得信息，便于了解情况，预约面谈时间。有时通过电话联系，推销人员还能直接获得宾客的预订。

电话预订不能代替人员推销访问，但与派员上门推销相比，电话推销费用低、费时少，因此，有关人员要积极利用电话进行推销。

## 三、广告推销

餐饮广告是通过设置广告物，如餐厅招牌、食品陈列以及通过刊物、广播、电视等媒介，把有关餐饮产品和服务的知识、信息有计划地传递给宾客，在生产者、经营者和消费者之间起沟通作用。

### （一）主要广告媒介的运用

**1. 报纸**

报纸是餐饮广告常用的媒介。

优点：时间性强，传播迅速；广告费比电视便宜；可直接引起消费者的购买行为；灵活性较大，覆盖面广。要树立良好的餐饮市场形象，一是经常刊登广告。反复传递重要广告词句；二是偶尔刊登广告介绍最新信息、新的服务项目等。在选择刊登广告的报纸时，应考虑报纸的内容特点、读者对象、出版时间、广告位置、大小、色彩和广告费用等因素。

缺点：色彩单调，无法穿插声音和动作，外观缺乏吸引力，其作用时间短暂。

**2. 电视**

优点：宣传范围广泛；表现手段和形式丰富多彩；宣传的影响和作用巨大；便于重复宣传；直观性强；声誉高。

缺点：广告费用高，缺乏选择性，且转瞬即逝，观众看后极易忘记。

**3. 户外广告**

在交通路线、商业中心、机场、车站等行人和车辆较多的地方设立路边广告牌、标志牌，进行餐饮推销。

优点：信息传播面广；费用较低；持续时间长；可选择宣传地点。

常用的户外广告有以下3种。

（1）广告牌：设在行人较多的马路边上，交通工具经过的道路两旁或主要商业中心、闹市区。

（2）空中广告：利用空中飞行物进行的空中广告宣传。

（3）餐厅招牌：酒店建筑物外部的指示牌。

**4. 交通广告**

指设在飞机、火车、轮船、汽车等交通工具上的广告。这些广告内容一般有餐饮企业的名称、地址、电话、服务项目以及如何前往等。这类广告可引起顾客的兴趣，其广告效果相当显著。

### （二）广告应注意的问题

**1. 开业准备不充分，不要超前做广告**

有些餐厅做出开业的广告后，由于装饰工程未完成，没有按期开业，只好刊登致歉书请宾客原谅;有些餐厅仓促开业,设施设备未完全到位,宾客需求无法满足;有些餐厅在菜品质量和服务质量差的情况下超前作广告,等宾客上门时,服务又跟不上。这样,不但起不到好的作用,反而会得罪顾客,造成不良影响。

2. 餐厅广告必须做到诚实无欺

以诚待客是经营成功的基础。因为餐厅追求的是持续的效益,搞欺诈尽管有可能会一时获利,但最后受损失的仍然是餐厅本身。

3. 标题短小明快

餐饮广告的标题要短小,开门见山,一般标题8个字以内为好。通过广告的作用使顾客一下被吸引住,自愿到餐厅就餐,这样就会收到比较好的效果。

> **小资料**
>
> **乾隆赐联**
>
> 相传乾隆在微服出访中,看到一家"天然居"的饭馆,一时诗性大发,提笔写下了一副上联"客人天然居,居然天上客",但下联却苦想不出。正在大伤脑筋之时,随行的纪晓岚对出下联"人过大佛寺,寺佛大过人"。乾隆大喜将此对联赐给该店,店主高挂门前。此事很快成为京城脍炙人口的佳话,前来"天然居"观赏对联和享受"天上客"待遇的吃客如过江之鲫,一副对联竟使这家地处偏僻小巷的酒店主人因此成为"京都富翁"。

### 四、网络营销

伴随着餐饮业竞争的加剧以及经营理念的转变,餐饮业的营销观念不断更新、营销力度不断加大。随着居民消费观念的升级,大众餐饮消费水平快速提高,消费需求向科学、营养、多元化餐饮转变。同时,随着互联网的不断普及与深入,网络营销已经成为越来越多商家所熟悉并喜欢的营销方式。

#### (一)网络营销的概念

网络营销全称是网络直复营销,是指企业以电子信息技术为基础,以计算机网络为媒介和手段而进行的各种营销活动(包括网络调研、网络新产品开发、网络促销、网络分销、网络服务等)的总称。

#### (二)餐饮业网络营销优劣势分析

1. 餐饮业网络营销的优势

餐饮业给人的印象是一个较古老的行业,而电子商务则是新兴发展的一项科技含量高的技术。但是如果研究餐饮业的特点,则可以发现,这一传统行业具有适合运用电子商务技术的特点。

(1)中国餐饮业以中小企业为核心,其中的国有成分只占1%多,所以大部分的餐饮老板都希望通过电子商务降低成本,提高利润。

快餐业是对技术最敏锐的现代餐饮业,随着技术、配方、设备和人才的引入,每年以递增20%多的营业额在高速发展。技术革新的财富效应对众多传统餐饮企业的刺激很大,大家都在寻求一种安全、稳定、绿色、快捷的增值方式。

(2) 电子商务从本质上来说是服务经济,而无论是国内还是国际上都没有其他行业比餐饮业更精通服务经济的。

服务业的显著特点就是经营方式灵活,一切以客户为中心,两者可以说是异曲同工。绿色营销作为一种新型的营销观念,是电子商务的重要特征,也逐渐为现代餐饮业所接受和重视。绿色营销要求餐饮企业加强技术改造,在引进环保设备的同时,积极开展餐饮电子商务,充分发挥电子商务的绿色环保、受众面广及与其他旅游服务配套的特点,达到环保效益、社会效益与经济效益的统一。

(3) 餐饮业是个大的小行业。大就大在民以食为天,小就小在它遍及大街小巷,就餐方式多样,经营机制灵活,价位丰俭由人,个性化特点体现得非常充分。

电子商务是一种柔性化定制、个性化服务的生产方式,两者具有经济学意义上的同构性。特许经营、连锁店、品牌效应、电子物流配送等都是电子商务的强项,正因为餐饮的分散,才特别适合于网络的聚集,所以餐饮业不仅适合发展电子商务,而且有可能成为最先盈利的行业。

2. 餐饮业发展网络营销的劣势

① 网络营销只能通过电脑、手机等数码终端,传播有限。而且消费者在上网时对于广告的点击率有限,也限制了互联网传播的有效性。

② 互联网信息的接收具有一定的局限性,不能满足消费者随时随地进行交易的需求。而且网络销售维护成本相对较高,不符合商家的利润最大化需求。

③ 网络营销运营商盈利模式单一。网络营销服务商的主要盈利来源于广告,利润空间小。

综上可见,餐饮业网络营销具备一定的优势,但是对于餐饮业的大规模发展来说还存在一定的瓶颈,餐饮业的进一步发展迫切需要一种更加创新的销售机制来满足餐饮业的不断发展。

### (三) 餐饮业进行网络营销常见的几种方法

1. 企业网站

餐饮企业建立自己的网站,分经营与技术层面对网站的形象、内容、功能等进行规划设计,最终建设成为企业宣传品牌,处理业务,以及与客户进行沟通交流的平台。

2. 生活社区网站

餐厅业者以会员的方式加入某个生活社区网站(如雅虎口碑网、大众点评网等),在网站上发布企业相关产品信息、促销活动,同时接受消费者的点评,这种方法减少了网站的日常维护成本,相较自建网站成本低。

3. 博客营销

博客营销是指餐饮企业利用博客来开展网络营销活动。餐饮企业利用博客这种网络交互性平台,发布并更新餐厅的相关概况及信息,并且密切关注、及时回复平台上食客对于餐厅的相关疑问以及咨询,以达到宣传目的。

4. 即时通营销

即时通营销顾名思义,即利用互联网即时聊天工具(QQ、微博、微信、旺旺等)进行推广宣传的营销方式。其优点就在于可以及时与客户进行沟通,能有效维护客户关系,并且能将流量快速变化成为效益。即时通营销有着特殊性的特点。不同行业的企业使用即时通营销效果是不一样的,比如餐饮行业就是相对比较明显的可以看得到的。餐厅业者以QQ、MSN、微信等即时通讯工具为媒介开展的一系列营销活动,如免费送餐、微信红包减免费用甚至限时免费等手段,吸引客户的目光,最终目的是为了获取更大的收益。据调查,在3亿多的中国网民中有90%使用过即时通讯工具,这其中外食族比例是相当高的。

5. Email营销

Email营销是指餐厅业者在用户事先许可的前提下,通过电子邮件的方式向目标用户传递相关产品信息、促销活动的营销方法。

6. 网络广告

网络广告就是利用网站上的广告横幅、文本链接、多媒体的方法,在互联网刊登或发布广告,以达到品牌宣传、产品推广、网站推广的目的,通常是以配合餐饮企业整体营销战略来进行的。常见的网络广告形式包括标志广告、分类广告、文本链接广告、Email广告等。

7. 搜索引擎营销

搜索引擎营销简单来说就是基于搜索引擎平台的网络营销,餐厅利用消费者对搜索引擎的依赖和使用习惯,在消费者检索信息的时候尽可能将营销信息传递给目标客户。搜索营销的最主要工作是扩大搜索引擎在营销业务中的比重,通过对网站进行搜索优化,更多的挖掘企业的潜在客户,帮助企业实现更高的转化率。

---

**餐饮业主要营销渠道**

社交平台:微信、微博等;
团购平台:美团、糯米等;
外卖平台:饿了么、美团等。

小资料

---

### 五、其他促销方法

1. 免费品尝

推出新品种最有效的方法之一便是免费赠送食品给宾客品尝。让消费者在不花钱的情况下品尝产品,他们定会十分乐意寻找产品的优点。由于不花钱食用产生的感情联系,使宾客乐意宣传该产品。

2. 有奖销售

用奖励的办法来促进餐饮消费,使宾客寄希望于幸运获奖,即便不得奖也算是一种娱乐的方式。

3. 折扣赠送

现在国内的一些餐厅向宾客赠送优惠卡,宾客凭卡可享受优惠价进餐。这实质上也是一种让利赠送的办法。有时一些宾客来就餐也许并不在乎这一点折扣,而却在乎颜面、在乎身价。

餐饮工作人员应树立这样的观念:只要顾客向管理人员提出希望打折的要求,就应毫不犹豫地适当满足客人的要求。主动找个适当优惠的理由,给顾客一个台阶下。顾客的小利能在你这里得到满足,面子得到维护,他一定会再来,而盈利的却是餐厅。

4. 宣传小册子

设计制作宣传小册子的主要目的是向宾客提供有关餐饮设施和服务方面的信息,使他们相信本餐厅的餐饮设施和服务优于其他餐饮企业。宣传小册子常规尺寸是宽10 cm、长22 cm,可以折叠,以便邮寄和携带。宣传小册子一般是彩色印刷,这样能更吸引人。

宣传小册子一般应包括以下内容:① 餐饮企业名称和相关标识符号;② 餐饮企业简介;③ 说明如何抵达,标明交通路线图;④ 电话号码;⑤ 地址;⑥ 更多信息由哪个部门提供或与谁联系;⑦ 内部的设施、食品和服务的特色等;⑧ 附近的旅游景点等。

5. 赠券优惠

赠券是餐饮营业推广的重要工具,它为宾客提供了代替他人购买餐饮产品和服务的机会。

6. 邮寄推广

邮寄推广指通过邮局向客户寄邮件进行营业推广。邮件一般包括信件、回函单、餐饮企业刊物、新闻稿、复印件、日历、菜单、明信片、公告、小册子以及其他印刷品等。

7. 闭路电视

电视、录像片综合利用图像、音响、色彩、动作等手段使餐饮产品给人们留下了深刻的印象。

### 六、餐饮推销注意事项

1. 推销注意要点

(1) 宾客只对自己的爱好感兴趣,推销一定要有针对性,能够投其所好。

(2) 永远赞同宾客的观点,即使宾客提出一个错误的观点,也不要与其争辩。

(3) 访问宾客一定要专门拜访,千万别说"我是顺便来看看"。

(4) 学会使用名人效应,告诉宾客某某要人或某某重要组织曾在餐厅举办过宴会,并给予了很高的评价。

(5) 第一次访问失败后不要气馁,要有恒心和毅力。

(6) 不要作出不能履行的承诺。

(7) 不管餐饮企业的名气多高、生意多好,都不要摆架子。在客人面前要谦虚有礼。

(8) 如果餐饮产品或服务设施在某一方面有明显优势,强调这一点就够了。

2. 推销对话过程中的常见错误

(1) 垄断对话,滔滔不绝,试图指导和控制对话的方向,不给宾客说话的机会。

(2) 打断宾客的谈话,宾客说话时不注意倾听,走神或东张西望。

(3) 废话太多,漫无边际。

(4) 说话速度太快,给人紧张和压抑的感觉。

## 任务四　促销活动策划

餐饮促销是指餐饮企业为刺激销售、控制销售或维持良好的销售水平,通过人力和非人力的方式,将餐饮产品的有关信息进行传播,帮助消费者认识餐饮产品所能带给他们的利益而开展的一切活动的总和。餐饮促销的实质是一种沟通、激励活动,是以顾客为中心的能有效吸引消费者群体的重要销售手段。

### 一、确定活动主题,选定活动方式

餐饮促销活动的主题,是确定和影响整个活动一切工作的依据。活动的主题,必须具有独特性。既不能人云亦云、步人后尘,更不可哗众取宠、故弄玄虚。确定促销活动的主题,必须兼顾时令性和技术力量的来源,以确保活动能如期举办并取得好效果。

确定活动主题的同时,应选择好举办活动的方式。比如,饭店在公共场所举办开放式冰淇淋食品节,同时举办吃冰淇淋比赛,不仅能吸引众多客人参加,还可以增加其新闻价值,从而扩大对活动和对餐馆的宣传报道。无论哪种促销活动,都应针对其目标顾客,计划、选定活动举办的方式,如自助餐、套餐、宴会、零点、外卖或综合几种方式进行举办等。

### 二、编排活动计划,指定促销菜单

编排全面详细的活动计划,可以避免活动期间的差错,尤其是要请外地、外单位的人员来本饭店厨房主持的促销活动,计划应包括活动起止日期、每天生产和营业时间、场地、用具、人员、原料的组织和人员费用等。对有外单位技术人员参加的促销活动,还应将其抵达饭店工作的日期、人员要求及数量,以及其在本饭店的接待安排情况全部计划在内。

提前制定一份富有新意和吸引力的促销菜单(包括小吃、点心等)是十分重要的。菜单风味品种的选定要突出活动的特点,充分考虑厨房的技术力量,结合整个活动计划,合理安排原料的筹措与菜品的制作。菜单不仅要突出活动的主题,还要合理进行菜点搭配组合,进而测算每份菜的成本、毛利和售价。为了保证菜单品种的如期推出和出品质量,至少应将所有推出菜点的主料、配菜及配菜小料和盛器与装盘规格,列表作出明确规定。如果可能,及时给每一道菜点制定标准化菜谱,这样不仅对生产操作极为有利,对厨房的成本控制也是十分有用的。

### 三、落实人员、场地、计划安排时间

如果促销活动是依靠本饭店厨房内部的技术力量举办的,则要指定专人分别负责活动期间的各类食品生产,并同时协调安排好其他正常生产营业工作。如果遇到厨房人手紧张的时候,也应调剂、落实各岗位人员,以保证活动的正常进行。要根据促销活动菜点生产制作和服务的需要,提供必需的场地。如有可能,尽量将食品生产与餐厅销售集中在同一楼层、同一区域。

一般促销活动都选择在本饭店餐饮业务较淡的季节,尽管如此,也应安排好活动开

展的起止及生产和营业时间,以便及时组织货源,保证原料新鲜、营养卫生和使用方便。如果既定的促销活动碰到厨房生产比较繁忙的时候,更要做好详细的时间计划,力求使有限的场地、设备用具发挥最大的作用。

### 四、组织货源,调剂用具设备

促销活动开始之前,菜单确定之后,一个很重要的工作就是筹措促销活动所需各种原料,不仅要备齐促销活动推出菜点的主料、配料,同时还要根据促销活动用料清单,想方设法备全各种调味品、盛装器皿和装饰用品。例如,药膳促销活动所需要的各种药材,冰淇淋促销活动所需的各种杯边装饰品,宫廷菜促销活动所需的各种金边餐具和餐厅服务人员的头饰和旗袍等。

大多数饭店都不愿为了某一促销活动而专门添置大型的设备和用具。因此,在促销活动举办之前应做好设备用具调剂使用的安排,如能错开生产时间当然最好,比如同样是烧烤食品,温度对成品质量影响不十分明显的可提前生产;如果不能错开生产,则应考虑设备和人员是否可以兼用,比如通过培训可以使炉灶厨师既能烹制正常营业菜肴,又能烹制促销活动的菜品;如果上述两点都做不到,则应区分生产必需程度,合理分配现有设备用具的使用,使各项生产和出品能有序进行。

### 五、开展广告宣传,印刷有关材料

促销活动的影响大小和成功与否,很大程度上取决于广告的宣传作用。要在促销举办之前,详细计划和分布实施广告宣传活动。要针对促销活动特点和主题,选择一定的广告宣传媒体,进行相应的广告宣传工作。若促销活动的主题或菜式具有特别意义而又鲜为人知,则更应作详细宣传。促销活动的印刷品除了广告宣传单,还有菜单、酒水单等。这些印刷品的设计和印刷质量,应与饭店餐饮规模、档次相适应,既要美观大方,又要突出促销活动的主题,还要注意保持餐厅一贯的宣传风格和强化给客人的印象。

### 六、试制菜肴,培训生产和服务人员

促销活动前要对促销活动上即将推出的菜品进行试制,无论是在店外邀请的技术力量,还是本饭店的厨师,都应进行试菜。并根据情况,请饭店主要管理人员及有关行家进行品尝鉴赏。试菜可以了解当地客源市场对菜品的认可和接受程度,如确有必要,对用料和口味可稍作调整。通过试菜制定全面详细的标准食谱,以有利于控制成品和培训、存档之用。借试菜的机会,对参与促销活动的厨师和服务人员进行现场培训,使其充分了解将要生产和推销菜点的用料、制作程序和成品特点,如有典故和相关趣闻,也应一并培训,以增加生产制作的精细程度和服务的情趣。

### 七、如期布置场地,推出各类食品

促销活动举办期间,先要设计布置出一定气氛、特定主题的餐厅。餐厅应有一个独特、鲜明的形象,如宫廷菜的雕龙画凤、江南水乡的莲茂谷香、川湘风味的茅舍檐前缀以串串红椒等,给光顾促销活动的客人留下深刻的印象。餐厅的布置也非愈地道愈逼真

愈好,有些只宜神似,有某种氛围即可。如促销活动布置一些绿色植被、陈列一些"三菇六耳"便能达到效果。

制作和如期推出各类食品是促销活动组织控制的重点。促销活动期间不仅要保证菜单所列品种如数按时供应,还要注意其规格质量,标准不能低于试菜效果。生产中出现的原料、场地、设备、人手等方面的问题,厨房管理者要随时协调,并做到善始善终,确保广告宣传词的落实和慕名品尝的客人如愿以偿,切不可虎头蛇尾。

### 八、总结评估,积累资料

促销活动结束,除了及时清理场地,收拾并妥善处理剩余原料、食品及装饰用品外,应对促销活动全过程进行总结评估,以积累一定的组织筹划、原料采供、生产制作等方面的经验教训,并注意与外邀技术人员搞好关系,做好经济、交通等其他善后工作。无论此类促销活动以后再举办与否,都要做好一定的文字资料积累,为菜肴的推陈出新和其他不时之需做好准备。

## 项目小结

本项目主要阐述了餐饮促销的定义,餐饮定价策略、价格折扣与优惠政策两种价格促销策略;餐饮内部促销和餐饮外部促销的内容和方法。通过学习掌握如何进行餐饮定价和如何策划餐饮促销,从而为饭店招徕更多的客人。

## 项目习题

### 一、案例分析

## 情人节餐饮促销方案

1. 活动主题——情人节餐饮促销
2. 活动日期、时间、地点、形式、价格

**情人节餐饮促销方案之一**

| 地 点 | 宴会厅 | 法式餐厅 | 自助餐厅 | 糕点外卖区 |
| --- | --- | --- | --- | --- |
| 日 期 | 14/2 | 14/2 | 14/2 | 10/2—14/2 |
| 时 间 | 18:00—22:00 | 18:00—21:30 | 18:00—21:30 | 10:00—22:00 |
| 活动形式 | 比翼双人飨宴套餐/节目/舞会 | 浪漫情人套餐/法式套餐/音乐演奏 | 亲密自助晚餐/自助餐,抽奖活动 | 蛋糕、巧克力外卖/礼篮外卖 |
| 售 价 | 5 000元/每对 | 1 500元+10% | 650+10% | 600元/6英寸<br>800元/8英寸 |
| 售 票 | 预售5/2 | 预定 | 预定 | 预定或现购 |

3. 菜单内容(菜肴多为酸甜味,包装美化菜名)

热情熏鲑鱼、牛尾清汤、意式松仁色拉、爽口雪碧、甜酒姜汁蒸龙虾、苹果酱、咖啡或红茶、法式小点。

4. 协办厂商

婚纱礼服公司(讨论搭配的产品,赞助或提供折扣)、珍珠公司(现场展示)、气球公司(现场布置)。

5. 配合部门与单位

财务部(各项成本控制,新菜品的计算机作业代号)、餐饮部(活动策划、现场控制、联络协办厂商、简易菜单制作)、订餐部(宴会厅场地的座位编排、分区、划位、售票)、工程部(相关设备及器材,如追光灯、投影机、屏幕及音响、舞台布置部分)、美工设计部(舞台及现场设计与布置、海报及餐券制作)、公关部(广告文案撰写、海报及餐券文案、接洽广告媒体排期)、文宣方式(海报、报纸消息稿、餐饮杂志)。

6. 收支与成本预估

**情人节餐饮促销方案之二**

| 项目 | 数量 | 售价/元 | 成本/元 | 成本所占百分比 |
|---|---|---|---|---|
| 【餐饮部分】 | | | | |
| 食物 | 150 | 2 000 | 120 000 | 40%成本 |
| 饮料 | 150 | 50 | 7 500 | 成本价 |
| 【场租部分】 | | | | |
| 场租4小时 | 1 | 1 200 | 1 200 | |
| 【人力】 | | | | |
| 内场(全职) | 10 | 1 500 | 15 000 | |
| 外场(全职) | 9 | 1 000 | 9 000 | |
| 外场(兼职) | 15 | 800 | 8 000 | |
| 【节目】 | | | | |
| 灯光、音响 | 1套 | 10 000 | 15 000 | |
| 小提琴组 | 1组 | 15 000 | 10 000 | |
| 协办厂商—婚纱供应商 | 1 | 0 | 00 | |
| 模特 | 5名 | 24 000 | 24 000 | |
| 协办厂商—珠宝供应商 | 1 | 0 | 0 | |
| 【布置】 | | | | |
| 桌花、特制菜单 现场气球布置 | | | | |

续表

| 项　目 | 数　量 | 售价/元 | 成本/元 | 成本所占百分比 |
|---|---|---|---|---|
| 【印刷物品】 | | | | |
| 餐券设计费 | 1 | 4 050 | | |
| 餐券印刷费 | 80 | 25 | | |
| 布置 | 1 | 2 400 | 4 050 | |
| 海报 | 2 | 1 500 | 2 000 | |
| 【广告】 | | | | |
| 杂志广告 | | 15 000 | 15 000 | 当地餐饮杂志 |
| 总成本 | | | 247 400 | |
| 总收入/元 | 75 | 4 500 | 337 500 | |
| 净收入/元 | | | 90 100 | 26.7% |

7. 节目流程

**情人节促销方案之三**

| 时　间 | 内　容 | 时　间 | 内　容 |
|---|---|---|---|
| 15:30 | 完成现场布置 | 16:00—17:00 | 灯光音响设备准备完毕 |
| 17:00 | 节目排演 | 17:45 | 服务人员用餐 |
| 18:00 | 服务人员到场 | 18:30 | 开放现场、协办厂商作业 |
| 18:35 | 播放音乐、客人入场 | 19:00 | 出前菜、出菜 |
| 20:00 | 婚纱表演开始 | 20:30 | 服务咖啡、小点心 |
| 20:45 | 舞会开始 | 21:00 | 用餐结束 |
| 21:40—21:50 | 娱乐节目——情人接吻比赛 | 15:30 | 慢舞-撒气球,晚会结束 |

思考题：

1. 不同档次宾馆、餐馆美食节活动如何区别设计？
2. 美食节如何布置环境、营造气氛？

## 二、任务设计

1. 在所在市选择两家高星级酒店和两家国际快餐连锁企业,分析其食品促销的成功之处。

2. 借助某一节日契机,为学校食堂开展一次餐饮促销活动。以小组为单位采集相关数据作为前提条件,再拟定系统、可行的推广促销方案。